MANUAL COMPLETO DE
TREINAMENTOS COMPORTAMENTAIS

Copyright© 2015 by Editora Ser Mais Ltda.
Todos os direitos desta edição são reservados à Editora Ser Mais Ltda.

Presidente:
Mauricio Sita

Capa e Diagramação:
Candido Ferreira Jr.

Revisão:
Equipe da Editora Ser Mais

Gerente de Projeto:
Gleide Santos

Diretora de Operações:
Alessandra Ksenhuck

Diretora Executiva:
Julyana Rosa

Relacionamento com o cliente:
Claudia Pires

Impressão:
Gráfica Pallotti

```
Dados Internacionais de Catalogação na Publicação (CIP)
       (Câmara Brasileira do Livro, SP, Brasil)

        Manual completo de treinamento comportamentais /
        Massaru Ogata, Mauricio Sita, [coordenadores]. --
        São Paulo : Editora Ser Mais, 2015.

        Vários autores
        ISBN 978-85-63178-72-5

        1. Comportamento humano - Treinamento
        2. Comportamento organizacional 3. Pessoal -
        Treinamento 4. Sucesso profissional 5. Treinamento
        profissional 6. Administração 7. Administração de
        pessoal I. Ogata, Massaru. II. Sita, Mauricio.


15-09526                              CDD-658.3124

        Índices para catálogo sistemático:

        1. Treinamento de pessoal : Administração de
           empresas    658.3124
        2. Treinamento de profissional : Administração de
           empresas    658.3124
```

Editora Ser Mais Ltda
rua Antônio Augusto Covello, 472 – Vila Mariana – São Paulo, SP – CEP 01550-060
Fone/fax: (0**11) 2659-0968
Site: www.editorasermais.com.br e-mail: contato@revistasermais.com.br

Sumário

1. Aprender para ensinar
   Aline Flor 7

2. *Teambuilding:* simulando adversidades e encontrando soluções
   **Alipio Rodrigues Pines Junior &
   Tiago Aquino da Costa e Silva (Paçoca)** 15

3. Reconhecer para mudar!
   Angela Maranho Vivan & Regina Vera Dias 23

4. Os sete segredos do líder que inspira pessoas
   Augusto Junior 31

5. *Assessments*: otimize recursos. Descubra seus diamantes!
   Bárbara Viana & Elaine Carreira Sbrissa 39

6. Treinamento, *mentoring* e *coaching* para desenvolvimento de lideranças no ambiente industrial
   Carlos Eduardo Passini 47

7. A magia da aprendizagem: aprender se divertindo é coisa séria!
   Carlos Steiner & Ciro Daniel 55

8. Aumente a performance de sua equipe por meio da eliminação de medos e potencialização de suas virtudes
   César Santiago 63

9. Comunicação eficaz na liderança: escutar para compreender e falar para ser entendido
   Ciro Daniel 71

10. *Coaching* para mudança comportamental
    Cláudio Quintanilha 79

11. Atenção, motivação e execução
    Cristiane Lopes Kaulich 87

12. A consciência que transforma a vida
    Daniel Lima Queiroz 93

13. Desenvolvendo pessoas empoderadas e empoderadoras
    Deyse Botega & Priscila Franchi 99

14 Descubra seu perfil comportamental
Dr. Fernando Guillen 107

15 O sucesso de um é sucesso de todos?
Eliane Bringmann 115

16 Entenda como o processo de *coaching* poderá ajudar os líderes nas organizações
Elisabete Caetano Barreto 123

17 *Coaching* triádico - Pensar, sentir e agir
Elissandro Sabóia 131

18 Treinador comportamental sob uma visão analítica
Enyo Oliveira & Valdilene Oliveira 139

19 O *coaching* e a resiliência
Érika Stancolovich 147

20 Sua vida é dirigida pelos seus pensamentos
Fabiano Gallucci 155

21 Liderança integral: uma compreensão transpessoal das organizações
Fábio Lessa, João Américo Covasque Ribeiro & Thaís R.Scapini 161

22 O perfil do vencedor - Muito além do DISC
Fábio Meneses 173

23 Busca da eficácia gerencial - Atitudes de gestão
Francisco J. R. Maiolino 181

24 *Dancer coaching* - A liderança em movimento
Gustavo Vila Nova 189

25 Liderança: programa de capacitação para gestores
Isabel Okamoto 197

26 *Coaching* de liderança e gestão de pessoas
Jomara Corgozinho 205

27 O *coaching* como ferramenta de assertividade...
José Ardonio 211

28 O sucesso: da padronização à personalização
Jovir Alceu Zanuzzo **219**

29 A dinâmica do aprendizado no comportamento humano
Aprendendo a aprender
Keith Bacellar **227**

30 Atitude, disciplina, empoderamento e resiliência: pilares para potencializar pessoas e gerir negócios
Lafaete Eustáquio **235**

31 A verdadeira relação entre o treinador e o ouvinte no treinamento comportamental
Luciana Peroni **243**

32 Novas competências para o educador
Luciane Denardi **251**

33 *Coaching* e o processo de desenvolvimento do ser humano
Marcia Margarida De Zorzi Tartaro **259**

34 Aproveite o seu tempo e garanta o seu sucesso!
Mariana Boner Lacombe **267**

35 A abrangência dos treinamentos comportamentais corporativos
Marisa Fernandes **275**

36 Desmitificando o *feedback* – Uma nova metodologia para essa poderosa ferramenta
Mauricio Vieira **283**

37 Transformar e potencializar as competências dos jovens líderes
Nadia Gargiulo **291**

38 Treinamento de habilidades sociais: uma estratégia para as demandas do mercado de trabalho
Ney Laerte **297**

39 Conflito de gerações e a síndrome do impostor
Octávio Nunes **305**

40 TreinaMente: um conceito de treinamento comportamental
Paula Prata **313**

41 O *coach* e o sucesso no treinamento comportamental pelo estudo dos estilos preferenciais de comportamento
Prof. Roberto De Oliveira 321

42 O poder dos arquétipos
Ray di Castro 329

43 Ponte de aceleração de resultados
Renata Frank 337

44 Relacionamento multipessoal (inter + intra)
Rodrigo Marques 345

45 Treinamentos comportamentais e a Cabala
Sandra Regina Rüdiger Ayyad 353

46 Treinamento - Dos primórdios à prática
Tathiana Neder 361

47 *Coaching:* a descoberta de seus talentos e pontos fortes
Thiago Correia 369

48 Cuidando do Cuidador - Re-unir, re-criar, re-novar
Vania Maciel 377

49 Donos e danos
Vânia Portela 385

50 *Feedforward* e *coaching*: uma abordagem para o treinamento comportamental
William Silva 393

1

Aprender para ensinar

Todo treinamento é voltado para a preparação e condicionamento do indivíduo. Sua finalidade é adequar a pessoa às culturas; modificar comportamentos e atitudes. Além de desfrutar da capacidade humana de aprender e adquirir novas habilidades e novos conhecimentos. Neste capítulo você saberá como planejar e realizar um treinamento eficaz que resultará não somente em transformações imediatas como duradouras

Aline Flor

Aline Flor

Especialista em *Coaching*; *Master Coach*: *Personal & Professional Coach, Leader as Coach, Positive* e *Happiness Coach, Career Coach, Executive & Business Coach*; Certified *Alpha Coach*; Especializações: *Executive Coaching* para resultados; Liderança Estratégica do século XXI; Mudanças inspiradoras. Membro da Sociedade Brasileira de Coaching; Certificação Internacional da Behavioral Coaching Institute; *Trainer* e Palestrante; Certificação Anthony Robbins Research Internacional – Unleash the Power Within; Organizadora da Formação Internacional em Programação Neurolinguística com Mateusz Grzesiak, em Florianópolis; Empresária do ramo da Construção Civil; Técnica em Edificações; Administradora de empresas.

Contatos
www.alineflor.com.br
contato@alineflor.com.br
(48) 8424-1499

Aline Flor

Com o passar dos anos vamos entendendo os significados de tudo o que acontece em nossas vidas. Os gostos e ações de quando criança e a relação disso com nossas preferências atuais. Comigo não foi diferente. Terminei minha formação técnica na área da construção civil, o que me permitiu muitos anos projetando em prancheta e com a evolução no computador, envolvida com números e fórmulas e sujando meus sapatos nos canteiros de obras. Depois iniciei a faculdade de administração para gerenciar meu próprio negócio no ramo da construção. Mas eu queria mais! Aprender sempre foi um estímulo para mim.

Em uma de minhas viagens para a casa dos meus pais dei carona para uma amiga da minha irmã e por uma hora e meia conversamos, ela contou que tinha realizado um curso de Relações humanas e comunicação eficaz. Interessei-me pelo tema e na hora já defini que também o faria, na realidade era um treinamento de três meses, com uma metodologia conhecida mundialmente há mais de cem anos. Decidido e lá estava eu para o primeiro dia do treinamento. Foram semanas intensas de muito aprendizado, compromisso, determinação e transformações. Finalizado, recebi o selo ouro no meu certificado, em reconhecimento a minha assiduidade e excelente dedicação.

Quando acabou me veio um vazio enorme, foi quando eu percebi que não era suficiente para mim. Queria mais! Foi então que me candidatei para ser assistente do próximo treinamento. Deixei meu nome como voluntária e fui chamada para ser assistente graduada na turma que iniciava. E aí começa efetivamente a minha paixão e jornada em treinamentos.

> *"Todos os seres humanos deveriam se esforçar para saber, antes de morrer, do que estão fugindo, para onde estão correndo e por que motivo."*
> (James Thurber)

Todo treinamento é voltado para a preparação e condicionamento do indivíduo, no âmbito pessoal ou profissional, para a execução de tarefas. Sua finalidade é adequar a pessoa às culturas; modificar comportamentos e atitudes; desenvolver-se por intermédio de atualização e/ou reciclagem. Além de desfrutar da capacidade humana de aprender e adquirir novas habilidades e novos conhecimentos. Se uma empresa seleciona um funcionário para um treinamento, ela está expressando confiança nele. E o que se ganha com o treinamento não beneficiará apenas a companhia, mas também o indivíduo, por promover grandes e consistentes mudanças.

> "A natureza faz poucas pessoas fortes, mas esforço e treinamento fazem muitas."
> (Nicolau Maquiavel)

É cada vez maior o número de empresas que consideram os treinamentos, não apenas os técnicos e práticos, mas também os comportamentais como fator determinante para evolução da organização. Dentre as vantagens deles estão: investir no ser humano; ganhar competitividade e melhoria na qualidade; identificar os pontos fortes e pontos a serem melhorados/aperfeiçoados; capacitação de pessoas/equipes; aumentar a lucratividade (retorno financeiro) nas empresas; padronização de tarefas; aumentar a produtividade (pessoas seguras dominam mais a atividade que exercem), propiciar um clima organizacional saudável; reduzir desperdícios e retrabalho; mobilização de recursos e investimentos; sucesso e crescimento.

Etapas do processo de treinamento:

1. **Diagnóstico:** Por que e para que treinar e desenvolver? Quem deverá ser treinado e desenvolvido? Quando deve ser treinado e desenvolvido?
2. **Planejamento:** Os treinamentos são projetados, na sua maioria, para criar uma oportunidade de crescimento significativo. E por isso a segunda etapa é de planejamento. Qual a melhor forma de treinar e desenvolver? Quais comportamentos devem ser modificados? O que deve ser ensinado? Como deve ser ensinado? Quanto deve ser ensinado? Quando deve ser ensinado? Onde deve ser ministrado? Quem deve treinar e desenvolver? O que deve ser avaliado?
A programação do treinamento requer um planejamento que envolva os seguintes itens: definição clara e objetivo do treinamento; divisão do trabalho em módulos, escolha do método

de apresentação e exposição do conteúdo, recursos necessários, identificação do público- alvo, disponibilidade de tempo, local onde será realizado, cálculo de custo/benefício, controle e avaliação de resultados.

3. **Implementação e desenvolvimento:** Se faz necessário identificar as características dos participantes e dos recursos; facilidades de comunicação; envolvimento da administração superior; flexibilidade do programa.

4. **Avaliação:** Acompanha todo o processo e não apenas o final dele, é uma forma de balanceamento onde os resultados alcançados e os esperados são comparados de forma que os possíveis desvios possam ser contornados (*feedbacks*).

> "*O treinamento transforma as boas intenções em bons resultados.*"
> (Rafael Silveira, pensador)

Todo treinamento conta com a natureza participativa e energética das pessoas. Por isso é importante que o participante esteja conectado com o assunto, disposto a ouvir atentamente para aprender e ser responsável pelo seu aperfeiçoamento. E o treinador em contra partida tem o papel de inspirar as pessoas e auxiliar na mudança de padrões e comportamentos para alcançarem objetivos e sucesso na vida pessoal e profissional.

> "*Somente uma coisa treina a mente humana, seu uso voluntário pela pessoa. Você pode ajudar, orientar, sugerir e acima de tudo, você pode inspirar, mas a única coisa que vale a pena é aquela que a pessoa obtém por seus próprios esforços e o que alcançaremos está em proporção direta com o que investimos.*"
> (Dr. A. Lawrence Lowell, ex Presidente da Universidade de Harvard)

Preparando o treinamento na prática

O início de todo treinamento é no escritório. Definido o tema e os tópicos principais que serão abordados, é necessário coletar todas as

Manual completo de treinamentos comportamentais

informações e referências em livros, apostilas, áudios e vídeos sobre o assunto a ser trabalhado.

De acordo com um planejamento previamente elaborado e esquematizado, o conteúdo vai sendo desenvolvido em formato de apresentação, concomitantemente as ferramentas a serem aplicadas também são definidas e desenvolvidas.

Para o dia do treinamento efetivamente é necessária toda a separação do material físico que será utilizado no momento da aplicação, como por exemplo, material de apoio e de papelaria. É importante ter um quadro visível com um *checklist* do que não pode faltar para conferir antes de sair.

Algumas dicas da estrutura do encontro/sessão de treinamento comportamental:

- Iniciar com *follow up* verificando como utilizaram o que foi aprendido no encontro anterior e quais os aprendizados obtidos aplicando os ensinamentos. E também levantar as possíveis dificuldades.
- Aplicar em todos os encontros/sessões um momento de florescimento entre os participantes.
- Apresentação do tema do dia e o conteúdo que será trabalhado para que o participante eleve as expectativas e esteja atento ao que está proposto e planejado para o dia.
- Toda execução do encontro/sessão incluem conteúdo e prática utilizando ferramentas do tema em questão.
- Trechos de livros, vídeos e mensagens sobre o tema abordado são estimulantes para o aprendizado contínuo.
- Ao final do encontro/sessão, definição e comprometimento com as tarefas e, ainda, verificação dos aprendizados do encontro/sessão com a contribuição de cada participante com uma palavra, frase ou pequeno depoimento.

Os principais objetivos do treinamento são preparar, proporcionar o contínuo desenvolvimento e mudar atitudes dos indivíduos. As mudanças de comportamento alcançadas: transmissão de informações (onde o elemento essencial é o conteúdo); desenvolvimento de habilidades; desenvolvimento ou modificação de atitudes; desenvolvimento de conceitos (pensar em termos globais e amplos).

> *"Acredito que cada direito envolve uma responsabilidade; cada oportunidade, uma obrigação; cada posse, um dever."*
> (Nelson Rockefeller)

O treinamento comportamental não é só dentro de sala, pois a validade de todo o processo é na prática, treinando todos os dias e fazendo valer as competências, habilidades e conhecimentos adquiridos. Como diz Anthony Robbins: "O treinamento nunca para".

E assim deve ser um *trainer*, sempre buscar capacitação, reciclagem, novas metodologias e referências. Eu nunca parei de buscar. Continuei na minha paixão e em um dos treinamentos que participei descobri o *coaching*. Primeiro fui ser cliente, depois de conhecer a metodologia e me encantar, resolvi me tornar *coach*, agregando experiências, conhecimentos e habilidades adquiridas ao longo da minha carreira profissional como empresária. Iniciei no básico até chegar às especializações e hoje realizo treinamentos com indivíduos e organizações, ajudando as pessoas a transformarem suas vidas.

Uma vez aprendido, você se torna responsável pelo que aprendeu. De nada adianta você ter todo o conhecimento do mundo, se não vive estes conhecimentos. Pense nisso!

Referências
COVEY, Stephen R. *As três escolhas para o sucesso*. Editora Vida Melhor, 2006.
CARNEGIE, Dale. *Training. Workbook*. 2007/2008.
MATTA, V.; VICTORIA, f. *Master of Coaching, Workbook*. SBCoaching editora.

2

Teambuilding: simulando adversidades e encontrando soluções

A sobrevivência das empresas no mercado está condicionada à criação de uma nova organização gerencial capaz de desenvolver estratégias alinhadas ao setor que está em constante vibração e alteração. O *teambuilding* é uma estratégia inovadora de intervenção junto às empresas que tem o foco de desenvolver e estimular as competências profissionais nos respectivos colaboradores

**Alipio Rodrigues Pines Junior &
Tiago Aquino da Costa e Silva (Paçoca)**

Alipio Rodrigues Pines Junior & Tiago Aquino da Costa e Silva (Paçoca)

Alipio Rodrigues Pines Junior
Graduado em Lazer e Turismo – USP. Especialista em Organização de Eventos Esportivos - Faculdade Pitágoras. Bolsista CAPES/Demanda Social no Mestrado em Ciências da Atividade Física - USP. Membro do Grupo Interdisciplinar de Estudos do Lazer (GIEL/USP/CNPq). Membro da junta diretiva da Rede Ibero-americana de Animação Sociocultural (RIA) - Nodo Brasil. Coautor de livros na área da Educação Física, Educação e Lazer. Pesquisador em Lazer e Entretenimento.

Tiago Aquino da Costa e Silva (Paçoca)
Membro do LEL - Laboratório de Estudos do Lazer – UNESP/ Rio Claro. Member of the World Leisure Organization. Sócio-Fundador da Associação Brasileira de Pesquisa e Pós-Graduação em Estudos do Lazer. Presidente da Associação Brasileira de Recreadores. Autor de livros na área da Educação Física, Educação e Gestão. Diretor da Kids Move Fitness e da SP Produções em Entretenimento. Palhaço Profissional (DRT 0040872/SP). Consultor em Empresas. Palestrante Internacional.

Contatos
www.tiagoaquinopacoca.com.br
assessoria@professorpacoca.com.br
Redes Sociais: Tiago Aquino Paçoca / @tiago_pacoca
Redes Sociais: Alipio Rodrigues Pines Junior
(11) 96161-1304 (Sandy Spínola - Assessoria)

Alipio Rodrigues Pines Junior & Tiago Aquino da Costa e Silva (Paçoca)

O mundo corporativo atualmente exige excelente desempenho dos seus profissionais, tanto na atuação coletiva quanto na individual. O seu trabalho é quantificado e mensurado diariamente através do estabelecimento de processos, metas e objetivos, para manter assim a produtividade da empresa, para Silva e Gonçalves (2010).

A responsabilidade, a exigência no aumento quantitativo da produção, as obrigações diárias e a cobrança excessiva sobre os trabalhadores faz com que apareça a "doença do mundo moderno" – O Stress, e resulta num ambiente inadequado para o colaborador atuar com motivação, empenho e dedicação (SILVA E GONÇALVES, 2010).

A sobrevivência das empresas no mercado está condicionada à criação de uma nova organização gerencial capaz de desenvolver estratégias alinhadas ao setor que está em constante vibração e alteração.

Para enfrentar os desafios com que se deparam atualmente, as empresas deverão apostar mais nos seus colaboradores, e principalmente, preocupar-se em criar estímulos, de forma a motivá-los para que possam alcançar tanto os objetivos da organização quanto os pessoais, para Andrade (2011).

Atualmente é possível afirmar que o grande diferencial das organizações corresponde ao seu potencial humano. Assim, é fundamental que as empresas procurem manter níveis de satisfação elevados entre os colaboradores a fim de obter o efetivo comprometimento com os objetivos organizacionais, segundo Andrade (2011).

Uma das maiores utopias empresariais consiste no ideal da empresa que se desempenha como uma grande equipe: uma única equipe de sucesso, ou de alta performance. Equipes têm o potencial de aumentar a produtividade e ajudar na redução de custos através da reunião de talentos, promoção de criatividade, e criação de uma atmosfera de solução de problemas. Baseadas nas potencialidades das equipes, as últimas duas décadas têm presenciado mudanças no modelo organizacional das empresas: ao invés de organizar o trabalho com base simplesmente em funções e departamentos as empresas estão adotando estruturas baseadas em equipes (MCDERMOTT, 1999).

"A expressão formação de equipes" tornou-se um clichê nas empresas (DRUCKER, 2001). A massificação do termo não garante que a ocorrência aconteça de forma eficiente e satisfatória.

Para Drucker (2001) existem três tipos de equipes, sendo-as:

1. Equipe onde as pessoas realizaram trabalhos independentes e em série, e cada qual em sua posição (exemplo: linha de montagem).
2. Equipe onde as pessoas realizam trabalhos paralelos, ou seja, atuam juntas, mas não são interdependentes (exemplo: equipe de projetos).
3. Equipe onde as pessoas atuam de forma interdependente (exemplo: gerência).

Para que as equipes atuem de forma satisfatória é preciso que os colaboradores tenham sapiência e clareza nos objetivos e metas a serem alcançados, e os desejados pela organização. As equipes deverão desenvolver melhores práticas para que tenham perspectivas positivas nas tarefas a serem realizadas.

Ainda Katzenbach e Smith (2001) as pessoas relutam ao trabalho em equipes, e isso se deve a quatro razões:

- Risco: o desconforto e o medo são fatores que inibem às pessoas para o trabalho em equipe.
- Falta de convicção: alguns colaboradores acreditam que os resultados individuais são mais importantes que os coletivos.
- Valores individuais: as competências e técnicas individuais como desempenhos acadêmico e profissional são medidos individualmente a um resultado coletivo.
- Ética de trabalho enfraquecida: algumas organizações possuem dificuldade de estabelecer metas e objetivos para um trabalho coletivo, com ações colaborativas de cada profissional.

Assim as empresas deverão buscar estratégias que estimulem a motivação e o engajamento do colaborador com sua respectiva organização. Uma das ações mais contemporâneas para se alcançar os objetivos citados é o *teambuilding*!

O *teambuilding* é a ação que estimularão o desenvolvimento das virtudes e competências individuais e coletivas, tais como liderança, autoconhecimento, motivação, integração, socialização, criatividade, cooperação e a autoconfiança, para Silva e Gonçalves (2010).

O *teambuilding* deve ser aplicado às equipes com baixa motivação e engajamento com a empresa, a grupos com intenso volume de negócios e alto nível estratégico.

As atividades têm por objetivo resolver problemas que acontecem no dia a dia da empresa como: baixa produtividade, falta de iniciativa e proatividade; e a existência de conflitos. E assim a coletividade, a motivação e eficácia são fortalecidas e incentivadas. Esses objetivos são alcançados por meio das atividades lúdicas empresariais, realizadas no ambiente da empresa (*indoor*) ou fora do espaço laboral (*outdoor*).

Por fim, entende-se que o *Teambuilding* é uma metodologia de intervenção junto às empresas que tem o foco de desenvolver e estimular as competências profissionais e os valores humanos. Trata-se de um processo baseado nas informações cedidas pela contratante e a sistematização das atividades para que seja atendida com excelência os objetivos propostos. A ação deverá ser liderada por um profissional competente e com experiência adequada para tal trabalho.

Competências

A palavra competência vem do latim *competere*. O conceito de competências compreende a decomposição da palavra em latim com, cujo significado é conjunto; e *petere*, cujo significado é esforço para Rabechini Junior e Carvalho (2003).

Já para Hamel & Prahalad (1995) competência é um conjunto de habilidades e tecnologias, e não uma única habilidade ou tecnologia isolada. Para caracterizar uma competência essencial três elementos são considerados:

- **O valor percebido pelo cliente:** refere-se às habilidades que permitem a empresa oferecer um benefício fundamental ao cliente;
- **A diferenciação frente aos concorrentes:** sendo uma capacidade exclusiva e única a ser oferecida; e
- **A capacidade de expansão:** é a possibilidade de geração de uma gama de novos produtos, como elementos de diferenciação competitiva.

Rabaglio (2006) pauta a competência em: Conhecimentos (Saber), Habilidades (Saber Fazer) e Atitudes (Querer fazer).

Para Fleury & Fleury (2000) a competência do indivíduo pode ser entendida seguindo três eixos essenciais: pela pessoa, por sua formação educacional e por sua experiência profissional.

As competências organizacionais, por seu lado, se referem à possibilidade de indivíduos ou equipes a conduzirem seus projetos de forma a alcançarem os objetivos propostos, dando maior competitividade às empresas (RABECHINI JUNIOR E CARVALHO, 2003).

O jogo

Apresentar conceitos e definições de jogos e brincadeiras partindo de uma breve reflexão é sempre difícil e imprecisa.

Em linhas gerais, o jogo é a ação contemplada pelo coletivo, por suas regras e identidades – recorrência, conflito e tradição. Com tantas variáveis é comum que os participantes, no início do jogo, estejam na fase de entendimento e compreensão das mesmas. Depois de certo tempo de prática, o jogo começa a fluir com mais espontaneidade e naturalidade (SILVA e PINES JUNIOR, 2013).

O jogo é o fenômeno que antecede até mesmo a cultura humana, atribuindo-lhe um significado que ultrapassa o valor físico – jogar para descarregar as tensões, e psicológicos – como recorrer ao jogo para observar e analisar comportamentos humanos. O jogo é uma atividade de ocupação voluntária, exercida dentro de determinados limites de espaço e tempo, seguindo regras livremente consentidas e apresentadas, e absolutamente obrigatórias para a sua prática, dotado de um fim em si mesmo, acompanhado de um sentimento de tensão e de alegria e de uma consciência de ser diferente da vida cotidiana (HUIZINGA, 1971).

Para Silva e Gonçalves (2010) existem quatro categorias de jogos com foco nas competências, são elas:

- **Apresentação:** são ações que facilitam a apresentação dos jogadores, geralmente são de curta duração, e apresentam característica de "quebra-gelo";

- **Integração:** são atividades utilizadas no início da seleção e recrutamento de profissionais. O objetivo principal é estimular os valores de cooperação, socialização e comunhão.
- **Confiança:** são atividades para grupos que já fazem parte de uma rotina de trabalho, e o principal objetivo é estimular os valores de confiança, unidade e amizade.
- **Comportamento:** são atividades que propiciam a observação do comportamento de cada jogador na ação, identificando e mapeando o perfil pessoal e profissional.

Os mediadores (profissionais) deverão ouvir as necessidades da empresa contratante, analisar e adequar as atividades apresentando os conceitos adequados para os objetivos propostos, e aplicar a ação de forma sistematizada e organizada.

Referências

ANDRADE, E. S. V. *Team building em Portugal e sua importância na motivação de equipes.* 2011. 85f. Monografia (Mestrado em Continuidade em Gestão) – Instituto Universitário de Lisboa, Lisboa – Portugal.

DRUCKER, P. F. *Administrando em tempos de grandes mudanças.* São Paulo: Editora Pioneira Thomsom Learning, 2001, p. 59-62.

FLEURY, A.; FLEURY M. T. L. *Estratégias Empresariais e Formação de Competências - Um Quebra-cabeça Caleidoscópio da Indústria Brasileira.* São Paulo: Atlas, 2000.

HAMEL, GARY & PRAHALAD, C. K. *Competindo Pelo Futuro: estratégias inovadoras para se obter o controle de seu setor e criar os mecanismos de amanhã.* Rio de Janeiro: Campus, 1995.

HUIZINGA, J. *Homo Ludens: o jogo como elemento da cultura.* São Paulo: USP, 1971.

KATZENBACH, J. R.; SMITH, D. K. *Equipes de Alta Performance: conceitos, princípios e técnicas para potencializar o desempenho das equipes.* Rio de Janeiro: Campus, 2001.

MCDERMOTT, R. *Learning Accross Teams: The Role of Communities of Practice in Team Organizations.* In: Knowledge Management Review, May/June 1999, p. 28-36.

RABAGLIO, M. O. *Seleção por Competências.* 2ª edição. São Paulo: Educator, 2001.

RABECHINI JUNIOR, R.; CARVALHO, M. M. *Perfil das competências em equipes de projetos.* RAE-Eletrônica, Volume 2, Número 1, jan-jun/2003.

SILVA, T. A. C.; GONÇALVES, K. G. F. *Manual de Lazer e Recreação: o mundo lúdico ao alcance de todos.* São Paulo: Phorte, 2010.

SILVA, T. A. C.; PINES JUNIOR, A. R. *Jogos e Brincadeiras: ações lúdicas nas escolas, ruas, festas, parques e em família.* São Paulo: All Print, 2013.

3

Reconhecer para mudar!

É possível vincular e fazer prosperar pessoas de sucesso a um propósito único em organizações? Como mudar padrões mentais e comportamentais para alcançar resultados esperados? Como desbloquear e disponibilizar o potencial presente nas equipes? Como desenvolver equipes ressonantes?

**Angela Maranho Vivan
& Regina Vera Dias**

Angela Maranho Vivan & Regina Vera Dias

Angela Maranho Vivan é Psicóloga Clínica, *Coach* Pessoal e Profissional, Consteladora Sistêmica Organizacional e sócia-fundadora da Oficina do Ser. Com mais de 30 anos de experiência, coordena e aplica programas de desenvolvimento para pessoas e organizações e supervisão sistêmica para psicólogos e *coaches*. Nos últimos anos, se dedica a integrar a diversidade do conhecimento adquirido pela prática clínica, organizacional com as neurociências para promover mudanças comportamentais efetivas em pessoas e organizações.

Regina Vera Dias com mais de 29 anos de experiência em Psicologia Organizacional e clínica, foi uma das pioneiras a introduzir práticas de *Coaching* no mercado corporativo, integrando conceitos e métodos da Psicologia Clínica, Organizacional e metodologias cognitivas de processamento cerebral - voltadas ao Desenvolvimento Humano em organizações como: Bank Boston, Cargill, Honda, Pfizer, Voith Hydro, Voith Paper, Voith Turbo, Voith Industrial Services do Brasil, Symantec, SMC, Mondial Assistance, CNH, Fiat Industrial, Tegma, Banco Mercedes-Benz, dentre outras.

Contatos
www.oficinadoser.com.br
angela@oficinadoser.com.br
facebook.com/sersistemico
www.reginavera.com.br
reginavera@rvbio.com.br
www.linkedin.com/angela maranho vivan
br.linkedin.com/pub/regina-vera-dias/52/81b/b19/

Angela Maranho Vivan & Regina Vera Dias

> *"Reconhecer, identificar, processar e mudar os padrões que afetam as dinâmicas ocultas que atuam nas equipes é possível, utilizando metodologias que provocam e facilitam a Neuroplasticidade do cérebro, reconhecimento do campo sistêmico e promovem mudanças comportamentais duradouras".*

Como as dinâmicas ocultas podem afetar a produtividade das equipes no sistema organizacional?

A ideia de sistema organizacional, segundo Jan Jacob Stan, está ligado ao conceito da fenomenologia de que cada um de nós vive e trabalha dentro de sistemas sociais (organizações), onde mecanismos e dinâmicas sistêmicas_se desenvolvem muitas vezes de modo oculto e que contêm também parte das dinâmicas pessoais de cada integrante no grupo, como em um organismo vivo, com dinâmicas próprias que visam a manutenção da vida do sistema, podendo dar asas ou paralisar o sistema. Para Peter Levine, Shirzad Chamine, o organismo vivo que pode estar vivendo no modo de crescimento e desenvolvimento ou de sobrevivência.

> *Portanto, toda empresa, independentemente de seu tamanho e complexidade, é um organismo que busca sempre manter o equilíbrio produtivo entre os participantes de sua estrutura: fundadores, sócios, acionistas, diretores, clientes, gerentes, colaboradores de todos os níveis e funções, fornecedores, a sociedade etc.*
> (Peter Senge)

Como num organismo vivo que pode estar vivendo no modo de crescimento e desenvolvimento ou de sobrevivência (Peter Levine, Shirzad Chamine e outros).

O sistema de uma organização tem suas próprias dinâmicas. Essas dinâmicas são transmitidas entre os componentes do grupo de forma inconsciente para garantir o pertencimento. Esse fenômeno fará toda a diferença nos resultados das equipes.

Seus membros podem acessar o campo mental percebido pelas vias neurais do cérebro, no modo de sobrevivência ou no modo sábio, depende de como essas dinâmicas foram geradas no passado e como está a ressonância entre seus líderes e liderados.

Esse organismo vivo é regido por princípios básicos dos sistemas organizacionais, princípios estes que quando não respeitados, geram padrões indesejados de execução e de resultados, que podem perdurar por anos. Tais padrões acabam por afetar toda a equipe, são fontes de problemas recorrentes e apontam para um problema sistêmico que precisa ser percebido e corrigido pelo dirigente.

As organizações, como já citado anteriormente, são constituídas de pessoas, seres humanos cujas atuações profissionais vão depender do seu histórico de vida e do modo prioritário de seus sistemas de percepção e processamento de informação, sentimentos, padrões de pensamento e ação e, portanto, está sujeita a experimentar seus efeitos dos traumas que os afetam.

Como devemos entender a influência dos padrões individuais no clima das empresas e nos padrões de organização ou desorganização, estagnação ou desenvolvimento das equipes de trabalho?

No sistema Organizacional, as pessoas pertencem por um tempo determinado contribuindo e recebendo em troca aprendizado e outros benefícios, findado o período, vão embora. Mas, durante o tempo em que as pessoas pertencem à organização, elas interagem com seus pares e com as outras áreas da organização de maneira integral e não somente com as competências técnicas que trouxeram para agregar ao propósito da organização. Com isso, é inevitável que elas influenciem outras pessoas e sejam influenciadas por elas, por identificação ou espelhamento dos padrões mentais, emocionais e comportamentais que elas carregam, mesmo que de forma inconsciente.

Como as pessoas ficam por um tempo determinado e depois deixam os sistemas organizacionais, é possível que histórias pregressas "que ficaram no ar", influenciem positiva ou negativamente os que vêm depois das mesmas, pois o elo sistêmico, presentifica os padrões preexistentes, já que a memória tem qualidades de atemporalidade além da não localidade.

Segundo Bert Hellinger, as Organizações, por serem sistemas formados por pessoas, são sistemas vivos e reproduzem como tais o processamento de informação semelhante ao que acontece nos núcleos pessoais, estabelecendo elos de ligação entre todos os membros pertencentes a elas. Surgem padrões semelhantes aos dos sistemas familiares, pois cada empresa partilha um propósito comum, criado e mantido desde a sua fundação que deve ser preservado.

— O que chamou de "Consciência coletiva da organização".

Angela Maranho Vivan & Regina Vera Dias

Com base nas mais recentes descobertas das neurociências, o processamento interno e invisível de informação, memória e aprendizagem, nos leva a "espelhar" ou nos identificar, como indivíduos com histórias preexistentes na organização que configuram e influenciam o momento presente, promovendo ou bloqueando os resultados esperados em uma empresa, criando padrões grupais de "sobrevivência", ação e reação que são adaptativos. Essas histórias podem ter origem em injustiças, falta de reconhecimento, acidentes de trabalho, acordos que não são honrados, sabotagem, perseguições, exclusões e outros traumas que podem provocar marcas indeléveis no presente e futuro, comprometendo ou facilitando o desempenho das equipes de trabalho.

Para compreender e modificar as dinâmicas que nutrem forças e fraquezas nos grupos de trabalho deve-se começar por compreender a formação e as motivações do indivíduo. Como seus padrões comportamentais foram influenciados pelos mapas mentais, crenças e valores provenientes dos vínculos com os pais ou cuidadores que forneceram, por espelhamento, informações de como prever e evitar possíveis perigos para garantir a sobrevivência ou oportunidades de desenvolvimento. O processamento dessas informações intra e interpessoal acontece através de redes neurais que por repetição e motivação, criam memórias e padrões mentais aprendidos e automáticos. Essas memórias são estruturadas e armazenadas não localmente no organismo e ao serem acionadas por um estímulo interno ou externo, se manifestam através de padrões de comportamento (engramas), que são como elos invisíveis, mas reais que garantem a manutenção e continuidade da vida.

Mesmo que nos afastemos da nossa família ou cuidadores essas memórias não locais determinam padrões de comunicação e se tornam nossa referência pessoal durante a vida, como um elo invisível que estrutura nosso comportamento pessoal, nos liga à família. A este elo damos o nome de elo sistêmico (Engramas sistêmicos, ou *wifi* neural).

Hoje sabemos que essas redes ocultas já começam a ter embasamentos neurobiológicos e se manifestam nos sistemas sociais, tendo como sustentação a descoberta das funções dos neurônios-espelho e células fusiformes, que promovem a ressonância e espelhamento do ambiente que nos rodeia, nos afetando, mesmo que não tenhamos consciência. O ambiente traz à tona no indivíduo seus padrões saudáveis ou doentes. Portanto as dinâmicas ocultas devem ser diagnosticadas, reveladas e movimentadas para garantir que o potencial de desenvolvimento bloqueado dos indivíduos venha à tona em forma de melhora na performance.

É possível perceber quando as equipes de trabalho estão repetindo padrões anteriores?

Sim. O mais comum é quando observamos que grande parte das pessoas está mais focada no passado do que no futuro. O comportamento de cooperação perde o lugar para o de desmotivação, medo, indignação ou qualquer emoção negativa como a raiva.

Esse fenômeno de insatisfação que toma conta de todos ao mesmo tempo como se fosse uma epidemia, a que demos o nome de "elo invisível e sistêmico", consciência coletiva (Bert Hellinger) só é possível acontecer graças aos Neurônios-espelho muito estudados pela neurobiologia (Uri Bergmann é um deles) através de pesquisas no campo da neurociência.

Os Neurônios-espelho nos permitem simular internamente as ações dos outros.

Numa equipe ou organização, existe um fator chave que hoje já se comprovou atuar entre os seus membros: o sistema de neurônios espelho do cérebro que cuidam para que ajamos como diapasão uns para os outros, inconsciente e automaticamente imitando os cérebros ao nosso redor. Notamos isso quando alguém boceja e bocejamos juntos, ou rimos, ou nos encolhemos quando alguém se machuca na nossa frente. A manifestação oculta é a de algo que transmite a energia e o humor e o bem ou mal-estar pode ser contagioso.

Portanto, esse pode ser um fenômeno negativo que tira e bloqueia qualquer energia criativa nas equipes. Por outro lado, pode ser usado de forma positiva para construir redes neurais nos seus integrantes criando um ambiente produtivo e harmônico, ou negativo tirando e bloqueando qualquer energia criativa nas equipes.

Quando o líder se encontra em ressonância (identificado) com os sucessos da liderança anterior, pode seguir construindo sua história com a nova equipe em harmonia, como se o campo mental coletivo lhe desse a autorização para o legado. A ressonância com a equipe traz o desenvolvimento, o resultado é altamente positivo e a sinergia, entusiasmo e motivação são ingredientes naturais. Significa dizer que as equipes estão funcionando no modo saudável.

Já quando as equipes trabalham no modo sobrevivência, os elementos implícitos estão atuando de forma velada: medo, raiva e seus derivados, onde o sintoma é percebido pelos maus resultados e desmotivação. Faz-se necessário movimentar e transformar os elementos emocionais que se encontram bloqueados para que sejam liberados a confiança e fé, alegria, e assim os padrões naturais de desenvolvimento possam ser retomados.

As emoções estão sempre implícitas nos comportamentos das pessoas e consequentemente atuam nas equipes de forma a facilitar o desenvolvimento ou bloquear a sinergia e o fluxo dos potenciais criativos, que podem afetar: comunicação, sinergia, comprometimento, inteligência social e resultados desejados.

O que devemos observar nas equipes para ter ciência que estamos diante de riscos e precisamos intervir para garantir os resultados?

Identificamos alguns fatos que podem afetar o grupo, por exemplo: em fusões de empresas. Quando existem conexões rompidas entre funcionários mais antigos por um lado e funcionários mais novos de outro, que, apesar da boa vontade mútua, não conseguem continuar trabalhando juntos como antes.

Baixa motivação decorrente de um longo período de assédio moral de um líder.

Falta de fluxo entre diferentes divisões de uma organização ou entre a organização e o mundo exterior. É difícil existir fluxo onde há conexões rompidas.

Para trabalhar equipes de forma a promover a neuroplasticidade do cérebro e conquistar mudanças no padrão mental que provocam a mudança comportamental, desenvolvemos uma metodologia própria resultado de anos de experiência como psicólogas e muitos estudos aplicados ao cérebro e neurociências.

Como fazemos para diagnosticar o que "ficou no ar" formando um elo invisível não resolvido gerando comportamentos disfuncionais e a repetição deles?

Manual completo de treinamentos comportamentais

Identificar, reconhecer e desidentificar para mudar!

Padrões de comportamento disfuncionais atuam de forma oculta, invisível nos grupos de trabalho como falamos, prejudicando assim a performance rebaixando resultados e repetindo histórias de insucesso nas equipes.

Reconhecer, processar e desidentificar é o melhor caminho para o sucesso.

Apresentar um modelo de processamento adaptativo que facilita a mudança desses padrões disfuncionais para que haja o consequente retorno ao fluxo de desenvolvimento e influência positiva nos resultados, incrementando-os.

Diagnosticar a presença dos padrões que bloqueiam as equipes, intervir, criar ressonância entre o passado, presente e futuro despertando os potencias criativos aumentando o desempenho, sinergia, responsabilidade compartilhada e foco no objetivo comum, para elevar a maturidade emocional do sistema como um todo.

4

Os sete segredos do líder que inspira pessoas

Os líderes que inspiram pessoas
são aqueles que não somente
falam, mas vivem o que falam

Augusto Junior

Augusto Junior

Administrador de empresas e MBA em recursos humanos, é especialista em assegurar o planejamento e coordenação de treinamento e desenvolvimento através da criação de critérios, procedimentos e recursos para treinamentos; ministrar treinamentos, através de recursos expositivos, dinâmicos e metodologias de ensino, para contribuir com o desenvolvimento do ser humano, além de atuar na formação de novos profissionais como professor universitário. A busca constante pelo desenvolvimento é uma de suas características marcantes. Tem participação assídua no maior congresso de treinamento da América Latina e o segundo maior do mundo, o Congresso Brasileiro de Treinamento e Desenvolvimento, desde 2007. Também possui certificação internacional em *coach*, o que lhe permite contribuir de forma mais direta com o alcance de metas e objetivos de seus clientes, seja para carreira ou para vida pessoal.

Contatos
augustopalestrante@uol.com.br
augustopalestrante.blogspot.com.br
http://augustopalestrante.com.br/treinamento-gratuito
facebook.com/augustopalestrante
@Augujr
(14) 99790-0079

O mundo do trabalho tem mudado significativamente. Cada vez mais se valoriza o papel do líder. O mundo, as empresas, as famílias precisam de líderes que sejam capazes de influenciar e inspirar pessoas para objetivos comuns, realizações de sonhos, atingimento de metas, execução de projetos. Muitas empresas sofrem pela carência de líderes e nessa busca frenética cometem alguns erros que podem custar muito caro. Quando precisam de novos líderes é comum vermos empresas promovendo seus melhores técnicos e a consequência é que essa empresa vai perder um excelente técnico e ganhar um péssimo líder. Ainda que esse técnico seja muito bom em sua atividade fatalmente não vai conseguir repetir o mesmo desempenho como líder, porque seus resultados, agora, dependem também dos outros. Talvez você tenha o desejo de descobrir como a liderança pode deixar de ser um peso e se torne uma realização profissional, então vale a pena conhecer os sete segredos para inspirar pessoas.

1. Missão pessoal

Ser líder não é questão de cargo, é uma missão. Mas o que é missão? Missão é a razão pela qual alguém existe, é ela que vai nortear a direção a ser seguida, é a missão que vai produzir o combustível necessário para impulsionar diariamente o líder mesmo diante das situações mais desafiadoras. É muito fácil saber se um líder está exercendo liderança embasado em uma missão ou simplesmente pela força do cargo. Líderes que exercem poder pela força do cargo precisam se impor e muitas vezes até gritar, é uma liderança exercida pelo medo, pela coação. Um liderado que vive sob esse tipo de liderança tende a fazer as atividades somente porque está sendo mandado, e não porque entendeu o real sentido dessa ou daquela tarefa, tende a ser desmotivado, descomprometido e assim que tiver oportunidade vai boicotar esse "chefe". Já o líder que descobre sua missão percebe que sua liderança avança significativamente, as pessoas tendem a respeitá-lo mais, são comprometidas, apresentam soluções em vez de problemas e, principalmente, o percebem como um exemplo a ser seguido.

2. Gestão do conhecimento

O líder que inspira pessoas não descuida das competências técnicas da sua área de atuação. Vivemos hoje a era da informação, com o avanço da tecnologia temos uma infinidade de informações espalhas pelo mundo afora, portanto o líder precisa ter a capacidade de selecionar aquelas que realmente são importantes para o bom desempenho das suas atividades e isso só é possível se ele fizer uma boa gestão do conhecimento. Ele precisa pesquisar onde estão essas informações, saber as várias fontes de referência para filtrar o que realmente é relevante, transformando informação em conhecimento. Os líderes aptos à gestão do conhecimento se tornam referência sobre o assunto e fonte de informação para os demais.

3. Comunicação

O líder precisa saber se comunicar, o que não significa simplesmente transmitir informação. Comunicação não é o que o líder fala, mas o que o outro compreende. A comunicação é fundamental para um líder, que precisa saber verbalizar suas ideias, transmitir seus conhecimentos e principalmente dar os retornos adequados para seus liderados. Para dar um bom *feedback* o líder deve primeiro elogiar, depois orientar e por fim elogiar novamente.

Começar uma conversa com um elogio sempre é positivo, as pessoas gostam de serem valorizadas e reconhecidas e isso eleva sua autoestima, mas é importante que esse elogio seja sincero e verdadeiro, caso contrário o efeito pode ser inverso. A segunda etapa de um bom *feedback* é a orientação. Muitos líderes sofrem porque não conseguem mostrar para seus colaboradores em que precisam melhorar por receio de chateá-los, outros não o fazem por acreditar que o liderado já sabe o que precisa melhorar, mas a verdade é que o líder precisa frequentemente orientar, apontar novos caminhos e ajudar no desenvolvimento dos seus liderados. Ser claro, objetivo e transparente sempre é o melhor caminho. Por fim é importante elogiar outra vez, reforçar o que foi dito inicialmente ou até mesmo elencar novos pontos positivos, dessa forma finalizamos o *feedback* de forma leve, agradável e o liderado sairá com a sensação que seu líder confia nele e vai apoiá-lo onde precisar.

4. Gestão de equipes

Um grande desafio para os líderes de hoje é fazer a gestão de pessoas dentro das empresas. Infelizmente muitos deles sentem grandes dificuldades com essa competência porque acreditam que o papel de fazer gestão de pessoas é da área de Recursos Humanos e assim terceirizam essa responsabilidade, porém, o verdadeiro responsável por esse papel é o líder, por uma razão óbvia: é o líder quem convive diretamente com as pessoas. Perceba, portanto, que é o líder quem deve admitir; é muito cômodo para um líder simplesmente receber um candidato já selecionado pelo RH e simplesmente dispensá-lo alegando que a pessoa não serve porque o RH contratou mal. Hoje, essa etapa do processo está cada vez mais sendo compartilhada, ou seja, o RH faz uma primeira triagem, em seguida disponibiliza três ou mais possíveis candidatos, que na sua visão já estão aptos para a função, e direciona para que o líder faça uma entrevista final e escolha o candidato que melhor se encaixa no perfil da vaga. Essa prática contribui para diminuir o *turnover*. Da mesma forma é papel do líder treinar e desenvolver, promover e, se for o caso, também fazer o desligamento do colaborador. Em minha experiência de mais de 20 anos atuando com desenvolvimento humano, uma cena se repete: o líder chega para um colaborador que ele não quer mais e diz: "Olha não sei por que, mas o RH me passou uma lista de pessoas que vão ser desligadas da empresa, e infelizmente seu nome está nela, converse com eles para entender o motivo, é uma pena!" E o pior é que o colaborador vai todo chateado para entender e descobre que na verdade o RH não é o responsável pela solicitação de desligamento. Portanto o líder precisa entender que é seu papel apoiar o colaborador neste momento delicado de transição na carreira; o líder deve dar um último *feedback* mostrando quais os motivos que o levaram a tomar essa decisão. Aliás, se o líder teve o hábito de frequentemente dar *feedback*, o processo de desligamento será bem mais tranquilo.

5. Gestão de conflitos

O ser humano é único, cada pessoa é de um jeito, possui características próprias e, claro, uma história própria também. O líder precisa entender essa realidade, fazer uma análise do contexto social em que vive e por fim constatar que por essas inúmeras diferenças os conflitos tendem a ser cada vez mais frequentes, cabendo a ele a desafiadora tarefa de administrá-los. Para isso, o líder precisa estar mais perto dos seus liderados, precisa conhecê-los. Tem um ditado que diz: "se você quer conhecer alguém, deve comer com ele um quilo de sal". É óbvio que não dá para comer sal de uma hora para outra, muito menos a colheradas, é preciso comer de pitada em pitada e isso leva tempo. Uma competência indispensável para administrar conflitos é a empatia, que nada mais é do que se colocar no lugar do outro, entendendo o porquê de suas atitudes. O fato de entender o posicionamento do outro não quer dizer que eu tenha de concordar com elas, mas é indispensável respeitá-las. Eu me recordo de uma ocasião em que fui com minha esposa ao cinema, tudo estava muito bem pensado eu sabia que não poderia escolher um filme da minha preferência como ação e aventura, mas sim um romance ou comédia, filmes da preferência dela, assim, chegamos ao cinema e, claro, compramos uma pipoquinha que, aliás, não pode faltar! Tudo pronto, entramos na sala de projeção eu me sentei ao lado dela, coloquei o pacote de pipoca sobre meu colo e comecei a comer enquanto assistíamos ao filme. Algum tempo depois ela se virou para mim e perguntou se eu ia comer toda a pipoca. Ela tinha ficado bem chateada e ao término do filme, rolou aquela discussão sobre a relação, a famosa "DR"; ela me disse: "Você é um egoísta, só pensa em você, nem se quer se deu ao trabalho de me oferecer um pouco de pipoca, que falta de romantismo!" Eu me virei para ela e disse: "Amor, eu te entendo!" ela retrucou: "Não entende" e eu insisti: "Entendo sim, veja, eu te convidei para ir ao cinema, compramos pipoca e eu, de forma muito egoísta, comecei a comer a pipoca sem oferecer nada para você, eu pensei só em mim, eu fui insensível e não tive um pingo de romantismo, não é por isso que você está chateada comigo?" Ela parou por um instante, pensou e ainda muito chateada me disse: "É, sim, mas teve aquele outro dia..." Bem, aí você já sabe, não é?! O importante é notar que nesse caso específico da pipoca, a discussão não continuou porque eu fui empático com minha esposa, procurei olhar a situação a partir da realidade dela, em vez de defender meu posicionamento e correr o risco de ficar mais tempo em conflito. O líder tem que ter essa percepção, entender como o colaborador vê determinada situação. A empatia é uma grande ferramenta para administrar conflitos, além de favorecer o respeito e a reconciliação.

6. Reuniões produtivas

Você já percebeu que, em muitos casos, quando se procura por um líder ele está em reunião? Pois é, estar em reuniões é uma rotina frequente na vida dos líderes e isso consome o tempo que é extremamente precioso; segundo dados da Triad, consultoria especializada em gestão do tempo, apenas 7% das reuniões são produtivas. O líder que inspira pessoas procura a todo o momento ampliar esse indicador levando em conta alguns fatores como: planejar, executar e acompanhar. Na fase de planejamento o líder deve definir o objetivo da reunião, pois toda reunião deve ter um objetivo claro composto por dois ou três itens no máximo; escolher o tipo de reunião, se ela vai ser presencial, virtual ou até mesmo externa; escolher os participantes certos – uma regra a ser seguida é escolher poucas pessoas com muito poder de decisão. O líder precisa exercer o papel de condutor da reunião, ou seja, ele precisa administrar o tempo da reunião. Na fase de execução, comece a reunião pontualmente no horário, assim você demonstra que está respeitando os presentes; explique seu papel de líder da reunião e aproveite para apresentar regras que vão ajudá-los como, por exemplo, trabalhar em equipe e ser um ouvinte ativo, em seguida apresente os itens da reunião e o horário que vai terminá-la. No final é importante revisar as ideias desenvolvidas, atribuir responsabilidades, estipular prazos para execução e acompanhar os resultados.

7. Liderança inspiradora

O diferencial do líder é a sua capacidade de inspirar pessoas. E nenhum líder vai inspirar pessoas simplesmente pela força de palavras, muito menos pela força de um crachá, mas sim com seus exemplos. Não basta falar, é preciso viver e praticar o que se fala, o que é imediatamente percebido pela equipe, que passa a respeitar e valorizar muito mais o seu líder. Uma equipe conduzida por um líder que pratica o que fala tem mais probabilidade de realizar suas tarefas porque vê nelas um sentido, deixa de ser uma equipe que tem que fazer algo para ser uma equipe que tem algo a fazer. Muitas são as referências de líderes que inspiraram pessoas: Gandhi, Martin Luther King, João Paulo II e, recentemente, o Papa Francisco, que tem dado referências claras de como ser um líder que inspira pessoas. Na

Manual completo de treinamentos comportamentais

Jornada Mundial da Juventude em 2013, no Rio de Janeiro, mais de 3,7 milhões de jovens se reuniram na praia de Copacabana, e para essa multidão o Papa pediu que todos fizessem um profundo silêncio, que durou uns dez minutos – dava para ouvir o som das ondas do mar! Fazer os jovens ficarem em silêncio e principalmente numa praia como aquela demonstra uma liderança realmente inspiradora. E como não falar de um líder que foi capaz de dividir a história em antes e depois dele, sim estou falando de Jesus Cristo, e não vou nem falar do aspecto espiritual, pois, com certeza faltaria espaço, mas quero me deter apenas em sua habilidade de liderar pelo exemplo. Esse homem foi capaz de recrutar uma equipe de pessoas totalmente despreparadas, desvalorizadas, em quem ninguém apostaria nada e a partir delas mudou a história da humanidade. A influência de Jesus era tão forte que muitos dos seus seguidores não só aplicavam o que ele dizia, mas eram capazes de morrer por ele, tamanha foi a causa e o sentido de vida que conseguia imprimir sobre eles. Quando alguém lidera pelo exemplo, como Jesus, mesmo após sua morte sua mensagem continua viva, com a mesma intensidade. Ainda hoje pessoas são capazes de dar a vida por Jesus, e isso se chama legado, isso se chama liderança inspiradora, eu não tenho dúvida que você pode ser um líder que ajuda as pessoas a alcançar seus objetivos, realizar sonhos, você pode ser diferente e fazer a diferença, você pode ser um líder inspirador.

Referências

HUNTER, James C. *O monge e o executivo*. Rio de Janeiro: Sextante, 2004.

PONTIFÍCIO CONSELHO JUSTIÇA E PAZ. *Compêndio da doutrina social da igreja católica*. 7 ed. São Paulo: Paulinas.

5

Assessments: otimize recursos. Descubra seus diamantes!

Assessment proporciona diferencial competitivo para empresas que compreendem o impacto de desenvolver seus líderes, gerando autoconhecimento, desenvolvimento de competências e aumento de performance

**Bárbara Viana &
Elaine Carreira Sbrissa**

Bárbara Viana & Elaine Carreira Sbrissa

Bárbara: Administradora; MBA em *Coaching*; *Master Coach*, pela SBCoaching, experiência de Staff com 2.000 horas de Desenvolvimento e Contribuição. Há dez anos atua em Recursos Humanos, como facilitadora em treinamentos comportamentais e desenvolvimento de pessoas.

Elaine: Administradora; Pós-graduada em Modelos de Gestão Estratégica de Pessoas FIA/USP. *Master Coach* pela SBCoaching, Líder *Coach* pelo BCI. Há mais de dez anos atuando no mercado em diversos segmentos nas áreas de recursos humanos e financeira, com vivências internacionais.

Sócias da Carreira Coaching, certificadas internacionalmente em Teoria DISC e Motivadores TTI Success Insights, desenvolvem trabalhos de consultoria, *assessments*, análises comportamentais e mapeamento de equipes, utilizando ferramentas de referência mundial. *Executive Coaching* em desenvolvimento de liderança, carreira, organizacional e aumento de performance. Possibilitando contribuir com seus clientes de maneira expressiva para alavancarem seus resultados.

Contatos
www.carreiracoaching.com.br
contato@carreiracoaching.com.br
(11) 97222-1065 / (11) 99534-7255

Bárbara Viana & Elaine Carreira Sbrissa

O dinamismo da globalização afeta não somente as organizações como também seus líderes gerando novas necessidades de desenvolvimento. As mudanças têm sido rápidas e algumas vezes até radicais, como consequência, as organizações vêm percebendo a importância de inovar e de investir estrategicamente em seu capital humano que está sendo reconhecido cada vez mais como um grande diferencial competitivo.

> *"Num momento de globalização da economia, as organizações, mais que nunca dão sinais de que seu grande investimento será a preparação de líderes".*
> Cecília Bergamini

Compreender maneiras eficazes de estruturar e aplicar o processo de desenvolvimento de líderes é fundamental, pois cada líder faz parte e impacta a estratégia. De acordo com o cenário real das organizações, nem sempre é possível atuar em todos os níveis. Uma estratégia interessante é iniciar o trabalho pelo topo da pirâmide, pois assim, as competências, comportamentos, visão e valores são disseminados através do exemplo e fortalecem a cultura organizacional.

Ao pensar em estratégias para o desenvolvimento de líderes, olhando para treinamentos curtos e sem customização, pode surgir a necessidade da utilização de práticas complementares que darão suporte e contribuem para o aumento de assertividade.

> *"Os modelos não são flexíveis a ponto de contemplarem as diferenças das individualidades das pessoas que estão pretendendo preparar".*
> Cecília Bergamini

Esse desafio presente no cotidiano pode ser minimizado através de soluções que irão contribuir diretamente com seus resultados em termos de desenvolvimento de líderes e estratégias organizacionais. Considerando essa realidade torna-se relevante o conhecimento e a utilização dos *assessments*. Atualmente são mais utilizados com foco em recrutamento e seleção, porém a sua utilização é mais ampla, como por exemplo, dar suporte significativo para estruturação de programas de desenvolvimento de líderes e treinamentos comportamentais.

Manual completo de treinamentos comportamentais

Assessment pode ser considerado qualquer tipo de instrumento que contribua para a extração de informações de uma pessoa para a construção de uma estratégia alinhada a um objetivo, como por exemplo, autoconhecimento, aumento de percepção, performance, gestão de conflito, melhoria de comunicação, relacionamentos e mapeamento de equipes.

Existem dois tipos principais de *assessments*, o primeiro realiza um levantamento de informações. Para exemplificar, segue uma breve analogia: Quando você está perdido e liga para um amigo, ele pergunta: - Onde você está? Este questionamento é um tipo de *assessment*, pois só após essa informação ele conseguirá ajudá-lo a encontrar o caminho que deseja, ou seja, dar o direcionamento. E também, neste mesmo tipo, outra forma de levantar informações é utilizando um questionário simples. Segue modelo abaixo.:

Perfil do trabalho

1. Quais são especificamente suas tarefas no trabalho?
2. Quais são as habilidades específicas exigidas para seu trabalho?
3. Que resultados são esperados de você?
4. Qual é a principal dificuldade que você enfrenta em seu trabalho atual?
5. Você precisa de mais treinamento ou *coaching*?
6. Em quais áreas?
7. Qual é o seu nível de autoridade em seu trabalho?
8. Como você reage sob pressão ou estresse?
9. De que modo você trabalha como membro de equipe?
10. Descreva suas qualidades de liderança.
11. Como sua personalidade se encaixa em seu trabalho?
12. Quais são seus planos atuais de desenvolvimento?

---

*Adaptado Sociedade Brasileira de Coaching

O segundo tipo é baseado em teorias, com as respostas validadas através de neurociência, estatísticas, pesquisas e estudos. São mais robustos, normalmente desenvolvidos através de sistemas e com o uso de tecnologia.

Bárbara Viana & Elaine Carreira Sbrissa

"Para conseguir o melhor das pessoas, temos que acreditar que o melhor esta lá. Mas como sabemos que está, o quanto está e como extraímos isso?"
John Whitmore

Um dos grandes benefícios dos *assessments* é a contribuição na potencialização e otimização dos recursos. O objetivo é compreender que podemos trabalhar com os recursos que temos, descobrir nossos diamantes e lapidá-los trará um diferencial competitivo.

Todas as organizações deveriam ajudar os líderes a atingir seu potencial máximo. E como a organização pode fazer isso?

São diversos tipos de soluções, o que será abordado neste capítulo são algumas opções de instrumentos de *assessments*, análises que trazem à tona, perfil, potencial, facilidades, dificuldades, tendências de tomada de decisão e delegação, preferências, entrem outros. Essas informações atuam em duas vertentes: A primeira com relação à organização, que a partir dessas informações terá conhecimento de seus recursos, como utilizá-los e suporte para definição das melhores estratégias. E a segunda com relação aos líderes, aumentará o autoconhecimento, a responsabilidade, possibilitando o líder alterar seu ambiente, desenvolver competências e trabalhar em prol de sua alta performance alavancando os resultados da organização.

Alguns *assessments* avaliam potencial, outros entrega. Existem muitas diferenças entre eles, desde, qual a forma de sua validação científica até quais os resultados que você espera obter deste instrumento específico. Elencamos alguns principais instrumentos:

Assessments	Utilização
Alpha **Análise de potencial**	Estilos de liderança. Contribui para identificar entre quatro estilos: comandante, visionário, estrategista e executor. Entender quais suas forças, riscos e impactos.
Competências **Análise de capacidade de entrega**	Analise de 23 competências chaves identificadas no mercado. Apresentam seus principais talentos e demonstram os níveis atuais e potenciais de desenvolvimento.
DISC **Análise de potencial**	Identificação de facilidades e dificuldades comportamentais, compreender o "COMO" atuamos. Contribui para aprofundar o conhecimento de si próprio e também dos outros. Os fatores são eles dominância, influência, estabilidade e conformidade.

Inteligência emocional Análise situacional	Compreender as cinco dimensões das inteligências intrapessoal e interpessoal. são elas autoconsciência, autocontrole, motivação, empatia e habilidades sociais.
Motivadores Análise de potencial	Compreender o "porquê" as escolhas são feitas, o que é importante. Identificar as prioridades, os direcionadores nas tomadas de decisões. São seis os valores: teórico, utilitário, estético, social, individualista e tradicional.
Vendas Análise de potencial	Indicadores de habilidades de vendas e quais as estratégias para obter sucesso. Dimensões analisadas: prospecção, geração de confiança, qualificação, apresentação, influência e fechamento.

Os resultados dos *assessments* são situacionais, ou seja, podemos desenvolver competências, caso o contrário, porque estaríamos lendo este livro?

Com as informações que os diferentes *assessments* disponibilizam é possível criar estratégias assertivas e desenvolver treinamentos que atinjam os resultados esperados pela organização. Todo treinamento deve ser construído para o aprendizado e o desenvolvimento. Considerar o autoconhecimento como uma das bases relevantes para qualquer tipo de ação estratégica nos treinamentos comportamentais é a chave do sucesso, pois é necessário que o líder se conheça, para a aceitação de quem ele realmente é, podendo assim despertar a necessidade e o desejo consciente de desenvolvimento de novas competências. Complementando, Bergamini acredita que treinamentos feitos para líderes, que visam mudar "o estilo natural de comportamento" se demonstraram insustentáveis, uma vez que a realidade da sala não condiz com a da organização, e os comportamentos aprendidos pelos líderes não são internalizados.

Para alcançar esta mudança significativa e sustentável, faz-se necessário ter uma estrutura básica do treinamento comportamental e complementar com uma análise customizada do perfil do público considerando cada indivíduo presente. Neste momento é possível traçar estratégias de internalização com apoio de processos de *coaching*, considerando as análises de perfis e níveis lógicos.

Quando as mudanças acontecem somente no ambiente ou com foco apenas no comportamento, geram um impacto menor e normalmente de curto prazo, ao desenvolver treinamentos que impactam aspectos mais profundos como crenças, valores e identidade, o trabalho ocorrerá diretamente com os níveis lógicos da mudança, assim conseguirá gerar impactos mais duradouros e engajamento. Os níveis lógicos da mudança foram desenvolvidos pelo antropólogo Gregory Bateson e aprimorado por Robert Dilts, buscam criar ou ampliar a congruência e o nível de resultado prévio de qualquer sistema onde exista a interação humana. No processo de aprendizado existe hierarquia natural dos níveis lógicos e quanto mais o treinamento atuar nos níveis profundos, consequentemente geram mudanças nos níveis mais superficiais.

A conexão com propósito, clareza de papéis, o entendimento de "quem sou eu", valores, as crenças e a consciência do que a organização espera, são alinhamentos fundamentais para um programa de desenvolvimento comportamental, exemplo: O que norteia as decisões destes líderes? Como ele pode potencializar o seu time? O que ele acredita sobre o time e sobre ele mesmo? Quais são as necessidades da organização? Como alinhar esses valores e definir um propósito único? A organização precisa compreender como seus líderes funcionam para criar a congruência entre eles, gerando um efeito cascata onde os líderes também perceberão esses fatores com relação aos seus liderados.

Após compreender como o indivíduo funciona, os desafios reais e os pontos estratégicos a serem abordados, outro fator relevante será o mapeamento da equipe, antes da ação estratégica e implantação do treinamento.

O mapeamento de equipe oferece a possibilidade de visualizar o time a partir das características individuais, identificando as tendências comportamentais, os valores e possibilitando a análise de complementariedade. A partir do momento que a organização tem a equipe mapeada é possível: preparar o líder para comunicar-se assertivamente, proporcionar que a equipe se conheça, que a empresa utilize estratégias de engajamento que estejam diretamente relacionadas com os valores da equipe, minimizar conflitos diante das diferenças de perfis e traçar quais os treinamentos necessários para atender a real demanda. Quando a organização foca nos talentos e nas facilidades de cada indivíduo, ela aumenta para 80% a produtividade. Só é possível trabalhar com assertividade quando existe o real conhecimento de seus recursos, poder descobri-los e potencializá-los é efetivamente descobrir seus diamantes. Utilizar recursos já disponíveis proporciona a organização a otimização, assim o investimento de ações ocorrerá somente para competências específicas e lapidações necessárias. Além disso, estará totalmente relacionado às tomadas de decisões, tornando a empresa mais estratégica.

Importante ressaltar que nenhum tipo de *assessment* garante o resultado do treinamento, não deve ser utilizado para limitar as pessoas. *Assessment* não demite, não contrata, deve ser utilizado em conjunto com outras análises, como por exemplo a entrega. Conhecimento, maturidade, experiência, entre outros, são aspectos que impactam os resultados da leitura de um *assessment*, não pode haver rotulações.

Um perfil não é melhor que o outro. Melhor para fazer o que? Quando? Em qual cenário? Não existe perfil 100% adequado, é papel da empresa trabalhar no nível de prontidão de seu time, ou seja, transformar potencial em entrega. Os *assessments* facilitam esse processo. Como a organização aplica o *assessment* realmente faz a diferença. Quando ela investe em *assessments*, oferece o suporte tangível para que seus líderes performem.

O objetivo não é mudar a essência do líder e sim estimular o autoconhecimento, desenvolvimento de novas competências, para a melhoria do autogerenciamento, a adaptação consciente a diferentes situações gerando mais satisfação.

> *"O que é necessário mudar em uma pessoa é o grau de consciência que possui de si mesma"*
> Abraham H. Maslow

É de extrema importância o foco no desenvolvimento, as organizações são reflexos de seus líderes e são eles os catalizadores que contribuem para a adequação a necessidade de mudança.

Referencias
BERGAMINI, Cecília Whitaker. *Liderança: a administração do sentido*. 2. ed. São Paulo: Atlas, 2009.
DA MATTA, Villela; VICTORIA, Flora. *Livro de Metodologia Executive Coaching*. Rio de Janeiro. Publit, 2012.
DA MATTA, Villela; VICTORIA, Flora. *Academia da liderança coaching aplicado*. 2012
LYONS, Laurence S. *O coaching no cerne da estratégia*. In GOLDSMITH, Marshall; LYONS, Laurence; FREAS, Alyssa. Coaching o exercício da liderança. 13. ed. Rio de Janeiro: Elsever, DBM, 2003.
WHITMORE, John. *Coaching para performance: aprimorando pessoas, desempenhos e resultados*. Rio de janeiro: Qualitymark, 2006.
TTI Success Insights. *Apostila de Metodologia Coaching Assessment Teoria DISC e Motivadores*. Brasil, 2014.

6

Treinamento, *mentoring* e *coaching* para desenvolvimento de lideranças no ambiente industrial

Os líderes que temos hoje na indústria foram forjados no dia a dia, na experiência adquirida com o tempo, na tentativa e erro. O tempo urge! Precisamos formar líderes assertivos e que sejam exemplo em todos os níveis da hierarquia na indústria (e na empresa). Como fazer isso? Implementando um bom programa de treinamento comportamental e usando as técnicas de *mentoring* e *coaching* desde o início da carreira dos jovens!

Carlos Eduardo Passini

Carlos Eduardo Passini

Coach Profissional pela Academia Brasileira de Coaching (reconhecida pelo BCI – Behavioral Coaching Institute). Engenheiro de Produção formado na Universidade Federal de São Carlos, com MBA em Gestão Empresarial pela FDC - Fundação Dom Cabral. Instrutor Internacional de TPM (Manutenção Total Produtiva) formado no JIPM (Japan Institute of Plant Maintenance). Larga experiência em cargos de liderança na Indústria atuando em Multinacionais como 3M, Unilever, Johnson & Johnson e DE Master Blenders (Café Pilão). Atua como palestrante em vários temas sobre Liderança, Gestão Industrial e Qualidade. *Coach* para profissionais da Indústria.

Contatos
br.linkedin.com/in/carlospassini/
cespassini@uol.com.br

A indústria precisa formar líderes! O que temos presenciado, depois de várias experiências reais em indústrias de pequeno, médio e grande porte – incluindo grandes multinacionais para surpresa geral – é que a grande maioria falha na formação de líderes que possam conduzir desde pequenas a grandes equipes no chão de fábrica, nos departamentos de engenharia, qualidade, desenvolvimento de produtos, armazéns de materiais e produtos e outras atividades relacionadas à operação e a cadeia de suprimentos em geral. Estamos falando da formação de lideranças médias e intermediárias. São líderes de turno de trabalho, coordenadores de equipes de produção, supervisores de manutenção, líderes de operações de armazéns de distribuição de produtos, gerentes juniores, gerentes plenos e até gerentes seniores em todas as funções mencionadas antes e em outras que são comuns em operações industriais.

Geralmente as empresas estão interessadas na qualificação técnica dos profissionais que são contratados ou formados na empresa para trabalho na operação. Para funções básicas, como pessoal de chão de fábrica operacional ou em funções que realmente exigem qualificação técnica (como mecânicos, eletricistas, técnicos químicos e afins), o perfil do candidato quase nunca é avaliado com relação a questões que podem levar ao futuro desenvolvimento de um líder. E quando falamos líder, não é aquele líder que vai virar diretor na empresa, ou vice-presidente (mas porque não?). Falamos sobre aquele profissional que pode e deve exercer a liderança situacional ou de fato (por um cargo) em uma posição intermediária na empresa, e que é sempre importante para que os resultados sejam alcançados da melhor maneira possível (o famoso como).

Treinamento x prática

Falando ainda sobre treinamento técnico, é claro que todo profissional que é recrutado ou designado para uma função – geralmente em início de carreira – o é pela competência técnica. E as empresas continuam a financiar esta formação técnica depois que o funcionário está na função, para que ele continue sendo produtivo e mantenha-se atualizado sobre as novas tecnologias que vão surgindo, cada vez mais rápido nos dias de hoje. Muito também se aprende no chamado treinamento *on the job*, onde o funcionário aprende fazendo e sendo ensinado pelos profissionais mais experientes na função, dentro da equipe onde trabalha e no próprio local de trabalho.

Um ponto importante a ser observado é que na maioria das vezes, as questões não técnicas como: trabalho em equipe, dar e receber *feedback*, comunicação interpessoal, resiliência, gestão de conflitos, entre outras importantes competências e habilidades, não são ensinadas *on the job* e, apesar das grandes empresas terem estas competências descritas em suas cartas de valores e nos processos de avaliação de desempenho, na prática o aprendizado destas competências é prejudicado pela falta da formação de líderes em cargos intermediários na empresa ou devido a empresa acreditar que basta o funcionário estar presente em um treinamento expositivo de algumas horas a respeito das competências acima descritas, ele já estará pronto para usar as mesmas no dia a dia ou agir como exemplo para sua equipe e colegas de trabalho. Está aí o grande erro cometido na formação de líderes em cargos intermediários nas empresas, principalmente na indústria. A grande maioria investe na formação destas competências somente para cargos de liderança gerencial plena e sênior. É claro que muito se faz em termos de propiciar treinamento em sala de aula. Pouco se faz *on the job* (liderança pelo exemplo) ou usando técnicas de *mentoring* e/ou *coaching*.

Algo que é notável nas indústrias, devido a esta carência na formação de líderes em cargos intermediários, é a promoção de funcionários a um cargo de "liderança" sem que o mesmo esteja preparado para ser líder (nas devidas proporções da função). Às vezes a pessoa tem uma competência técnica elevada, o que não significa que esteja preparada para liderar pessoas. Muitas vezes em nossa experiência na indústria, nos deparamos com líderes de turno de trabalho na produção que foram promovidos por serem ótimos operadores de máquina. Vimos também muitos supervisores de manutenção de equipamentos, nesta posição de liderança de equipes, por terem sido ótimos mecânicos ou técnicos. Novamente não significa que tenham preparação mínima para liderar uma equipe. O mesmo ocorre em todas as outras áreas da indústria. Por quê? Pela falta de investimento no desenvolvimento destas lideranças no dia a dia. Ou por desconhecimento desta necessidade ou por pura negligencia da empresa em pensar que a formação de líderes será necessária apenas para o desenvolvimento de funções gerenciais maiores na hierarquia.

Mentoring e coaching

Estabelecer um programa de *mentoring* para profissionais recém-contratados ou transferidos para suas novas funções em qualquer departamento da operação industrial é fundamental para acelerar o aprendizado de competências e habilidades de liderança desde o início. Sem dúvida, também ajuda a acelerar a formação técnica *on the job*, mas nosso foco aqui são as competências e habilidades de liderança. Um programa formal é necessário pela carência de líderes intermediários. Em uma empresa onde essa deficiência não exista e onde existam líderes experientes em diversas funções industriais, informalmente este processo pode ocorrer. Mas deve estar ligado aos valores da empresa com os quais os líderes devem se identificar e agir em solidariedade a empresa e aos colegas de trabalho mais novos em suas funções.

O *mentoring* é uma ferramenta poderosa e geralmente usada em forma informal para que o novo entrante na empresa tenha alguém que possa orientá-lo periodicamente em como proceder para adquirir conhecimentos, competências e habilidades de liderança e, como colocá-las em prática no dia a dia. Isto acontece com mais frequência em programas de *trainee* em grandes empresas onde, desde o início, o novo profissional já conta com um mentor que guiará seus passos durante seu programa de desenvolvimento e muitas vezes até depois deste período inicial de desenvolvimento, até o profissional atingir uma gerencia plena e até mesmo sênior.

Já para profissionais de chão de fábrica ou mais operacionais, o *mentoring* é extremamente importante para que desde o início o novo contratado na empresa comece a aprender os valores e perfil de liderança esperado pela empresa e esperado para a operação. Geralmente este tipo de *mentoring* deve dar-se através do aprendizado pelo exemplo. Ou seja, o mentor deve ser um exemplo de atitudes e realizações no dia a dia. Um exemplo a ser seguido. E de uma forma ideal, deve haver momentos onde líderes (e estamos novamente aqui falando de líderes de turno, supervisores, coordenadores e funções afins) e liderados possam conversar a respeito dos valores, atitudes e exemplos reais do dia a dia onde o perfil e aprendizado sobre liderança tenha sido colocado em prática.

Com relação ao *coaching*, uso apropriado da metodologia e das suas várias ferramentas no mesmo contexto da formação de lideranças mais operacionais, recomendamos usar para a correção da performance ou atitude do colaborador, ajudando-o a encontrar suas potencialidades e colocá-las em prática e também desenvolver atitude e ações para que a liderança aflore quando este for um dos objetivos do colaborador, não só da empresa. Está mais relacionado à que ações e atividades a pessoa precisa desafiar-se a realizar para estar mais perto de ser um líder, independentemente do nível organizacional em que se encontre, novamente de acordo com os valores e perfil definido pela empresa.

Plano de treinamento suportado por mentoring ou coaching

Conforme os pontos esclarecidos anteriormente, um plano de treinamento para preparar e formar líderes intermediários na hierarquia operacional da indústria deve ser complementado por um processo de *mentoring* e *coaching* (consequentemente ao plano de desenvolvimento pessoal). A formação técnica contínua é fundamental para que os profissionais de operações estejam preparados para executar suas tarefas com excelência e tragam os resultados esperados em termos de segurança, qualidade e produtividade, o que inclui custos. Mas é fundamental que sejam identificadas pessoas que tenham potencial de liderança e as mesmas comecem a serem desenvolvidas em paralelo às questões técnicas. Um profissional em sua plenitude deve ter bem desenvolvido as habilidades básicas que permitirão um bom ambiente de trabalho, tais como colaboração, trabalho em equipe, comunicação interpessoal, responsabilidade, iniciativa, entre outras já citadas. Estas habilidades são básicas para qualquer desenvolvimento de um líder e são adquiridas não só em sala de aula, mas principalmente vivenciando atividades *on the job* junto às equipes de trabalho onde o profissional está inserido. Aí entra o *mentoring* de um chefe ou pessoa mais experiente para atuar como exemplo das habilidades e atitudes descritas. Inserir oficialmente junto com o plano de treinamento um processo de *mentoring* com datas e compromissos para que as habilidades e atitudes sejam discutidas, os exemplos sejam debatidos e a devida correção realizada, é fundamental para uma formação completa. Isto precisa ser formal e registrado, pois deverá ser usado na avaliação de desempenho do profissional em formação. A empresa, fazendo isto, terá um diferencial na formação do seu pessoal, não necessariamente preparando todos para serem líderes, mas tendo todos os colaboradores melhor desenvolvidos em assuntos comportamentais fundamentais para a produtividade e harmonia no trabalho.

O uso de *coaching* para a correção de comportamentos também deve ser usado e formalizado após um período inicial de *mentoring*. O *coaching* ajudará o profissional a identificar seus pontos fortes e fracos e assim ajudá-lo a descobrir que ações devem ser realizadas para que seja corrigida a rota de desenvolvimento e desempenho que podem estar interferindo com os resultados almejados pelo profissional. É claro que para o uso das duas técnicas, a empresa deve identificar claramente as pessoas que tem potencial de assumir uma liderança intermediária futura. Este potencial pode inicialmente aparecer em uma habilidade técnica alta ou uma facilidade em aprender e ensinar. Uma vez identificado este potencial pelas lideranças estabelecidas com participação direta dos membros de recursos humanos da empresa, o plano de treinamento comportamental (em sala) e *on the job* deve ser estabelecido para que a formação se inicie e tenha continuidade.

Em resumo, programas tradicionais de formação técnica e profissional não são suficientes para preparar lideranças intermediárias na indústria. Assim como proporcionar apenas treinamentos comportamentais em sala de aula não irão formar novos líderes no mesmo contexto. A experiência prática na aquisição de conhecimentos, habilidades e competências é de extrema importância para a formação completa de um líder e para prepará-lo para seu desenvolvimento e crescimento futuro. A indústria e as áreas de operações das empresas são carentes de líderes que ajudem a modificar a situação atual de produtividade baixa pela qual passa o país. O uso das técnicas de *mentoring* ou *coaching* ou mesmo as duas – mesmo que não em sua plenitude – podem e devem fazer parte dos planos (e execução) de treinamento e desenvolvimento de profissionais em início de carreira. Independente do porte da indústria ou empresa o que vale é a percepção desta necessidade e a colocação em prática de um acompanhamento junto aos funcionários que garanta o alinhamento com os valores da empresa (ou do dono) e a perpetuação de bons resultados por meio das pessoas.

7

A magia da aprendizagem: aprender se divertindo é coisa séria!

Acreditamos que as pessoas aprendem mais enquanto se divertem, justamente por estarem mais abertas às informações que recebem, e por vivenciarem as experiências de uma forma leve e descontraída. Neste artigo, apresentaremos elementos para demonstrar que é possível unir o lúdico e a aprendizagem. Permita-se essa experiência mágica sobre o processo de aprendizagem

**Carlos Steiner
& Ciro Daniel**

Carlos Steiner & Ciro Daniel

Carlos Steiner
Empresário e Mágico Ilusionista há mais de 17 anos; Proprietário da Steiner Magic Shop, comércio especializado em venda de artigos para Mágico a mais de 14 anos no mercado; Presidente da ABM - Academia Brasiliense de Mágica; Professor de Artes Mágicas, tendo formado diversos profissionais da magia; Especializações em Arte Mágica e Ilusionismo em Las Vegas, Miami, Roma, Paris, Veneza, Milão, Buenos Aires e Punta Del Leste.

Ciro Daniel
Executive Coach, certificado pelo ICI – Integrated Coaching Institute em *Coaching* Executivo, *Life Coaching* e *Coaching* de Carreira, e em *Coaching* de Excelência pela Academia Emocional; Palestrante e *Trainer* especialista em Comportamento, Liderança, Comunicação e Relacionamento Interpessoal; Mágico, membro da ABM - Academia Brasiliense de Mágica.

Contatos
www.executivemagic.com.br
comercial@executivemagic.com.br
facebook.com/executivemagic

Carlos Steiner & Ciro Daniel

A experiência visual na aprendizagem

> *"Quanto mais visual for o estímulo, maior a probabilidade de que ele seja reconhecido - e lembrado."*
> (John Medina - biólogo molecular)

A experiência visual exerce forte impacto no processo de retenção e lembrança de informações. Duas afirmações do biólogo John Medina embasam nossa crença:

1) Nós não vemos com os olhos, mas sim com o cérebro.[1]
2) 'Palavra' é uma coisa que não existe para o córtex.[2]

Quando você escuta ou lê a palavra "leite" o que vem a sua mente? Alguns já nos disseram que foi a imagem de uma vaca, outros de uma caixa de leite, inclusive com a marca, e ainda tiveram aqueles que nos falaram que imaginaram um copo de leite. O fato interessante é que nenhuma pessoa até hoje nos disse que imaginou a palavra, mas sim alguma imagem associada a ela. Dessa pequena experiência é possível extrair algumas informações.

A primeira é que pensamos em imagens e não em palavras. E para deixar ainda mais claro esse ponto, vamos fazer outra experiência: não pense num elefante cor de rosa! A maioria das pessoas que fazemos essa atividade começa a rir, e diz que já visualizou o elefante cor de rosa, pois a palavra "não" não existe no mundo das experiências, e para não pensar em algo, primeiro pensamos naquilo que não era para pensar, e novamente, esse pensar é através da imagem daquilo que não deveríamos pensar.

O segundo ponto é a capacidade associativa de nosso cérebro. A imagem que você visualizou mentalmente está associada à palavra. Um outro fato interessante é que gostando ou não, sempre que ouvimos uma palavra, nosso cérebro tentará, de forma inconsciente, antecipar o que pode vir em seguida.[3] Você conhece alguém, seja um amigo, parente ou conhecido, que sempre conta a mesma história? Vocês começam a conversar, e dentro de alguns instantes a pessoa repete a história que você já ouviu muitas e muitas vezes. Esse é um fenômeno muito comum, inclusive utilizado como estratégia de marketing. É chamado de *priming*, e nos ajuda a resolver problemas de ambiguidade de uma forma muito rápida, ao levar em conta o contexto como,

---

1 MEDINA, John. *Aumente o poder do seu cérebro*. Rio de Janeiro: Sextante, 2010, p. 204.
2 MEDINA, John. *Aumente o poder do seu cérebro*. Rio de Janeiro: Sextante, 2010, p. 213.
3 BUONOMANO, Dean. *O cérebro imperfeito: como as limitações do cérebro condicionam as nossas vidas*. Rio de Janeiro: Elsevier, 2011, p. 31.

por exemplo, na oração "Seu cachorro comeu meu cachorro-quente", sabemos que o segundo uso da palavra "cachorro" se refere a um pão com salsicha e não a um cachorro que esteja quente.[4]

Provavelmente você já escutou o ditado de que "uma imagem vale por mil palavras", e isso foi comprovado cientificamente, tanto que esse fenômeno recebeu o nome de: efeito superior da imagem. Segundo John Medina, testes demonstraram que as pessoas conseguiam lembrar de mais de 2,5 mil figuras com pelo menos 90% de exatidão vários dias depois do experimento, apesar de terem visto cada uma delas por cerca de dez segundos, e as taxas de precisão um ano mais tarde giravam em torno de 63%. Essas experiências envolveram comparações com outras formas de comunicação, como textos e apresentações orais, e concluíram que as imagens vencem as duas. Quando os dados foram apresentados apenas oralmente, a retenção foi de cerca de 10%, e esse número subiu para 65% com a inclusão de imagens.[5]

Portanto, "o melhor meio de aprender e lembrar é por meio de imagens, e não palavras escritas ou faladas."[6]

A experiência emocional na aprendizagem

> "Acontecimentos emocionalmente estimulantes costumam ser lembrados com mais exatidão do que eventos neutros."
> (John Medina - Biólogo Molecular)

Esses eventos são denominados de ECE (estímulos de competência emocional), e permanecem muito mais tempo na memória e são lembrados com mais precisão do que informações neutras, ou seja, desprovidas dessa carga emocional. Segundo Medina, "estudos mostram que a estimulação emocional faz com que a atenção se concentre na parte principal de uma experiência em detrimento de seus detalhes."[7]

Para ilustrar esse ponto, pare por um instante de ler e procure lembrar de momentos marcantes de sua vida, podem ser atuais ou mesmo da infância. Agora analise aquele que você considera mais marcante. Qual emoção esse momento evocou em você? Um dos fatores que contribuíram para você ter gravado essa experiência, e poder lembrá-la agora, é a carga emocional que ela possui.

Assim, a emoção exerce influência significativa no processo de retenção, e por conseguinte, recuperação de experiências e informações.

---

4 BUONOMANO, Dean. O cérebro imperfeito: como as limitações do cérebro condicionam as nossas vidas. Rio de Janeiro: Elsevier, 2011, p. 31.
5 MEDINA, John. *Aumente o poder do seu cérebro.* Rio de Janeiro: Sextante, 2010, p. 212-213.
6 MEDINA, John. *Aumente o poder do seu cérebro.* Rio de Janeiro: Sextante, 2010, p. 219.
7 MEDINA, John. *Aumente o poder do seu cérebro.* Rio de Janeiro: Sextante, 2010, p. 82.

A experiência lúdica na aprendizagem

"O lúdico será o nosso modo predominante de aprendizado no século XXI"
(Daniel H. Pink – A revolução do lado direito do cérebro)

Como bem observou Daniel Pink, o lúdico no processo de aprendizagem está em ascensão nesse século. Já está presente no ensino de crianças, e exerce um papel fundamental na construção do conhecimento, conforme escreveu Cibele Lemes Pinto, no trabalho de conclusão do curso de pedagogia com o título *O lúdico na aprendizagem: apreender e aprender*:[8]

> O lúdico desempenha um papel vital na aprendizagem, pois através desta prática o sujeito busca conhecimento do próprio corpo, resgata experiências pessoais, valores, conceitos, busca soluções diante dos problemas e tem a percepção de si mesmo como parte integrante no processo de construção de sua aprendizagem, que resulta numa nova dinâmica de ação, possibilitando uma construção significativa.

No âmbito empresarial, também está ganhando força com o crescimento dos chamados jogos corporativos. Eles surgiram como complemento e alternativa aos modelos tradicionais de desenvolvimento de pessoas, dentro do mundo dos negócios. A utilização de jogos na aprendizagem tem como finalidade tornar esse processo mais divertido e dinâmico, ou seja, utilizar as premissas de um jogo, como seguir regras, cooperar e/ou competir, desafiar a si e aos demais envolvidos, receber *feedback* imediato (placar do jogo), suspender temporariamente a realidade, entre outros. E com esses recursos, ao final do jogo, durante a etapa de processamento da atividade, ou seja, no momento que os participantes conversam sobre como foi a experiência e qual o aprendizado que pode ser aplicado ao seu ambiente profissional, é possível ampliar a consciência e adquirir ou aprimorar competências.

Diante disso, é possível perceber que o lúdico exerce impacto positivo e produtivo na aprendizagem, inclusive de adultos.

A experiência mágica na aprendizagem

---

8 Disponível em http://catolicaonline.com.br/revistadacatolica2/artigosv2n3/15-Pedagogia.pdf Acesso em 10 de outubro de 2014.

> *"Qualquer que seja o meio utilizado, o hemisfério direito do cérebro reage favoravelmente a qualquer representação mágica dos dados ou das informações que estão sendo apresentadas."*
> (D. Trinidad Hunt – *Aprendendo a aprender*)

Quando criança você provavelmente já assistiu a um show de mágica, e suponho que tenha ficado encantado e surpreso com a experiência, quando de repente um lenço branco, de forma instantânea e mágica, se transformou em um lindo coelhinho branco ou uma bela pombinha branca. Durante esse show, presumimos que você tenha se divertido muito e que tenha ampliado a sua capacidade de acreditar em seus sonhos.

A mágica contempla todos os itens mencionados anteriormente. É totalmente visual, inclusive, em algumas situações, utiliza vários elementos com cores diferentes, como lenços, bolas de espuma. Possui um grande apelo emocional, seja pela surpresa de algo inesperado acontecer, o suspense nas mágicas que envolvem "risco", como por exemplo o número da guilhotina de cabeça. E em sua essência ela é lúdica, ou seja, é quase impossível participar de uma experiência mágica e não se divertir. E como escreveu Noel Daniel, citado por Stephen L. Macknik e Susana Martinez-Conde, a mágica possui o poder de manipular o momento presente, permitindo que por um instante o impossível se torne realidade:

> O ilusionismo faz algo que nenhum outro tipo de arte cênica é capaz de fazer: manipula o aqui e agora - nossa realidade. Quando assistimos a um filme, não achamos que aquilo que estamos vendo é real. Sabemos que não é. Olhamos, de uma sala escura, para uma tela iluminada. No ilusionismo, porém, vemos alguém manipular uma moeda, ou cartas de baralho, ou o fogo, ou serrar uma mulher ao meio, bem ali no palco, diante de nossos olhos. E esse é o poder da mágica.[9]

Portanto, com base nesses elementos, impacto altamente visual, forte estímulo emocional, leveza e ludicidade, desenvolvemos uma metodologia, que denominamos de *Magia da aprendizagem*, para apresentar os conteúdos de uma forma mágica. O propósito é estabelecer uma

---
9 MACKNIK, Stephen L./MARTINEZ-CONDE, Susana. Truques da mente: o que a mágica revela sobre nosso cérebro. Rio de Janeiro: Zahar, 2011, p. 268.

conexão entre a mensagem ou conceito que desejamos que o público absorva, com uma mágica, para que ao vivenciar essa experiência, possa internalizar o conteúdo, justamente por ser visual, emocional e divertido.

O segredo está na conexão entre a mensagem e a mágica, para que não fique apenas divertido. Portanto, a mágica serve como instrumento didático, assim como outros elementos de aprendizagem lúdica, como por exemplo os jogos e brincadeiras. Esse elo com a mensagem pode acontecer antes, durante ou após a apresentação da mágica. Da mesma forma quando utilizamos dinâmicas de grupo, a relevância não está na dinâmica em si, mas no fechamento da atividade, quando são resgatados elementos da experiência para conectá-los com um tema ou com a realidade das pessoas.

Com base na *Magia da aprendizagem*, formamos a dupla *Executive Magic* - o executivo e o mágico, que é composta por um palestrante e *coach* executivo e um mágico profissional. Não é simplesmente um show de mágica. Não é apenas uma palestra. Não é uma peça teatral, mas reúne todos esses elementos, e possibilita uma experiência mágica, com conteúdo relevante de forma leve e divertida. Já realizamos palestras mágicas para organizações públicas e privadas em diversas cidades brasileiras. Alguns depoimentos sobre o que mais impactou os participantes:[10]

- "As lições após as mágicas, embora estas sejam fundamentais para chamar a atenção."
- "A metodologia aplicada, teoria e prática, exposição da teoria seguida da exemplificação."
- "Da associação palestra/mágica e participação do público presente contribuindo para o sucesso do evento."
- "A forma de apresentação inovadora e surpreendente."
- "A habilidade de ensinar com alegria e diversão."
- "A relação da magia com a forma de passar o conhecimento e assim conseguir uma aprendizagem mais efetiva."
- "O jeito pelo qual o assunto foi abordado. Com muito bom humor, habilidade e competência."

Alguns temas de palestras que já realizamos:

• Os sete pecados que pessoas inteligentes cometem.
• Avaliação de desempenho sem truques.
• A magia da comunicação.

---

10 Por questões de ética e sigilo, os nomes das pessoas que forneceram o depoimento não foram mencionados.

- A magia do relacionamento.
- A magia da liderança.
- A magia da assertividade.
- A magia do engajamento.
- A magia do trabalho em equipe.
- A magia da aprendizagem.

Antes, de concluirmos, é importante mencionar uma nova ciência a *neuromagia*, termo cunhado por um grupo de neurocientistas que resolveram estudar o funcionamento do cérebro durante uma mágica, tema que você pode aprofundar no livro *Truques da mente*. Ao serem questionados se a mágica iria acabar após a publicação do livro, eles escreveram o seguinte:

Um grande mágico nos faz experimentar o impossível ao promover a ruptura das relações normais de causa e efeito. Ele pode usar métodos secretos, é claro, porém sua arte será ainda mais mágica se você conhecer os segredos e, mesmo assim, o impossível ocorrer. Os ilusionistas de sucesso sequestram os mecanismos cerebrais da atenção sem que saibamos - acreditamos ter prestado atenção o tempo todo. Não importa que truques eles façam, a verdadeira ilusão está em nossa cabeça, de modo que o sigilo não é tão importante quanto as pessoas pensam.[11]

Portanto, a mágica continuará viva, e pode ser utilizada como instrumento didático, para que as pessoas possam vivenciar uma experiência repleta de magia e aprendizagem, permitindo que a interação visual, por intermédio do lúdico, seja o alicerce para a retenção do conteúdo exposto.

---

11 MACKNIK, Stephen L./MARTINEZ-CONDE, Susana. *Truques da mente: o que a mágica revela sobre nosso cérebro.* Rio de Janeiro: Zahar, 2011, p. 268.

Referências

BUONOMANO, Dean. *O cérebro imperfeito: como as limitações do cérebro condicionam as nossas vidas.* Rio de Janeiro: Elsevier, 2011.

GRAY, Dave/BROWN, Sunni/MACANUFO, James. *Gamestorming: jogos corporativos para mudar, inovar e quebrar regras.* Rio de Janeiro, RJ: Alta Books, 2012.

HUNT, D. Trindade. *Aprendendo a aprender.* Rio de Janeiro: Record: Nova Era, 2000.

MACKNIK, Stephen L./MARTINEZ-CONDE, Susana. *Truques da mente: o que a mágica revela sobre nosso cérebro.* Rio de Janeiro: Zahar, 2011.

MEDINA, John. *Aumente o poder do seu cérebro.* Rio de Janeiro: Sextante, 2010.

PINK, Daniel H. *A revolução do lado direito do cérebro.* Rio de Janeiro: Elsevier, 2005.

ROGERS, Jenny. *Aprendizagem de adultos: fundamentos para educação corporativa.* Porto Alegre: Artmed, 2011.

8

Aumente a performance de sua equipe por meio da eliminação de medos e potencialização de suas virtudes

Você é exatamente aquilo que pensa que é. A maioria das pessoas está tempo de mais ocupada em observar suas limitações e as limitações dos outros. Este tipo de agir não serve a ninguém. Se pensar bem, ninguém performa em cima de suas fraquezas. Este artigo traz alguns conceitos e dinâmicas que irão ajudar sua equipe a eliminar o olhar negativo acerca de si mesmo e a permitir que suas virtudes e forças se aflorem

César Santiago

César Santiago

Professional and Self Coach, Leader and Manager as a Coach, Analista Comportamental e Analista 360 certificado internacionalmente pela European Coaching Association (ECA), Global Coaching Community (GCC) e Behavioral Coaching Institute (BCI). Bacharel em Ciência da Computação, Especialista em Gestão de Projetos. Atuou por 13 anos em 2 das 5 maiores empresas de educação do mundo e participou da criação de 2 dos maiores projetos de Educação a Distância do Brasil. Apaixonado por Educação, Desenvolvimento Pessoal e Empreendedorismo. Fundador da I9 Universo Humano, uma empresa de Educação focada no desenvolvimento de pessoas e de negócios.

Contatos
csantiago@i9u.com.br
skype: casantiago

César Santiago

O mundo corporativo traz em si mesmo um ambiente propício para conflitos e, isso é natural já que, ao colocar diversas pessoas com personalidades, histórias, potenciais e limitações diferentes para trabalharem em um conjunto de projetos independentes e que ao somarem-se, deveriam levar a empresa para um mesmo caminho, cria-se um ambiente rico para o choque de ideias e egos. Neste artigo, você irá descobrir alguns conceitos e dinâmicas poderosas que irão permitir que você transforme sua equipe em uma equipe mais equilibrada, segura, responsável e proativa.

Para isso, antes é importante entender quais são os principais fatores que limitam o ser humano e suas capacidades de realização. Sem dúvida ao estudar o comportamento humano, é possível identificar vários fatores e há uma ampla bibliografia sobre isso, mas aqui neste artigo, quero propor um dos fatores que ao longo de minha carreira como líder e posteriormente como *coach* e especialista em comportamento humano, identifiquei como o cerne de grande parte dos problemas. Trata-se da autoconfiança. Aqui, quando digo autoconfiança, estou buscando representar com este termo alguém que tenha algumas características, como:

- Convicção de seu próprio valor;
- Fé e confiança em si mesmo;
- Esperança firme;
- Paz consigo mesmo e com o outro;
- Consciência de si mesmo (o que gera consciência do outro);
- Conhecimento e uso pleno de suas virtudes;
- Consciência emocional do medo, que diferencia claramente o que é perigo e ameaça real, daquele que é imaginário e hipotético.

Neste momento, talvez o leitor possa ter dúvidas acerca de como isso poderia ajudá-lo, visto que, por vezes, pessoas arrogantes e com o ego elevado, são confundidas com pessoas autoconfiantes, casos em que dizemos: aquela pessoa "se acha" de mais; ela é "autoconfiante" de mais... e outros comparações adicionais.

Entretanto, cabe aqui observar que a arrogância é, ao contrário, fruto de uma personalidade não autoconfiante. Pessoas assim são na verdade movidas pelo medo e insegurança e, como mecanismo de defesa agem de modo agressivo e desequilibrado, o que corrói as relações pessoais e profissionais e dificulta a obtenção de resultados. O medo do ridículo, de não ser levado a sério, de não ter o respeito, de não ser importante e outros tantos, acabam por criar uma pessoa com "falsa" autoconfiança, percebe?

Pense por um momento no Gandhi. Ele liderou todos os indianos, sem usar da violência, e conquistou a independência de seu País. Ele tinha uma autoconfiança enorme de que conseguiria e, esta autoconfiança era acompanhada da compreensão do outro e era capaz de tornar todos ao seu redor, também confiantes naquele propósito e confiantes em si mesmos. Agora pense em Nelson Mandela. Ele ficou preso por 27 anos e, quando saiu, teve autoconfiança suficiente para estabelecer não só a democracia em seu país, mas promover o perdão e aceitação da população branca pela população negra. Ocorre que, a autoconfiança que empodera a si mesmo, não desempodera o outro. Ela promove a aceitação, o diálogo, a abertura e a construção.

E de onde vem a autoconfiança? Bom, deixa eu te contar a história do meu filho Caio, ele hoje tem 4 anos e é bem recente em minha memória seus comportamentos enquanto estava se desenvolvendo. Mas, quero que você pense nos bebês que conhece ou já conheceu, pois todos, que são naturalmente saudáveis, possuem comportamentos bem parecidos. O Caio logo que começou a conseguir segurar as coisas, fazia tudo sem muitas preocupações e com bastante coragem. Ao aprender a andar e a escalar cadeiras e sofás, sempre esteve pronto para por sua vida em risco em prol de fazer valer sua curiosidade. Ele nasceu bastante confiante, mas, muitos familiares nossos davam a entender que ele era apenas "ignorante dos riscos e perigos" e que por isso, o melhor seria constantemente podá-lo, dizendo não faça, não pode, não toque aí, não mexa aí, você vai cair, você vai se machucar, estou mandando não mexer, etc. Nós, evidentemente sempre buscamos protegê-lo, mas sem podá-lo, sempre evitamos usar o não.

Com o Caio, descobrimos um poderoso jeito de educar, que é tratar seu bebê como se não fosse um bebê, evidentemente, sendo capaz de protegê-lo, mas tratando-o como uma alma que já é e não como um ser que ainda irá se tornar. Assim, sempre prezamos, mesmo quando ele era ainda incapaz de falar, por explicar para ele o porquê das coisas.

Outro aspecto se deu com o modo como ele se relaciona com as pessoas. Muitos pais têm tanto medo de perder seus filhos que "justificadamente", criam vários medos na cabeça de seus filhos, para que assim, os limite para que fiquem mais "seguros". Lembro de pais que ensinaram a seus filhos que, quando estivessem em um restaurante, brincando no playground, caso um adulto o abordasse, que simplesmente gritasse: mãe, mãe, mãe; Outros contam a história do homem do carro preto, do homem do saco, de que não deve-se falar com estranhos, e muitas outras.

Ocorre que os pais são as pessoas que os filhos mais confiam e, portanto, todas estas limitações e bloqueios, inerentes dos medos dos pais, acabam pouco a pouco sabotando e eliminado a autoconfiança em si mesmo e também a confiança no outro. Daí, pegue estas crianças e coloque-as em grupos escolares e em contato com outras crianças com problemas parecidos e temos o *bullying*, formando o ambiente perfeito para assassinar autoconfiança e gerar traumas emocionais.

A finalidade deste artigo não é propor uma reforma educacional familiar e nem escolar, mas é importante que aqui, você perceba que a resposta para a pergunta de onde vem a autoconfiança é, que ela vem de nossa essência, da nossa natureza. Ela é nossa por padrão, um código implantando em nossas almas. Mas, ao longo de nossa formação, pessoas que nos amam e nos querem bem, acabam sem saber, promovendo feridas que não queriam. Claro que os pais fizeram o melhor que podiam e sabiam e, portanto, agora, que já somos adultos, não vale mais se vitimizar, é preciso agir e se responsabilizar para resgatarmos nossa essência, nossas virtudes e assim, restaurar a autoconfiança.

Agora, lhe explicarei uma dinâmica efetiva que você pode aplicar em sua equipe para ajudá-los a resgatar essa sua essência.

Preparação: Reúna sua equipe em um ambiente calmo, sem ruídos externos. Dê 3 folhas de papel para cada pessoa e uma caneta. Espalhe algumas caixas de fósforo pela sala e lixeiras vazias e não inflamáveis para que possam jogar um papel em chamas durante a dinâmica. Escolha uma música instrumental que seja capaz de causar relaxamento e reflexão.

Então, leia o texto seguinte para sua equipe e as orientações (leia com serenidade e amor):

Manual completo de treinamentos comportamentais

Seria possível escrever livros inteiros sobre pessoas que realizaram feitos extraordinários, mas o que eu quero lhe contar é o segredo de todas elas, sem exceção, o de todas. O que diferencia uma pessoa que alcança sucesso e realização de quem não alcança não é um dom natural ou um poder extraterrestre. Trata-se única e exclusivamente do modo como elas constroem suas crenças, ou seja, suas convicções.

Todos nós criamos crenças em nossas vidas. Estas crenças são nossas convicções, nossa certeza sobre algo. Por exemplo: você acredita que não é bom(a) o suficiente? Se acredita neste absurdo, certamente tomará ações e atitudes para comprovar isso, afinal, se pensa assim, é porque não tem certeza se é bom(a) o suficiente e acabará se sabotando.

Portanto, não importa quais são os seus medos agora, eles só existem porque você acredita neles, porque está ocupado prestando atenção nele. O problema é que não nos ensinam como adquirir crenças que nos impulsionem e por vezes acabamos tomando como verdade um monte de crenças de outras pessoas. Pode ser que você esteja com medo porque em algum momento alguém lhe fez sentir assim e você aceitou isso, assumindo isso para você. Se você mudar suas convicções, suas crenças sobre você mesmo(a), automaticamente, como um poder mágico, irá transformar a sua vida.

Parte 1) Pegue agora a primeira folha, coloque o título MEDOS/LIMITAÇÕES.

Relacione então em uma lista, tudo que lhe perturba, tudo que você tenha medo. Esta lista é só sua, seja sincero, verdadeiro, coloque tudo que sente e que lhe incomoda. Ninguém irá olhar sua folha e você é humano como todos nós, portanto, não se culpe por sentir-se assim, pois todos nós temos limitações e medos. Aproveite este momento, você está em um lugar seguro e este é o momento certo para libertar-se. (Aguarde até que comecem a terminar)

Parte 2) Agora peguem a segunda folha e nela escrevam o título. "Eu sou [coloque seu nome]. Eu posso, Eu mereço, Eu já tenho...

Escreva nesta segunda folha tudo que você deseja alcançar, todos os recursos que você pense que precise. Talvez seja coragem, confiança, calma...

Escreva frases, palavras, sempre como uma afirmação positiva. Enquanto escreve, sinta que cada uma destas virtudes, destas forças já estão dentro de você. Escreva como você se sente já tendo estas forças. Lembre-se sempre de se lembrar de usar apenas afirmações positivas. Todas as capacidades e virtudes já estão em sua essência, você já as possui. Sua alma é corajosa, é honrada, é boa, é inovadora, é capaz de amar a si mesmo e aos que lhe rodeiam. Sua alma se aceita como é, um ser de luz. (Aguarde até que terminem)

Observação: é provável que algumas pessoas se emocionem, permita que se emocionem o suficiente, não as interrompa, trate-as com respeito, amor e aceitação.

Parte 3) Agora, quero que peguem a primeira folha, a folha de medos e limitações. As sombras que ali estão já não lhe pertencem. Vamos queimar estas folhas e permitir que estes medos e limitações possam ir embora. Que fiquemos apenas com nossas virtudes, com nossa luz. (realize a cerimônia permitindo que todos queimem suas folhas, lembrem-se de colocá-las em um recipiente de proteção que não ofereça risco de promover um incêndio).

Parte 4) Reorganize a sala e recomece.

Agora eu quero peguem a terceira folha e escrevam quais atitudes, quais comportamentos você se compromete a realizar ainda hoje e nos próximos dias. Escreva tudo que você fará para alcançar as coisas mais importantes e que deseja.

Parte 5) Levante-se e escolha no mínimo 3 pessoas para dar um abraço e podemos encerrar.

Esta dinâmica funcionará e ajudará sua equipe a atingir um novo padrão comportamental. Ela atuará ao ajudar cada um a identificar os medos e limitações aos quais estão presos e, por meio do processo de queima da folha, deixar de focá-los. Passando assim a focar apenas em seus pontos fortes e virtudes. Ocorre que se a pessoa acredita que ela é, por exemplo, tímida, o fato de continuar reforçando esta crença, nada ajuda para resolvê-la. No momento em que ela concentra-se no fato de que ela é comunicativa e ignora a timidez, ela passará a agir deste modo.

É importante compreender que o processo de desenvolvimento comportamental e emocional é relativamente parecido com o processo de desenvolvimento do corpo físico. Ir à academia uma única vez, não fará de seu físico melhor, é preciso exercitar constantemente. Não é a toa que a mais efetiva maneira de desenvolvimento pessoal e profissional se dá pela vivencia de processos de autoconhecimento. O mais importante nestas jornadas de desenvolvimento, é compreender que se trata de jornada. O mais importante é hoje, ser um pouco melhor do que ontem e amanhã melhor do que hoje e, concentrar-se nesta jornada, respeitando seu tempo, respeitando o tempo de cada um.

9

Comunicação eficaz na liderança: escutar para compreender e falar para ser entendido

A comunicação eficaz é uma disciplina fundamental para líderes e líderes em potencial. Nesse artigo aprofundarei duas competências essenciais, escutar para compreender e falar para ser entendido. Abordarei como escutar em um nível mais profundo e como comunicar de forma clara, pois a comunicação somente se concretiza quando há entendimento

Ciro Daniel

Ciro Daniel

Autor do livro Os 7 Pecados que as Pessoas Inteligentes Cometem, como *executive coach*, realiza *coaching* de comunicação e de liderança com profissionais da iniciativa pública e privada. Como *trainer*, dá treinamentos nas áreas de liderança e comunicação para empresas públicas e privadas. Seus treinamentos apresentam conteúdos relevantes, com aplicação prática e imediata, com foco em resultados. Dentre os treinamentos, destacam-se: *A Tríade da Liderança: gestor, líder e coach; Potencial de Liderança: autoconhecimento, autogestão e autoliderança; Comunicação na Liderança: expectativas de desempenho, delegação e feedback; Comunicação Eficaz: escutar em profundidade, falar assertivamente e perguntar com maestria.* Como palestrante, compõe a dupla *Executive Magic* – o executivo e o mágico, com o mágico e ilusionista Carlos Steiner, com quem ministra palestras com conteúdo relevante de forma leve e divertida, como *A Magia da Liderança, A Magia da Comunicação e A Magia da Assertividade.*

Contatos
www.cirodaniel.com.br
cd@cirodaniel.com.br
facebook.com/cirodanielfanpage
LinkedIn: ciro.daniel.ss

Ciro Daniel

Escute para compreender

> *"Não escutamos com os ouvidos, mas com a mente.
> Ouvimos sons, mas escutamos significados."*
> W. Meissner

Analisando a epígrafe acima, já é possível perceber que há uma diferença entre ouvir e escutar. Ouvir se relaciona com nosso aparelho auditivo, com o ouvido. É, portanto, uma atividade fisiológica. Uma das funções do ouvido é, segundo os especialistas, receber as vibrações sonoras e transformá-las em impulsos nervosos que são transmitidos ao cérebro que, por sua vez, interpreta a mensagem sensorial. Mas é essa interpretação da mensagem sensorial que ocorre em nossa mente que é a escuta. Portanto, escutar é um processo cognitivo.

Lembro que em 2010, realizei uma série de eventos para um órgão do Poder Judiciário, em Brasília, sobre *feedback*. Num dos eventos estava presente uma servidora portadora de deficiência auditiva. Ela me pediu para que eu não saísse de seu campo de visão e mantivesse o microfone abaixo dos meus lábios, para que pudesse fazer uma leitura labial. Os dados chegaram ao cérebro não pelo aparelho auditivo, mas sim pela visão, e ela conseguiu compreender o que apresentei. Esse exemplo mostra que o escutar não depende, necessariamente, do ouvir, mas depende sim de nossa cognição para interpretar e compreender a mensagem. A escuta em profundidade passa por alguns níveis, conforme veremos a seguir.

1) *Ignorar ou fingir que escutamos*

Provavelmente você escutou alguém comentando de determinada pessoa que "ouve, mas não escuta", ou ainda que "entrou num ouvido e saiu pelo outro". São bons exemplos para comprovar que os processos de ouvir e de escutar ocorrem em locais diferentes, em nós. Nesses dois exemplos, provavelmente o aparelho auditivo, o ouvido, captou os sons, portanto o processo de ouvir ocorreu, no entanto, o cérebro ignorou tais impulsos, pois a mente estava concentrada em outra atividade. Por isso podemos ouvir sem escutar, ao que denominamos de ignorar ou fingir que escutamos.

2) **Escutar seletivamente**

Um fato interessante sobre o ouvir é que somos seletivos em nossa audição. Quer experimentar? Pare de ler nesse momento e feche os olhos, fique em silêncio por um minuto, e escute todos os sons que chegarem aos seus ouvidos. Agora tome nota daque-

Manual completo de treinamentos comportamentais

les que você consegue se lembrar. Quantos desses sons você tinha percebido antes da atividade? De quantos você tomou consciência somente após a atividade? Posso imaginar que seu ouvir, antes da experiência, foi seletivo, ou seja, você, mesmo que inconscientemente filtrou alguns ruídos ou barulhos. Portanto, o ouvir é seletivo. Por uma consequência lógica, se o ouvir é seletivo, e o ouvir é uma parte da escuta, a escuta é igualmente seletiva. O ato de selecionar algo traz em si o risco de se fazer uma escolha equivocada. Portanto, quando o líder escuta seletivamente, corre o risco de perder informações importantes.

3) Escutar intencionalmente

Nesse nível concentramos nossa atenção naquilo que a outra pessoa está dizendo. Acredito que a nossa intenção em escutar é tão ou mais importante que nossa habilidade em escutar. Vou além: a intenção deve ser em efetivamente compreender a outra pessoa. Essa compreensão é cognitiva, portanto o foco está no que é dito. Ao escutar intencionalmente, o líder deve evitar alguns vícios e filtros da escuta:[1]

L er a mente da pessoa, ou seja, tentar adivinhar o que a pessoa está pensando;
I nterromper constantemente o outro, sem permitir que a pessoa conclua o raciocínio;
S obrepor a história da pessoa, contando outra, muitas vezes antes mesmo dela terminar de falar;
T erminar as frases pela pessoa, sem permitir que ela conclua com suas próprias palavras;
E xpressões de julgamento, que acontecem de forma involuntária;
N ormalizar o que a pessoa diz, isto é, expressar que é normal e acontece com todo mundo.

Sintetize o que você pensa que escutou

Para checar se você compreendeu o que a pessoa disse, você pode sintetizar os principais pontos daquilo que você pensa que escutou e reproduzir para o seu interlocutor com suas próprias palavras. Assim, duas coisas podem acontecer: primeiro demonstrará

---

[1] As iniciais das primeiras palavras de cada item formam a palavra "listen", palavra inglesa para "escutar".

para a pessoa que você a escutou; segundo, você terá a oportunidade de checar seu entendimento. Para isso, você pode utilizar expressões como: "Pelo que entendi do que você disse..."; "Se consegui compreender, você disse...". Agindo assim, o líder evita mal-entendidos em reuniões, ou ainda no momento de um processo de delegação ou definição de expectativas de desempenho.

4) Escutar empaticamente
Stephen Covey, autor do livro O *8º hábito*, escreveu que escutar empaticamente "significa transcender nossa autobiografia, sair de nosso marco de referência, fora de nosso sistema de valores, fora de nossa história e de nossas tendências de avaliação e entrar profundamente no marco de referência ou ponto de vista da outra pessoa."[2] A escuta empática é a compreensão do ponto de vista da outra pessoa, e mais, é entender não só o que a pessoa fala ou demonstra em sua comunicação silenciosa, mas também o que ela está sentindo. O líder deve escutar procurando entender o significado e o sentimento.

P.O.R. uma escuta mais empática

Para escutar em um nível mais profundo, precisamos escutar não só o que a pessoa diz, mas também demonstrar empatia e escutar o que ela está sentindo. A ferramenta P.O.R. é um modelo que pode ajudá-lo a escutar empaticamente:

Pare o que está fazendo e concentre sua atenção no que o outro está dizendo. Pare de falar, pois já foi comprovado que não conseguimos falar e escutar ao mesmo tempo.

Olhe para a pessoa e demonstre que está com ela, por inteiro, corpo, mente e coração. Observe as palavras que piscam, ou seja, as palavras pronunciadas com mais ênfase, bem como a linguagem corporal.

Reflita[3] para a pessoa, em forma de pergunta, o que você percebeu sobre:

a) O que ela falou: descreva o que você entendeu daquilo que a pessoa disse, em forma de pergunta. O importante é descrever os fatos sem interpretação ou julgamento.

---

[2] COVEY, Stephen R. O 8º hábito: da eficácia à grandeza. Rio de Janeiro: Elsevier, 2005, p. 189.

b) Como ela está se sentindo e qual a necessidade que está gerando esse sentimento.

Nessa primeira parte, vimos a diferença entre ouvir e escutar, descrevi os níveis de escuta, algumas ferramentas para ajudá-lo a escutar em profundidade. No entanto, como disse antes, ao escutar para compreender, a sua intenção em escutar será mais importante que sua habilidade em escutar. Além de escutar para compreender, você poderá falar para ser entendido, e é o que descreverei a seguir.

Fale para ser entendido

> *"Só porque você acha que está sendo claro não significa que o outro entende da mesma maneira."*
> Stuart Diamond

A comunicação é eficaz quando ocorre o entendimento. Sem entendimento não há comunicação e a responsabilidade pelo entendimento é tanto do emissor quanto do receptor. No entanto, se o líder não checar se o liderado compreendeu corretamente aquilo que ele quis comunicar, e supuser que o entendimento aconteceu, a responsabilidade passa a ser única e exclusivamente do líder. Para comunicar com clareza, seja numa reunião, numa delegação ou até mesmo num momento de alinhamento de expectativas, o líder pode utilizar as estratégias apresentadas na sequência.

M.I.D.A.S. – o toque da clareza

Metáfora ou analogias: empregue metáforas e/ou analogia para ajudar o outro a entender sua mensagem, por exemplo: "Os grandes líderes e gerentes tratam seus colaboradores diretos como jogadores de xadrez em vez de jogadores de dama."

Ilustrações: é conhecido o ditado que diz que "uma imagem vale por mil palavras". Entendo que qualquer meio visual que sirva para ilustrar uma ideia, podendo ser uma gravura, um objeto, um desenho ou mesmo uma foto, também pode valer mais que mil palavras.

Demonstrações: uma expressão que aprendi com um grande amigo, o Olinto Silveira, é "benfeito é melhor que bem explicado". Ele utiliza essa expressão para dizer que demonstrar algo é melhor

---

[3] Como a palavra sugere, o reflexo é o processo de repetir de volta, ou ecoar o que a outra pessoa acabou de dizer como se estivesse segurando um espelho diante de suas palavras.

que ficar teorizando sobre o assunto. A demonstração, se bem utilizada, tem um grande poder de clareza, pois gera uma experiência daquilo que estamos falando. Steve Jobs quando lançou o MacBook Air, tirou o equipamento de dentro de um envelope para demonstrar como o aparelho era fino.

Afirmar o óbvio: devemos dizer mesmo aquilo que julgamos óbvio, pois pode não o ser para quem transmitimos nossa mensagem. Supor que ela sabe ou que entendeu é um grande risco. Por outro lado, também há riscos em afirmar o óbvio, pois a pessoa pode pensar que o líder acha que ela não tem a capacidade de entender. O líder pode, inclusive, avaliar se deve ou não afirmar o óbvio, analisando as consequências de um possível mal-entendido. Se as consequências forem pequenas, pode correr o risco. A segunda análise é: isso é óbvio para quem, para o líder ou para o liderado? Se tivermos uma dúvida razoável, me parece prudente afirmar o óbvio.

Sequência lógica: Há um conceito matemático que diz: "a ordem dos fatores não altera o produto." Essa máxima é verdade na matemática, mas não se aplica na comunicação. O sentido de algumas expressões muda completamente dependendo da ordem, por exemplo: "eu tenho um velho amigo", que indica que é uma amizade de longa data, mas ao invertermos alguns elementos, teremos: "eu tenho um amigo velho". São as mesmas palavras, mas numa ordem diferente, que agora indica que o amigo é uma pessoa idosa.

Os quatros Cs da clareza:

1) **Congruência:** a congruência ocorre quando a comunicação verbal e a comunicação não verbal dizem a mesma coisa. No entanto, quando há incongruência entre algum elemento, a comunicação não é clara. Sonya Hamilim explica que "as palavras e a linguagem do corpo, juntas, criam um diálogo", portanto, "se elas convergem, reforçam e pontuam qualquer mensagem", mas "se elas divergem, dizem-nos que você está dizendo duas coisas distintas", e nesse caso o observador descartará as palavras e tomará a linguagem do corpo como a verdade real.[4]

2) **Contrastar:** o contraste é utilizado para possibilitar que um objeto seja distinguível de outros. Podemos utilizá-lo na comunicação para evitar ou sanar mal-entendidos. No entan-

---

[4] HAMLIN, Sonya. Fale claro para que todos entendam: a arte da comunicação para cativar pessoas, destacar-se em reuniões e falar sem inibições. Rio de Janeiro: Elsevier, 2006, p. 69-70.

to, o contraste não é para retirar o que acabamos de dizer, mas sim, para contextualizar nossas palavras. Acabei de utilizar o contraste para explicar o que ele é e como funciona. Recomendo que ao utilizá-lo, apresente primeiro as possíveis interpretações equivocadas que a outra pessoa pode ter daquilo que você vai falar, e depois diga o que realmente você quer dizer. Ao iniciar com o que você *não quer dizer*, você desarma a pessoa, e ao finalizar com *o que você quer dizer*, sua intenção ficará gravada na mente dela.

3) **Concretizar:** evite o emprego de palavras abstratas, que apresentam várias interpretações, e quando utilizá-las, defina exatamente o que quer dizer, descrevendo em ações concretas o sentido que cada palavra abstrata representa para você. Por exemplo, ao dar um *feedback* para uma pessoa, para ela ser mais assertiva, descreva as ações que essa pessoa deve executar, que demonstrarão que ela está sendo mais assertiva.

4) **Checar:** quando digo para checar o entendimento, não estou dizendo para você fazer a famosa pergunta: "você entendeu?", que é acompanhada da igualmente conhecida resposta: "Sim, entendi", sendo que na maioria das vezes a pessoa não entendeu. Também não significa pedir para o outro repetir, afinal de contas ela não é um papagaio. Para checar o entendimento, você pode pedir para ela resumir, com as palavras dela, o que ela escutou. Para evitar resistência, afirme que esse resumo é para checar se você conseguiu ser claro, e não para ver se ela entendeu. Outra estratégia é fazer perguntas específicas sobre os pontos mais importantes daquilo que você disse.

Nessa segunda parte, apresentei algumas estratégias para que você possa comunicar de forma clara e assim ajudar o outro a entender o que você pretende comunicar, pois como afirmei no início, somente quando há entendimento é que ocorre comunicação.

Referências
COVEY, Stephen R. *O 8º hábito: da eficácia à grandeza*. Rio de Janeiro: Elsevier, 2005.
D'ANSEMBOURG, Thomas. *Deixe de ser bonzinho e seja verdadeiro*. Rio de Janeiro: Sextante, 2013.
HAMLIN, Sonya. *Fale claro para que todos entendam*. Rio de Janeiro: Elsevier, 2006.
ROSENBERG, Marshall B. *Comunicação não violenta*. São Paulo: Ágora, 2006.

10

Coaching para mudança comportamental

"A meta da vida não é a perfeição, mas o eterno processo de aperfeiçoamento, amadurecimento, refinamento. O homem mau é o homem que, não importa o quanto tenha sido bom, está começando a deteriorar-se, a ficar menos bom. O homem bom é o que, não importa o quanto tenha sido moralmente indigno, está agindo para se tornar melhor. Uma concepção dessas faz com que o indivíduo seja rigoroso ao julgar a si mesmo e benévolo ao julgar os outros."

John Dewey, filósofo americano

Cláudio Quintanilha

Cláudio Quintanilha

Graduado em Educação Física. Pós-graduado em Gestão de Pessoas com *Coaching*. Pós-graduado em Gestão Estratégica de Recursos Humanos. *Master coach, master practitioner* em programação neurolinguística, analista de perfil comportamental, formação em constelações estruturais sistêmicas. todas as formações reconhecidas por selos internacionais: Metaforum Internacional, European Coaching Association (Eca), Global Coaching Community (Gcc), International Association Of Coaching (Iac), Word Nlp Council.

Contatos
http://claudioqsiqueira.wordpress.com/
https://www.facebook.com/claudio.quintanilha.92
claudioqsiqueira@gmail.com
(22) 2722-5121 / 99931-9282

Cláudio Quintanilha

Atualmente, o treinamento tem se revelado uma atividade fundamental na gestão empresarial para a otimização dos resultados; sendo definido como um "processo para desenvolver e prover conhecimentos, habilidades e comportamentos para atender requisitos." (NBR ISO 10015/2001). Assim, o treinamento comportamental visa preparar as pessoas para pensar e agir de acordo com os valores, a missão e a visão da empresa, respeitar a cultura empresarial, os colegas e clientes. Nesse sentido, os treinamentos comportamentais tradicionais oferecem soluções imediatas, com ensinamentos sobre técnicas de liderança, como se comportar nos diversos ambientes ou administração do tempo. No entanto, não basta apenas se destacar no seu campo de atuação, no âmbito técnico, ter habilidades, mas também desenvolver comportamentos congruentes com os objetivos da organização, alinhados com os seus próprios valores. De fato, a NBR ISO 10015/2001 recomenda que "as pessoas de todos os níveis da organização sejam treinadas de modo a atender ao compromisso da organização em fornecer produtos de acordo com a qualidade requerida...". Orienta ainda que um processo de treinamento planejado e sistematizado pode dar uma contribuição importante à organização e melhorar sua capacidade para atingir os objetivos empresariais.

Chiavenato (2012) diz que a maioria das organizações bem-sucedidas está se engajando constantemente em programas de mudanças e de inovação. "Algumas organizações", diz ele, "vão mais além e procuram se antecipar e promover, elas mesmas, as mudanças que acontecerão no mundo dos negócios e que mudarão o destino e o comportamento de toda a sociedade moderna." Mas, para promoverem a mudança no ambiente externo é necessário, antes, promover e sustentar a mudança interna, com aprendizagem constante e incessante, ou seja: "Cada empresa precisa desenvolver a capacidade de aprender continuamente e cada vez mais.", afirma o autor. Por sua vez, Covey (2006, p. 15) atesta que "Tentar modificar as atitudes e comportamentos exteriores não adianta muito a longo prazo, se deixarmos de examinar os paradigmas básicos a partir dos quais estas atitudes e comportamentos são gerados."

Não adianta investir milhões em marketing da imagem da empresa e em equipamentos de última geração se na hora de atender um cliente ele não ficar satisfeito. Sem contar o relacionamento interpessoal entre os colaboradores, que pode não estar lá essas coisas, né?

As emoções coletivas - ou clima organizacional - como relata Goleman (2014), fazem uma enorme diferença, por exemplo, no atendimento ao consumidor, no absenteísmo e no desempenho do grupo de um modo geral.

Se o relacionamento entre os empregados vai mal, com certeza irá refletir no atendimento ao cliente, ou pelo menos ele perceberá o clima no ambiente. Aliás, um detalhe que não pode ser deixado de lado: muitas vezes é o gestor que precisa de treinamento, pois é o seu comportamento que está afetando o comportamento dos seus liderados que, por sua vez, transmitem suas insatisfações e frustrações para o cliente.

Segundo Covey (2006), nosso comportamento é produto de nossa própria escolha consciente, baseada em valores.

> Nosso comportamento é baseado em princípios. Viver em harmonia com eles traz consequências positivas. Violá-los traz negativas. Somos livres para escolher a reação em qualquer situação, mas ao fazê-lo, escolhemos também as consequências. (COVEY, 2006, p. 56)

Os padrões determinantes do meu comportamento devem estar em conformidade com os meus valores mais profundos e em harmonia com os princípios adequados. Assim, o processo de capacitação visa ensinar o indivíduo a pensar, em reelaborar o seu significado, em fazer autocrítica, em refletir sobre o seu papel no mundo.

O ser humano passa por diversas fazes ao longo da vida, adquirindo experiências e conhecimentos que irão moldar o seu mapa de mundo. O que ele ouve, vê e experimenta formam o seu caráter, suas crenças e seus valores. À medida que vamos crescendo vamos atribuindo sentido e significado a tudo o que nos cerca: as pessoas, os objetos, os lugares, as músicas etc. Assim, temos nossas virtudes, medos, incertezas e pontos de melhoria. No entanto, em dados momentos, algumas crenças, valores e pensamentos nos impedem de agir, de ousar, de crescer; enfim, de dar um passo a mais, de ir em direção ao futuro desejado.

O comportamento humano, segundo Skinner, é aprendido ao longo da vida, mas novos comportamentos podem ser aprendidos e auxiliar a superar as dificuldades causadas por comportamentos disfuncionais e dentre as técnicas e metodologias voltadas para o treinamento comportamental está o *coaching*. O *coaching* oferece um caminho que leva as pessoas a ampliar a consciência e o autoconhecimento, formando a base de uma nova forma de levar a vida, tanto dentro como fora do ambiente de trabalho. A autoconsciência permite que examinemos a nós mesmos – nosso paradigma pessoal, afirma Covey (2012). Dizer as pessoas, simplesmente, que elas devem mudar não funciona, a menos que, como orienta Flaherty (2010), numa parceria entre o *coach* e o cliente haja um entendimento da estrutura de interpretação do cliente para, depois, alterar essa estrutura de modo que as próximas ações gerem os resultados pretendidos. O processo de *coaching* leva o cliente "a compreender que ele é o real agente de transformação, e que, se ele não mudar nada a seu redor mudará." (DINSMORE, 2007, p. 25).

O *coaching* não só capacita as pessoas para melhorar as suas relações no ambiente laboral como também as prepara para entender melhor o comportamento das outras pessoas e se constitui, segundo Chiavenato, em uma maneira mais simples, barata e efetiva para a aprendizagem contínua das pessoas em uma organização. É um investimento que traz retornos significativos, no curto e no longo prazos, tanto para as pessoas como para as organizações, além de proporcionar condições para que as pessoas ampliem sua rede de relacionamentos, seu *network*. "A capacidade de gerenciar relacionamentos está se tornando fator crítico para o alcance de resultados."(CHIAVENATO, 1012, p. 59).

Sem dúvida, o *coaching* ajuda a melhorar a qualidade de vida e o desempenho das pessoas, proporcionando oportunidades para o desenvolvimento dos membros de uma empresa e, consequentemente, os seus resultados nos negócios; ajudando-os a desaprender e aprender continuamente através da conscientização acerca da realidade, pois é possível desaprender comportamentos antigos, obsoletos, perniciosos e aprender coisas novas, que nos levem a atingir novos patamares profissionais e evoluirmos enquanto seres humanos.

Quando tentamos fazer com que ocorram mudanças em outras pessoas, estamos empregando o que James Flaherty denomina de Teoria Amébica – isso mesmo, de ameba.

Manual completo de treinamentos comportamentais

A ameba é um protozoário unicelular cujo comportamento muda com muita facilidade e responde previsivelmente aos estímulos dados. "Podemos cutucá-la para fazer com que ela se mova ou atraí-la para que migre na direção desejada ao lhe oferecermos açúcar.", diz Flaherty. Claro que isso somente pode ser observado num ambiente de laboratório e com um bom microscópio.

O problema é que a Teoria Amébica acaba sendo adotada como teoria de gerenciamento, onde os gestores "tentam provocar mudanças nas outras pessoas descobrindo como cutucá-las ou como lhes oferecer açúcar." No entanto, os seres humanos são muito mais complexos do que as simples amebas, mas alguns gestores ainda não descobriram esta diferença. Flaherty assegura que a utilização da teoria amébica jamais provocará mudanças significativas e duradouras, pois "assim que acabam os estímulos, o comportamento também finda."

Outra questão apontada pelo autor é que a teoria amébica enfraquece as pessoas todas as vezes que é aplicada. Ou seja, infantiliza e causa dependência. A pessoa se habitua a empreender ações apenas quando o outro lhe oferece estímulo; ou para se afastar do indesejado ou para ir em direção à recompensa imediata. Afinal, o que queremos são "parasitas" passivos e desprovidos de ideias ou pessoas com iniciativa, capacidade de inovação e criatividade?

Por isso, as pessoas devem ser encorajadas a reavaliar os seus comportamentos e decidir se quer ou não mudá-los, tomando suas próprias decisões. A nossa vida é um conjunto de escolhas e cabe a cada um de nós se responsabilizar por elas. Nesse sentido, o processo de *coaching* oferece subsídios e incentiva o aprendizado, o crescimento pessoal, ajuda o cliente a solucionar problemas e tomar decisões para a obtenção das suas metas, desde que haja uma relação de confiança entre o *coach* e o *coachee* para que o processo de desenvolva de forma harmônica e respeitosa, onde o *coachee* precisa mudar o pensamento, as emoções e o comportamento; adotar uma "atitude surfista", como cita Percia (2011), transformando uma situação imprevista em espetáculo visual, respondendo aos *inputs* que recebe do mar, transformando algo perigoso em "belo, prazeroso e lucrativo."

"Os *coaches* convidam os clientes a serem os arquitetos de suas próprias futuras personalidades fazendo escolhas e assumindo a responsabilidade por essas escolhas." (LAGES & O'CONNOR, 2010, p. 28), facilitando, assim, explorar o potencial de crescimento do *coachee*, aceitando-o e valorizando-o como ele é, sem impor-lhe quaisquer ideias ou escolhas, não julgando e nem entrando nos méritos das suas crenças e valores, embora não precise, necessariamente, concordar com eles, num "processo bem definido, com início e fim, estabelecendo metas claras e determinando ações para alcançar os resultados desejados." (WOLK, 2008, p.12) pautados nos principais pilares do *coaching*: o ser humano com os seus estilos pessoais, tipos de personalidades, comportamentos, atitudes, crenças e valores; a Metodologia que leva a pensamentos sistêmicos e é embasada em modelagem de pessoas de sucesso; Técnicas e Ferramentas que dão suporte ao *coaching* e potencializam os resultados dos clientes de forma efetiva; as competências do *coach*, como a capacidade de planejamento, comunicação, motivação, ética e firmeza de caráter; além de certas características como comprometimento e a busca do desenvolvimento contínuo e a evolução pessoal.

O *coaching* ajuda a aprimorar o comportamento se promove mudanças em relação à vida afetiva e relacionamentos em geral. Nesse aspecto, o objetivo do *coaching* é identificar as necessidades do cliente e auxiliá-lo na mudança de comportamento, criando ações e possibilidades, sendo o *coach* o parceiro que irá conduzir o processo e ajudar o *coachee* a entender melhor o comportamento de outras pessoas, além do seu, e manter um relacionamento afetivo ou interpessoal, aumentar os comportamentos positivos nos relacionamentos pessoais e no trabalho, esclarecer e resolver conflitos, pois "a qualidade dos relacionamentos de uma pessoa reflete na qualidade de sua vida e na felicidade." (DI STÉFANO, 2005, p. 68). Assim, para que um negócio prospere e seja bem-sucedido, as pessoas envolvidas precisam estar felizes no trabalho e na vida pessoal; todos nós temos problemas que podem ser grandes ou pequenos dependendo do valor que lhe damos ou como eles nos afetam e precisamos de coragem e disciplina para superá-los. Entretanto, é importante que cada um de nós se responsabilize pelo próprio aprendizado e busque auxílio junto às pessoas que podem ajudar.

A metodologia de *coaching* pode ser aplicada individualmente ou em grupos, conforme as circunstâncias e a necessidade que se apresenta, ajudando a desenvolver o equilíbrio emocional, o aumento da concentração e o trabalho em equipe, porém, o *coaching* não deve ser imposto, mas sim oferecido como uma opção de desenvolvimento pessoal e profissional, cuja decisão em desenvolver competências e dar pequenos passos para atingir as suas metas cabe a própria pessoa.

Referências

CHIAVENATO. Idalberto. *Construção de talentos: coaching e mentoring.* Rio de Janeiro: Elsevier, 2012.

COVEY. Stephen R. *Os sete hábitos das pessoas altamente eficazes.* São Paulo: Bestseller, 29ª ed., 2006.

DI STÉFANO, Rhandy. *O líder-coach: líderes criando líderes.* Rio de Janeiro: Qualitymark, 2005.

FLAHERTY, James. *Coaching: desenvolvendo excelência pessoal e profissional.* Rio de Janeiro: Qualitymark, 2ª ed, 2010.

GOLEMAN, Daniel. *Foco: a atenção e seu papel fundamental para o sucesso.* Rio de Janeiro: Objetiva, 2014.

LAGES, Andrea; O'CONNOR, Joseph. *Como o coaching funciona: o guia essencial para a história e prática do coaching eficaz.* Rio de Janeiro: Qualitymark, 2010.

PERCIA, André. *Construindo sucesso com equilíbrio.* Revista Ser Mais, nº 21, jul/2011, p. 28-29.

WOLK, Leonardo. *Coaching, a arte de soprar brasas.* Rio de Janeiro: Qualitymark, 2008.

11

Atenção, motivação e execução

Diferentes porém complementares

Cristiane Lopes Kaulich

Cristiane Lopes Kaulich

Psicopedagoga e Psicomotricista. Terapeuta Junguiana e Sistêmica. Psicomotricidade pela Université D'èté e ISRP - Institut Supériéur de Rééducation Psychomotrice. Paris – França. (2004-2005). Pós-Graduação e Especialização: Pós-Graduanda da 1ª Certificação Internacional em Pedagogia Sistêmica pela ISPAB – Munique – Alemanha (2012 – 2014). Terapeuta de Constelação Sistêmica com certificação Internacional pela ISPAB – Munique - Alemanha (2010). Especialização em Técnicas reeducativas para à saúde corpo/mente – Japão – Hadao (2009).Especialização em Bio-Psicologia I, II e avançado – Dra. Susan Andrews – PHD em Estudos Integrados para desenvolvimento Humano (2007). Psicologia Clínica e Orientação Vocacional – "OPUS" Centro de Formação de Terapeutas com Orientação Junguiana. (1995). Psicomotricidade – ISPE - GAE – Instituto Superior de Psicomotricidade e educação. (1992). Psicopedagogia Clínica e Institucional – Instituto "Sades Sapientiae". (1990). Pedagogia – USP – Universidade de São Paulo. (1987). 1987 a 1992 – Professora e Coordenadora de Educação Infantil do Colégio. Balãozinho Vermelho - Colégio Aquárius. 1993 a 2014 – Responsável pela Organização do "Acampamento da Figueira" – Turmas em períodos de férias escolares. 2008 a 2012 - Responsável pela organização e acompanhamento de Eco – Acampamentos juntamente com a equipe do Venturas & Aventuras. 1993 a 2015 – Consultório Terapêutico.

Contatos
crislk@terra.com.br
(11) 4702-3348
(11) 99405-3670

Cristiane Lopes Kaulich

"Você precisa ter mais atenção!"
"É necessário que tome uma atitude, mexa-se!"
"Se seu interesse não aumentar, como vai solucionar a questão?"

Quem de nós, não <u>proferiu</u> ou <u>escutou</u> colocações como essas ou semelhantes?
Natural e comum.
Natural, pois a natureza do homem é gerar Atenção, Motivação e Ação (Execução). Somos feitos para colocar em prática essas funções.

Comum, pois pertence a todos. Todos, digo todos! A neurofisiologia humana é assim: capacitada para utilizar os conteúdos originários de <u>três centros mestres</u>, interligados, porém distintos.

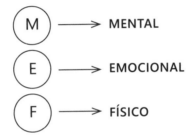

Todos nós em maior ou menor frequência, falamos, rimos, comemos, pensamos, imaginamos... Há, em direção à forma com que originalmente constituem nossas funções humanas, uma organização dessas múltiplas citações que preenchem os <u>centros mestres:</u>

MENTAL → PENSAR ┬ IMAGINAR
                └ PLANEJAR

EMOCIONAL → QUERER ┬ DESEJAR
                   └ TEMER

FÍSICO → AGIR ┬ MOVIMENTAR
              └ CORRER

Manual completo de treinamentos comportamentais

O centro mental tem como capacidade o uso do raciocínio lógico e função: Processar e planificar metas e é manifestado pela capacidade de Atenção.

Já o centro emocional cujas habilidades são receber e expressar emoções e funções: Motivar, manifestada pelo nível de interesse.

Já o centro motor tem como capacidade de expressão os aspectos fisiológicos, sexuais e motores e função: Ativar, manifestada pela capacidade de execução.

Correlações fundamentais:

1. O que chamamos de "Estado de presença" em verdade é a articulação, o alinhamento ideal entre os centros, ou seja, se minha mente, meu desejo e meu corpo estão voltados para o mesmo propósito a tarefa empreitada é eficaz entre 80% a 100%.

2. Ao contrário, a desarticulação ou desalinhamento entre os centros mental emocional e físico ou seja, pensar um assunto que não o que está sendo solicitado ou, desejar outro foco de interesse que não o apresentado e estar de corpo presente apenas, gera possibilidade de aprendizado e retenção reduzida entre 1% a 30%.

3. A hiperexpansão de um centro pode causar minimização de outra por exemplo: estar afetado (emocionalmente) devido a possibilidade de alguma perda e esta emoção inibir produtivamente o cognitivo mental ou execução de uma tarefa.

Aumentar nosso conhecimento, em como funciona o ser humano e principalmente o que cada um possui de predominante, defasado, disfuncional, desarticulado, exacerbado, pode auxiliar em como nos envolver em situações de relacionamentos pessoais como profissionais.

" Meu parceiro / cliente está desatento, desmotivado ou incapacitado para executar essa tarefa?"

Cristiane Lopes Kaulich

" Quando acabei me "desalinhando", e conscientemente não percebi, para que essa tarefa não tivesse êxito?"

Esclarecimentos aderidos da identificação e articulação dos nossos centros (mental, emocional, físico) encurtam caminhos para entendimentos das reflexões necessárias a todos os seres humanos que buscam clareza e principalmente honestidade e fidelidade às melhorias em função das decorrências aos comportamentos humanos.

Atualmente, o aprofundamento de estudos da psicologia em conexão a áreas como antropologia e neurociência possibilitam abordagens esclarecedoras e de resoluções rápidas e eficientes. Diagnósticos utilizando tais recursos descritos podem estar presentes em diferentes contextos que vão desde atendimentos individuais em consultórios como dinâmicas de grupo e intervenções cooperativas. A linguagem referida é de cunho social e inclusivo, ou seja, acessível a hierarquias ou faixa etária distintas.

"Preguiça" pode ser uma falta de motivação, "procrastinação" pode ser inabilidade de execução e "desatenção" pode ser excesso de conteúdo mental ou sintomas de déficit de atenção (fisiológico) portanto cabe a cada um de nós o comprometimento com nosso aumento de consciência e, como nosso potencial de desenvolvimento pessoal. Eis mais um recurso, aproveitem!

12

A consciência que transforma a vida

Todo ser humano, de acordo com sua consciência, tem dentro de si o essencial que permita alcançar a felicidade e ter sucesso durante a sua existência

Daniel Lima Queiroz

Daniel Lima Queiroz

Diretor da empresa Lavinte Gestão e Desenvolvimento Humano. *Personal* e *Professional Coach, Executive* e *Business Coach, Leader* e *Alpha Coach*, certificado por renomadas instituições Nacionais e Internacionais: Sociedade Brasileira de Coaching (SBC), Behavioral Coaching Institute (BCI). MBA em Gestão Estratégica de Pessoas pela (FGV). Administrador de Empresas (FIPA). Professor na área de Gestão de Pessoas.

Contatos
www.lavinte.com.br
daniel@lavinte.com.br
facebook.com/lavinterhecoaching
(17) 3523-2617

Daniel Lima Queiroz

"O sucesso não é a chave para felicidade.
A felicidade é a chave para o sucesso.
Albert Schweitzer"

Felicidade é combustível interno que nos faz ingressar na vida de maneira mais rica e apaixonante. A partir do momento em que tomamos consciência que a vida, nossa única vida, deve ser intensa e feliz, obteremos melhores resultados hoje ou sempre, fazendo com que o ciclo, nascimento, crescimento e morte, passe a ser natural e sem arrependimentos.

Paul Theroux disse que a morte é tão dolorosa de se contemplar que nos faz "amar a vida e valorizá-la com tal paixão que ela poderia ser a causa verdadeira de toda a felicidade e de toda arte".

A felicidade está na consciência das ações de cada ser humano de acordo com o que pôde viver, aprender e fazer em sua trajetória.

Não existe felicidade maior ou menor, legado melhor ou pior, existem, sim, pessoas que fizeram e entregaram o seu melhor de acordo com tudo que lhes aconteceu em vida, com a consciência de cada ato, e isso talvez, podemos definir como sucesso.

Considerando o princípio sobre o qual opera o universo e todos os seres de vida do nosso planeta, o que falaremos um pouco a seguir, trago uma definição de sucesso: "Acordei e percebi que estou acima da terra e não abaixo dela".

Entre os limites da vida, as ações dos seres humanos são tomadas por suas rotinas e, na maioria das vezes, pela "onda" do que é ser "normal" em uma sociedade que mais espera acontecer do que faz. Vários estudos mostram que a grande maioria das pessoas, cerca de 95% dos seres humanos, vivem dentro dessa "onda robotizada" e não buscam por seus sonhos.

Gostaria que o leitor fizesse agora uma reflexão sobre o percentual de pessoas infelizes nos dias de hoje. Por que a grande maioria das pessoas não busca seus sonhos e, em alguns casos, não valoriza a magia de estar viva? Nas próximas linhas que decorrerem deste material, irei me esforçar para levar apoio aos que necessitam e desejam sair dos 95% e iniciar sua caminhada, em direção à felicidade e prosperidade, mas já aviso que existe muito suor e dedicação, porém, vale imensamente a pena.

Por muitos anos, vivenciei em um hospital a dor e o grande aprendizado da vida, sem os quais não conseguiria descrever alguns senti-

Manual completo de treinamentos comportamentais

mentos e comportamentos com tamanha precisão, sendo úteis para ilustrar minhas comparações. Durante essa experiência, conheci pessoas que carregavam um grande fardo e sofrimento incalculável, me perguntando, por inúmeras vezes, como e onde conseguiam forças para continuar com aquela batalha. Apesar de tamanha dor, percebi rápido que muitas das pessoas que ali estavam, entendiam e valorizavam com mais intensidade o simples fato de estarem vivas, do que muitos que estavam "aqui fora" e tinham suas vidas "normais". Em meio a dolorosas tentativas de reestabelecer as células doentes ao seu funcionamento saudável, percebi que nos olhos daqueles seres humanos havia esperança pela vida e, provavelmente, era aquele sonho, estampado em cada olhar, o que lhes permitia enfrentar todos aqueles obstáculos, mesmo que tudo pudesse indicar, que a qualquer momento poderia acabar, valia a pena sonhar, lutar e ter fé.

Percebi que, mesmo a palavra morte se fazendo presente, ela não era maior do que o propósito da maioria daquelas pessoas, e isso, sem dúvida, era fator crucial entre o sofrimento e a felicidade.

Mas, afinal, o que leva uma pessoa saudável e funcional a desistir de sonhar, lutar e ter fé, não tomando as rédeas de sua própria vida, enquanto outras pessoas, lançadas a caminhos mais difíceis e dolorosos, acreditam e buscam seus sonhos?

A consciência é a única forma de fazer com que pessoas saiam de suas zonas de estabilidade para realizarem tudo aquilo que desejam e se tornarem donas de seu próprio destino.

Uma pessoa doente, que luta por seus sonhos, acredite, ela tem plena consciência do significado e da importância da vida. Seus olhos estão voltados para o seu objetivo, mesmo sabendo que para alcançá-lo irá passar por muitas dores e desafios, segue com foco e determinação, comemorando com muita alegria todas as vitórias alcançadas.

Por outro lado, quando uma pessoa, deixa os seus sonhos nas mãos do destino, provavelmente sua consciência está sendo "arrastada" para os sonhos do coletivo, e não para os seus próprios sonhos.

Ser dono do seu próprio destino não necessariamente é prever todas as situações que irão lhe ocorrer, mas saber o que você irá fazer com cada uma delas para permanecer no caminho, respeitando a vida e seu tempo. Mesmo que o objetivo demore ou talvez não aconteça, enquanto estiver no seu caminho, poderá encontrar mais alegrias do que em toda uma vida considerada pela maioria das pessoas "normais".

Daniel Lima Queiroz

Consciência da existência

Antes de falarmos sobre a vida humana, é de extrema importância lembrarmos das maravilhas do universo e da magnitude da palavra vida. O homem descobriu algumas grandezas do universo, representadas pelos planetas, sóis e estrelas, alguns deles sendo milhões de vezes maiores do que o planeta Terra. Por outro lado, temos as menores partículas da matéria física que constituem o universo, as moléculas, átomos, e a partícula mínima: o elétron. O elétron é o começo de tudo o que tenha natureza física. Desde a maior estrela que cintila no espaço até o menor grão de areia é uma coleção organizada de moléculas, átomos e elétrons, que em uma velocidade inconcebível, estão girando um em torno do outro.

Na imensidão do universo, perceber a vital importância e harmonia, da menor até a maior partícula, reforça ao escritor o poder e a perfeição de Deus, respeitando qualquer outra crença do leitor.

Desde o nascimento da vida humana, inicia-se um processo contínuo de aprendizagem e os caminhos, percepções e crenças de cada pessoa começam a se diferenciar dos demais. Após toda maestria da genética e formação, inicia-se o que podemos definir como "estrutura de vida", na qual família, corpo, coletivo e amor serão as bases de sustentação e significância desse novo ser.

No início da vida, o ser humano tem a consciência da existência e a mente, que estava vazia, começa a captar informações do mundo externo, aprender e fazer novas conexões em busca de mais aprendizados e autonomia.

O ser humano, após o período de dependência, terá formado seus principais valores, então começa a pensar, sentir e agir com base em informações que, agora, deixam sua mente cheia, levando-o a ações automáticas e muitas vezes sem consciência.

Na grandeza de cada ser humano, a consciência nunca deixará de existir e a mente nunca perderá suas informações. Apesar do aparente conflito entre elas, cada qual tem seu fundamental papel e, sendo utilizadas em harmonia, assim como nos mostram todas as formas de vida do universo, podem trazer resultados extraordinários para a vida do homem, ou o inverso.

Não existe uma "receita de bolo" ou qualquer manual de utilização do corpo humano, que em sua "estrutura de vida" majestosamente é único. Cada pessoa tem a consciência da existência e a mente repleta de conhecimentos adquiridos durante sua trajetória; portanto, cabe à pessoa, de forma consciente, utilizar todo seu conhecimento para alcançar seus sonhos e ser feliz.

Uma pessoa não é feliz por "ser" ou "ter" igual a outra. O ser humano é feliz, a partir do momento que tem seu propósito muito bem definido e realiza ações adequadas para consegui-lo, sem que essas ações interfiram negativamente na vida de outras pessoas e desde que utilize, sempre, o princípio do amor.

Propósito para a vida

Um propósito, apesar de sua complexidade e importância, pode nascer do simples ato do pensar:

- Você aceita e respeita o seu passado?
- É grato pela vida e por todas as pessoas que, de alguma forma, fazem parte dela?
- Tem gratidão por seu corpo e por toda a energia presente nele?
- Qual é sua razão de existir? O que o faz feliz de verdade?
- Sente amor e gratidão por estar vivo?
- Aprende com seus erros e fracassos?
- Qual será sua contribuição para o universo?

Tudo na vida tem um propósito para existir ou para se manter vivo. Quando temos a consciência do caminho que estamos seguindo, para onde estamos indo e o que queremos alcançar, geramos uma química mental capaz de realizar todos esses desejos, por maiores que no início possam parecer.

Lembre-se: você poderá realizar o que deseja em sua vida, porém, resultados diferentes só acontecem quando temos comportamentos e atitudes diferentes. Há uma palavra que, juntamente à palavra amor, nunca deve sair do pensamento de quem busca seu propósito, a persistência.

O homem geralmente triunfa com mais facilidade num campo de esforços em que se lança de corpo, alma e coração.
Napoleon Hill

13

Desenvolvendo pessoas empoderadas e empoderadoras

Estamos em pleno século XXI, no auge da era da informação, para se sobressair no meio de situações conflitantes e desafiadoras, onde as pessoas são impactadas por milhões de imagens e mensagens de todos os tipos, é necessário deter das melhores técnicas comportamentais para atingir a realização das Pessoas e seus grandes motivadores

**Deyse Botega &
Priscila Franchi**

Deyse Botega & Priscila Franchi

Deyse Botega
Fundadora e Presidente da empresa Inner Light Coaching, é *Coach* e Analista Comportamental formada pelo IBC - Instituto Brasileiro de Coaching com Certificações Internacionais. Mais de 15 anos de experiência na área de *Customer Relationship Management*, atuando como Gestora de Equipes de Atendimento ao Cliente. Coordenou áreas de Treinamentos, Desenvolvimento de Talentos e Carreira, e Bem-estar organizacional. É facilitadora em Palestras, *Workshops* e Treinamentos sobre Desenvolvimento Humano.

Priscila Franchi
Parceira e Gestora da empresa Inner Light Coaching, é *Personal & Professional Coach*, certificada pela Sociedade Brasileira de Coaching com Certificações Internacionais. Pós-graduada em Gestão e Desenvolvimento de Pessoas. Com larga experiência organizacional, de mais de 15 anos. Ocupou cargo de Gestão executiva com sólida vivência nas áreas comportamental e de gestão de pessoas.

Contato
www.innerlightcoaching.com.br

"essoas muito bem treinadas", se tornam empoderadoras, a ponto de continuarem inspirando outros a procurarem a congruência dos seus valores com o seu propósito de vida. Para melhor "desempenho de um treinamento comportamental", é necessário identificar o público alvo; desenvolver o treinamento sobre os motivadores desse público, alinhando à linguagem aos resultados esperados;

→ **Exemplos tomando com base as competências de liderança:**

Liderança executiva: o nível executivo dispõe de interesse em "resultado. Contudo é necessário criar um contexto e um ambiente que permitam e motivem a aplicação e implantação do que os executivos imprescindivelmente precisam compreender; desenvolver uma linguagem comum para alinhar os níveis hierárquicos, possibilitando o diálogo, entretanto sempre embasados nos conceitos motivadores do público alvo, ou seja, neste caso como evidenciar resultados, números satisfatórios ou até mesmo aspectos nocivos, a fim de, serem evitados, e como serem desafiados.

Liderança empreendedora: o empreendedor tem busca árdua e constante por oportunidade e muita iniciativa, bem como avalia alternativas e calcula riscos deliberadamente. Têm exigência à qualidade e eficiência à flor da pele, são extremamente persistentes e comprometidos. Portanto o treinamento ideal para este público deve estar muito bem estruturado, baseado em planejamento e monitoramento sistemático.

→ **Técnicas de empoderamento:**

A. Identificação de competências inspiradoras: abaixo, listamos uma série de comportamentos e ações das três principais competências essenciais identificadas em pessoas empoderadas:

Competências estratégicas:

1. **Planejamento:** uma pessoa empoderadora necessita desenvolver a análise sistêmica e estratégica, identificando forças, fraquezas, oportunidades e ameaças, aplicado à necessidade do negócio ou individual. Essa análise será fomento para o desenvolvimento das metas bem como do plano de ação para execução.
2. **Metas:** a competência de definição de metas é um grande diferencial, já que as metas fornecem a direção do que precisa ser

feito. Uma meta bem definida precisa ser específica, com data, de preferência dia, mês e ano, e os passos e recursos necessários para atingi-la.
3. **Execução:** o primeiro comportamento essencial para uma boa execução é a disciplina, já que será o grande impulsionador para perseverar na meta estabelecida. Para os profissionais que lideram equipes executadoras, é importantíssimo demonstrar confiança mútua, combinada com uma comunicação clara e assertiva.
4. **Conhecimento:** antes de mais nada, já dizia o aforismo grego "conhece-te a ti mesmo". Saber e reconhecer seus próprios sentimentos, preferências, objetivos, crenças e valores, percepção de como outros sentem ou pensam a seu respeito, servirá como guia para seus comportamentos e principalmente servirá de base para desenvolvimento de sua história futura.
5. **Transformação contínua:** a pessoa empoderadora expande as fronteiras do pensamento organizacional, criando um ambiente de abertura a novas ideias e modelando a curiosidade intelectual. Ajuda outros a lidar com incertezas como uma alavanca para redefinição de modelos ou quebra de paradigmas.

Competências de comprometimento:

1. **Dedicação:** dedicar-se é a capacidade de se entregar à realização de um objetivo. Realizar cada etapa e ação de uma meta com determinação e foco.
2. **Aceitar desafios:** é nos desafios que muitas vezes estão grandes oportunidades. Ter comportamentos positivos e entusiastas, ajudará o ser empoderado ver potencial de crescimento em situações assustadoras, assim como também auxiliar outras pessoas através de sua comunicação, descrevendo as dificuldades de uma forma que energize-as para superar os obstáculos.
3. **Combustível:** a paixão é o combustível da motivação. A satisfação com o trabalho é uma necessidade do ser humano para atingir a autorrealização. Fazer o que gosta e gostar do que faz, dará um valor diferenciado ao resultado do trabalho. Identificar seus talentos e capacidades guiarão seus caminhos para ter o trabalho com uma paixão e não apenas obrigação, assim as dificuldades e obstáculos serão muito menores, proporcionando melhores resultados e satisfação.
4. **Invulnerabilidade:** pessoas invulneráveis não demonstram problemas comportamentais e emocionais frente a situações

difíceis, consegue adaptar-se e se superar de forma saudável e construtiva.
5. **Parceria de sucesso:** pessoas empoderadas e empoderadoras prezam por grandes parcerias, criando conexões que auxiliem de forma mútua, o alcance de resultados positivos e consequentemente promovendo sentimentos de realização pessoal e profissional.

Competências de coaching:

1. **Motivar:** antes mesmo de motivar outros, as pessoas empoderadas preocupam-se com a sua automotivação. É só assim que ele irá sentir-se impulsionado para despertar o mesmo em sua equipe. Para motivar alguém é necessário conhecer os aspectos que o motiva, fazendo uma leitura dos comportamentos não verbais e das atitudes das pessoas e do grupo. Atentar-se às necessidades básicas do ser humano, tais como, ser ouvido na essência, ser notado e reconhecido e ter o direito de errar, e poder suprir de forma verdadeira essas necessidades, é o princípio da arte de motivar pessoas.
2. **Aperfeiçoar:** estar motivado a desenvolver e aperfeiçoar pessoas é uma competência nata de uma Pessoa Empoderada. Ele compreende que o desenvolvimento organizacional depende do desenvolvimento individual, por isso, seu comportamento é receptivo, ciando um ambiente de segurança e confiança, para gerar consciência, sensibilização e ação. Sua comunicação é uma ferramenta fundamental, utilizada para ouvir na essência e fazer perguntas que trarão respostas preciosas para alavancar o desenvolvimento de outros indivíduos.
3. **Reconhecer:** todas as pessoas procuram por reconhecimento. Para alguns o reconhecimento financeiro é o topo do mundo, já para outros, um reconhecimento comemorativo ou um *feedback* positivo será um marco de realização e fará grande diferença em sua motivação. Deve ser desenvolvida a capacidade de implementar formas criativas para reconhecer o sucesso da equipe, oferecer planos de crescimento estruturados, treinamentos, promoções e benefícios, para promover a valorização das pessoas. O resultado só poderá ser: grupos de pessoas empoderadas para dar seu melhor todos os dias.
4. **Influenciar positivamente:** os melhores líderes estão focados em gerir mudança e inovação de modo a manterem as suas organizações dinâmicas e em crescimento. Esses líderes geram um sentimento de orgulho e pertencimento entre a equipe, mo-

tivando-as através de sua comunicação clara, assertiva e positiva, especialmente em momentos de incerteza. Atuam como apoiadores e promovem suporte para manter o equilíbrio entre vida pessoal e profissional, protegendo as pessoas da equipe de ações que possam interferir na performance.

5. **Comunicação inspiradora:** um excelente comunicador empoderador, transmite consistência e clareza, traduzindo informações complexas em uma mensagem simples e impactante e holística. Ajuda outros a desenvolverem suas mensagens de forma a atender os valores da audiência, e a exprimir suas opiniões sem medo de repercussões negativas. Sabem criar mensagens significativas à sua audiência através de histórias e metáforas.

6. **Comportamentos nocivos:** alguns dos comportamentos listados a seguir andam na contramão do caminho do desenvolvimento de pessoas empoderadas e empoderadoras. Vale salientar esses aspectos em um treinamento comportamental com o intuito de minimizar ou eliminar tais hábitos e comportamentos.

   I. **Desconhecedor de si mesmo:** como empoderar outro se desconhece de você mesmo? Essa pessoa não terá consciência do seu comportamento e de como afeta outros. Não sabe identificar quais são suas forças e fraquezas e possivelmente fica na defensiva quando recebe *feedbacks*.

   II. **Descontrole emocional:** Uma pessoa com falta de controle emocional gera um desgaste para todos ao seu redor. Exagera ao lidar com situações de estresse e desapontamento, tornando-se imprevisível.

   III. **Indiferente, resistente e repulsivo:** pessoas que não se importam com pensamentos e emoções de outros, acabam se tornando extremamente exigentes e insensíveis às necessidades das outras pessoas.

   IV. **Desarmonia e divergência organizacional:** essas pessoas demonstram falta de habilidade em construir o consenso ou resolver conflito e por vezes falham em construir relacionamentos.

   V. **Inflexibilidade:** pessoas inflexíveis não têm a capacidade ou até mesmo vontade de se adaptar às mudanças e aprender com as experiências. Normalmente também não apreciam pessoas com diferentes perspectivas ou habilidades.

   VI. **Renunciador de responsabilidade:** a primeira impressão que o renunciador de responsabilidade passa é de dependência, ele parece sempre estar indeciso e não toma uma posição sobre assuntos controversos e nunca admite erros por suas ações.

VII. Comunicação ambígua: uma pessoa com essa característica de comunicação tem extrema dificuldade em construir confiança. Suas ações são incongruentes com suas palavras e normalmente não honram por seus compromissos.

VIII. Indisciplina e desorganização: pessoas desorganizadas ou indisciplinadas têm hábitos prejudiciais, como o da procrastinação, ou seja, deixam tudo para depois; não têm habilidade para separar ou classificar coisas, e têm a tendência em dizer que a memória é sua melhor amiga, trazendo por consequência a ansiedade e o estresse.

IX. Como potencializar as competências: a aplicação da ferramenta abaixo ajusta a identificação de competências inspiradoras para minimizar os comportamentos nocivos, ou até mesmo eliminá-los.

→ *The 7 Inner Light Empowerment Steps*

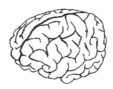

Passo 1: identificar quais são seus 3 comportamentos mais destacados nas competências inspiradoras e 3 comportamentos nocivos;
Passo 2: Para os comportamentos nocivos identificados, pontuar de 1 a 3, considerando 1 o mais nocivo e 3 para o menos nocivo;
Passo 3: para cada um dos seus 3 comportamentos identificados nas competências inspiradoras, descreva o que verdadeiramente você conquista colocando-os em prática;
Passo 4: levando em consideração suas competências inspiradoras, descreva 3 estratégias que poderão minimizar ou eliminar o ponto nocivo de maior relevância;
Passo 5: para cada uma estratégia descrita, pontue de 1 a 3, considerando 1 a que você está mais comprometido e 3 menos comprometido com a sua realização;
Passo 6: para a estratégia selecionada como a de maior nível de comprometimento, determine uma ação e o prazo para cumprimento. Pergunte-se: Como a realização dessa ação, na prática, evidenciará que realmente estou conseguindo minimizar ou eliminar meus comportamentos mais nocivos?
Passo 7: qual foi o maior aprendizado adquirido na prática dessa ferramenta?

Autenticidade do resultado empoderador

As perguntas abaixo podem ser utilizados como forma de avaliação de performance, como *assessment* ou pesquisa de *feedback* das pessoas influenciadas diretamente pelas pessoas empoderadoras.

Compreensão: você gera compreensão organizacional, de forma clara, concisa, assegurando quais são os objetivos e como as pessoas contribuem para o atingimento destes?

Confiança e autonomia: você permite o sentimento de liberdade para os profissionais tomarem decisões e assumirem riscos calculados?

Desafios: você desperta nos profissionais objetivos desafiadores constantemente?

Segurança: os profissionais sentem-se seguros que podem atingir seus objetivos?

Apoio: você apoia seus profissionais para que eles sintam que têm os recursos necessários e para desempenhar o trabalho e saibam identificar prioridades para serem mais efetivos?

Moderação da vida pessoal e profissional: você é atento às necessidades das demandas familiares e profissionais das pessoas que influencia?

Aprimoramento de performance: você permite um ambiente em que os profissionais sintam-se motivados a buscar crescimento em suas carreiras, bem como fornece frequentes *feedbacks* para contribuir para a performance dos profissionais?

Reconhecimento: você se preocupa em ter atitudes de gratidão a fim de manter um ambiente em que as pessoas sintam-se reconhecidas pelos seus resultados e desempenho?

Geração de criatividade: você percebe que as pessoas as quais você influencia diretamente, sentem-se encorajadas a ter novas ideias, compartilhar conhecimento e assumir riscos sobre os resultados atingidos?

Empenho: as pessoas demonstram sentirem-se energizadas pela realização de seus trabalhos?

As técnicas estão dispostas, portanto basta buscar os melhores temas de treinamentos capacitadores e desenvolvedores de sucesso pessoal e uma carreira brilhante, ou desenvolver os treinamentos realmente empoderadores, alinhados aos motivadores do público-alvo. Os melhores comportamentos são realmente, verdadeiramente, aqueles alinhados aos valores pessoais de quem o está procurando, congruentes com o espaço e ambiente desejado.

14

Descubra seu perfil comportamental

O que é a personalidade? Como ela é definida? Segundo os psicólogos, a personalidade é o estudo das diferenças de um indivíduo e suas inter-relações. É um conjunto de características psicológicas que determinam o comportamento de uma pessoa, e faz com que o seu modo de operar seja único. Saiba, neste artigo qual é o seu perfil

Dr. Fernando Guillen

Dr. Fernando Guillen

Consultor, Palestrante e *Coach* pela Sociedade Brasileira de *Coaching*. Graduado em Engenharia de Sistemas pela Escola Militar de Engenharia, em La Paz, Bolívia. MBA em Administração de Empresas pelo Instituto Tecnológico e de Estudos Superiores de Monterrey, do México. Doutorado em Liderança pelo Wagner Leadership Institute, em Pasadena, Califórnia. Certificado internacionalmente pelo Lifeforming Leadership Coaching. Como *Trainer* e Palestrante nacional e internacional, oferece treinamentos na área de Liderança, Desenvolvimento de Pessoas, Empreendedorismo, Perfil Comportamental, Formação e Potencialização de Equipes, Gestão de Pessoas, Performance & Inteligência, cerca de 10 anos. É o fundador do Programa Coaching de Convergência, CEO da Editora Se7e Montes, Chanceler para a América Latina do Wagner Instituto de Liderança, Presidente do Global AC7ION Centro de Integração, e catalizador da visão dos Se7e Montes para a América Latina.

Contatos
www.fernandoguillen.com.br
www.institutowagner.com.br
www.centroaction.com.br
www.setemontes.com.br
drfernandoguillen@institutowagner.com.br
Twitter: @apostologuillen
www.facebook.com/apostolofernando
(31) 3213-4170

Você já percebeu que existem pessoas que são diferentes de você? Talvez você vive, ou trabalha com eles, mas certo é que, você já percebeu essas diferenças e desejou muitas vezes que eles pudessem mudar como pessoas. Às vezes, você foi até mais enfático, sugerindo que a sua maneira de pensar, atitude e abordagem da vida fossem mais parecidos com o seu próprio estilo. Entretanto, essas tentativas geralmente acabam em uma grande frustração, pois as diferenças dessas pessoas parecem estar programadas em sua personalidade.

Uma vez que desistimos de tentar mudar as pessoas na nossa vida, podemos começar a compreendê-las, e melhorar a nossa relação com elas. Da mesma forma, quando somos capazes de compreender a sua personalidade, podemos usar esse conhecimento para crescer, e tornarmos pessoas melhores e mais equilibradas. Na verdade, você entende que há características nas quais você não precisa mudar, mas há outras deformações nas quais, você precisa corrigir.

O que é a personalidade? Como ela é definida? Segundo os psicólogos, a personalidade é o estudo das diferenças de um indivíduo e suas inter-relações. É um conjunto de características psicológicas que determinam o comportamento de uma pessoa, e faz com que o seu modo de operar seja único. A personalidade modela o sistema de crenças, isto é, os padrões de pensar, imaginar e agir.

Segundo a Psicologia, a personalidade faz de você um ser único. Não tente que as pessoas pensem com a tua mente. E também, não permita que ninguém o leve a enxergar de acordo com a sua ótica. Mas, lembre-se que o fato das pessoas serem diferentes, não implica que não possam se relacionar entre si.

Personalidade – Formada ou herdada?

No decorrer dos anos, pesquisadores gastaram horas e dólares em estudos para determinar de onde vem a personalidade. Nas últimas descobertas foram reveladas que todas as características de um indivíduo são pré-determinadas antes nascimento, dentro da sua composição genética individual. Porém, o ambiente desempenha um papel na forma como a personalidade é moldada. Ou seja, no DNA há traços da personalidade, mas o meio ambiente no qual você está inserido, pode afetá-la e/ou deformá-la.

O comportamento de uma pessoa vem sendo estudado há muitos séculos.

No ano 400 A.C., durante a Idade de Ouro na Grécia, pensadores gregos renomados, filosofaram acerca da vida e do universo, e começaram a estudar o comportamento das pessoas. Um dos mais conhecidos pensadores gregos, associado com a Medicina, chamado Hipócrates, acreditou que toda a humanidade podia ser categorizada em quatro grupos básicos determinados pelas diferenças na composição e fluidos químicos, o que provocava a manifestação externa específica, identificada como a personalidade.

No ano 190 D.C. Galen, outro pensador grego, viu e apurou todas as pesquisas que Hipócrates havia feito, e afirmou que o ser humano tinha quatro maneiras diferentes de expressão, denominadas de Quatro Temperamentos, que são:

1. Sanguíneo
2. Colérico
3. Melancólico
4. Fleumático

Para os gregos, os Coléricos eram assim denominados, pois se comparam com bebês que ficavam impacientes, ao sentir cólicas, ou pessoas que tinham cóleras. Outro grupo de pessoas se comportava como aqueles que tinham o sangue quente e tinham muito contato com outras pessoas, chamados assim de Sanguíneos. Outro grupo referiu-se aos Melancólicos, pois eram obcecados e caracterizados como aqueles que tinham a "bílis" negra. Já os Fleumáticos eram os mais difíceis de se identificar, pois eram os que mais se mimetizavam, não eram nem muito pacientes, nem muito obcecados, nem possuíam muitas associações com os demais, mas gostavam de ficar mais calados, sozinhos, calmos, tranquilos.

Com o passar dos anos, fazendo avaliação segundo esse conceito, as pessoas foram acrescentando e/ou mudando a nomenclatura para tornar mais claro ou original, e hoje, existe uma variedade de diferentes estudos disponíveis acerca desse assunto. Para destacar, gostaria de expor a análise de Perfil Comportamental mundialmente reconhecida para a seleção e desenvolvimento de pessoas, determinando os padrões de comportamento, a Teoria DISC. Postulada pelo Dr. Marston, DISC é uma sigla para: Dominantes – Interativos – Estáveis – Cautelosos. Iremos mencioná-los a seguir, pois irão demonstrar características que permitirão a você identificar qual quadrante se encaixa. Você irá se divertir descobrindo quem você é, e como você se comporta.

As Personalidades

Vamos começar olhando os grupos básicos de personalidade. Contudo, é importante enfatizar que estaremos fazendo generalizações, ou seja, nenhuma pessoa vai se encaixar exatamente em um quadrante. Mas, o bom das generalizações é que são geralmente verdades! Enquanto nós somos todos indivíduos únicos, a maioria tem a própria perspectiva da vida que nos leva a tomar decisões. Isso faz adquirir a nossa personalidade básica ou primária.

Dr. Fernando Guillen

Vamos ver então os quatro perfis comportamentais, baseados no fluido do Corpo Humano:

Sanguíneo – Interativo

Pessoas com essa personalidade, tipicamente, têm muita energia, gostam da diversão, são extrovertidos, sempre aguardam o próximo encontro ou *happy hour*, gostam de fazer amigos, estão rodeados de muitas pessoas. Se alegram quando vão ao shopping, por exemplo, porque têm contato com outras pessoas. São indivíduos que gostam de ter um *feedback* rápido num relacionamento, se não consegue, eles tendem a ficar triste. Gostam da ação. O maior desejo que possuem é de se divertir. Clube social é o máximo para eles, pois são emocionantes, persuasivos, inspiram os outros e trazem entretenimento.

Os Interativos têm habilidades para falar, se comunicar, são otimistas, têm o bom sentido do humor, sempre têm uma história para contar e alegrar as pessoas. Muitas vezes, se fazem de "palhaços" para fazer outros felizes. São exagerados, desorganizados, não são sérios em suas atividades, e geralmente, não são confiáveis no trabalho, pois são deficientes no acompanhamento dos alvos e metas. Não se comprometem com os objetivos traçados, querem ser felizes. Precisam de atenção, carinho, aprovação, aceitação, se deprimem quando a vida não é feliz, e quando não se sentem amados.

Por serem tão populares, buscam sempre chamar a atenção. Têm medo das pessoas pensarem que eles são chatos ou enjoados. Gostam de pessoas que os ouvem e que se divirtam com eles, e que os aplaudam. Não gostam de pessoas críticas. São criativos, otimistas, encorajam os demais, gostam do entretenimento, não são enjoados. Deveriam ser mais organizados, falar menos, se aprendessem a ter noção do tempo.

Normalmente casam com os Melancólicos. Não são pontuais. Reagem quando estão estressados saindo de cena. São reconhecidos por serem pessoas que falam o tempo todo, que gritam, que têm os olhos brilhando.

A frase chave de um Sanguíneo é:
Vamos fazer as coisas da maneira mais divertida!

Colérico – Dominante

Pessoas com esse tipo de personalidade são orientados a metas, a cumprir alvos, e não às pessoas. São organizados ao cumprimento dos seus alvos, a fim de obter resultados precisos. São pessoas extrovertidas, mas a diferença dos sanguíneos que visam ter mais contatos e amigos, os coléricos são extrovertidos para expressar o seu ponto de vista, pois sabem que precisam das pessoas para cumprir os seus alvos.

São determinados a dar comandos, e possuem o "pavio curto", pois querem obter os resultados. Logo, eles gostam muito da rapidez. Assim como os sanguíneos, são voltados à ação. São poderosos e sempre exercem uma liderança. São dominantes e gostam de ter o controle. Algo que frustra um colérico é perder o controle. Seu desejo é sempre influenciar as pessoas, não inspirando-as, e sim traçando diretrizes.

As fortalezas de um Dominante se referem na capacidade de assumir qualquer tipo de projeto, e instantaneamente, tomar as decisões corretas, e dar andamento a esse projeto. Eles são os iniciadores, os pioneiros, e tomam decisões rápidas.

Suas fraquezas se expressam através da insensibilidade, impaciência, competitividade e manipulação. Eles não gostam de delegar, e também não gostam de dar o crédito a outras pessoas.

Os Dominantes têm como necessidade emocional a obediência e a lealdade, pois eles querem que as pessoas o obedeçam. Se alegram quando os alvos são cumpridos. Se deprimem quando as coisas saem do seu controle, e quando as pessoas não fazem o que eles esperam. Não gostam de ser contrariados. Seu medo é perder o controle, o trabalho, não ser promovido, ficar doente, ter filhos rebeldes, ou ter pessoas incapazes de ajudá-los. Gostam das pessoas quando são submissas, dão suporte as suas ideias e ações, fazendo as coisas da sua maneira, dando credibilidade para eles. Não gostam dos preguiçosos e dos procrastinadores, dos que questionam a autoridade, dos que são independentes, e dos que não são leais. São valiosos no trabalho porque podem conseguir alcançar alvos que os demais não conseguiriam num período curto de tempo.

Os Coléricos são trabalhólotras. Sua liderança sempre mostra ou enfatiza que ele está no controle. Eles estão interessados em saber no que eles vão funcionar. Eles querem que as coisas sejam feitas instantaneamente. Coléricos não respeitam os espaços, são invasores. Normalmente se casam com os Fleumáticos, porque eles irão obedecê-los. Quando estão estressados, eles apertam o controle, exigem que trabalhem mais duramente. São conhecidos como pessoas que se movem rápido. Têm confiança forte em si mesmos, no que eles fazem.

A frase chave de um dominante é:
Vamos fazer as coisas da minha maneira!

Melancólico – Cauteloso

Indivíduos com Personalidade Melancólica são calados, profundos, pensativos, meticulosos, e sempre estão à procura da perfeição. Para eles, os detalhes são muito importantes, e fazem toda a diferença. Por focarem muito na perfeição, frequentemente ficam desapontados e decepcionados com as pessoas, e tendem a depressão.

Os Melancólicos são considerados como os que têm o humor negro, a "bílis negra". Têm a tendência a ser negativos, ou a descrever as coisas de maneira negativa. Desejam fazer tudo da maneira certa. Suas fortalezas são identificadas nas habilidades para organizar, e planejar detalhadamente. São bons para análise e definir padrões elevados. Já suas fraquezas se expressam quando se deprimem facilmente, pois passam muito tempo na preparação de algo.

Para um Cauteloso sempre há um plano B. Ele não quer ser pego de surpresa. Focam muito nos detalhes. São desconfiados e têm muita suspeita. Eles querem ter o seu espaço, não gostam de ser invadidos pelas demais pessoas, gostam do silêncio, da sensibilidade, de ser sustentados. Se deprimem quando a vida se encontra fora da ordem estabelecida, quando os padrões definidos não foram alcançados, ou quando parece que ninguém se importa com os detalhes. Têm medo de não serem compreendidos nos seus sentimentos, por isso são difíceis para assumir compromissos.

Também gostam das pessoas sérias, intelectuais, profundas, dos pensadores, daqueles que possuem uma conversa muito sensível e amável. Não gostam de pessoas que invadam os seus limites, que não os respeitam, que chegam tarde, que são superficiais e procrastinadoras. Eles têm o senso de detalhe. Acompanham todo o processo, perfilam altos padrões de performance e são compassivos com o ferido. Os Cautelosos poderiam ser mais felizes se relaxassem um pouco mais, e se não insistissem para as pessoas considerarem todos os detalhes.

São sensíveis aos sentimentos das pessoas, têm uma criatividade muito profunda e sempre priorizam a qualidade de vida. Geralmente se casam com os Sanguíneos, e reagem perante o estresse escondendo e isolando-se,

A frase chave de um cauteloso é:
Vamos fazer as coisas da maneira correta!

Fleumáticos – Estáveis
Pessoas com a Personalidade Estável não transitam entre extremos, são mais equilibrados, pacíficos, devagar, apáticos e amam o status cor, não gostam de mudanças, quanto menos esforço e energia para eles, melhor. Desejam evitar conflitos, gostam de estar na paz. São equilibrados, possuem uma personalidade agradável, não é alguém que demanda muito. São indecisos, e não são entusiasmados.

Têm como necessidade o respeito, pois querem se sentir valorizados, entendidos e sustentados emocionalmente. Se deprimem quando a vida começa a ter conflito, porque não gostam do confronto. Não sabem tomar decisões, têm medo de ter que lidar com grandes problemas, bem como de serem esquecidos, e de sofrerem mudanças. Gostam das pessoas que tomam as decisões por elas.

Os Fleumáticos não têm iniciativa. Não gostam de pessoas que são exigentes, que falam forte, que esperam muito deles. Gostam das coisas mais leves. São mediadores entre contendas, e são bons para resolver problemas menores. Poderiam melhorar se estabelecessem alvos, se motivassem a si mesmos, e se movessem mais rapidamente.

Os Estáveis gostam de manter tudo debaixo do controle. São reconhecidos pela sua calma. Não tomam decisões de maneira impulsiva. Não causam problemas. Normalmente não têm ideias brilhantes. Tendem a casar com os Coléricos.

A frase chave de um Cauteloso é:
Vamos fazer as coisas da maneira mais fácil!

Ciclo da confiança

Todos nós expressamos de diferente maneira a nossa necessidade, e cada um dos quatro Perfis Comportamentais se caracterizam por essas formas de expressão. Por essa razão, é necessário manter o Ciclo da Confiança em suas inter-relações, para que não tenhamos problemas em nossos relacionamentos.

O primeiro estágio desse ciclo é <u>ter uma necessidade</u>. Essa necessidade pode entrar no segundo estágio, quando ela se expressa, o que chamamos de <u>expressão da necessidade</u>.

Junto a isso, aguardamos que essa necessidade, que foi expressa, venha a ser respondida, ou seja, esperamos <u>a resposta perante a necessidade</u>. Segundo for a resposta, a necessidade será satisfeita ou não, o que nos leva ao estágio de <u>satisfação da necessidade</u>. E finalmente, dessa satisfação pode surgir o <u>conforto</u>, aonde nos sentimos confortáveis perante a resposta da necessidade expressa.

O Ciclo da Confiança é quebrado quando expressamos a nossa necessidade e <u>não obtemos uma resposta</u>, logo a nossa necessidade não é satisfeita, ou seja, ocorre a <u>insatisfação da necessidade,</u> e isso nos leva a um <u>desconforto</u>. Muitas vezes, ele se traduz em amargura, ódio, ressentimento, ira e frustração.

Após essa síntese, eu sugiro que você se aprofunde mais nessa aprendizagem acerca dos Perfis Comportamentais, para que consiga identificar rapidamente a personalidade de outras pessoas, e sua linguagem corporal, melhorando seus relacionamentos aparentemente incompatíveis com amigos, familiares, e colegas de trabalho.

15

O sucesso de um é o sucesso de todos?

Aqui, compartilho com você como desenvolver uma cultura de ajuda colaborativa nas organizações, por meio de treinamentos comportamentais que estimulam a motivação e o comprometimento, elevando os níveis de desempenho e a qualidade dos resultados

Eliane Bringmann

Eliane Bringmann

É empresária, consultora organizacional em gestão estratégica e de pessoas, *coach* executiva e empresarial, palestrante, facilitadora da aprendizagem de adultos, especialista na cocriação de soluções customizadas para empresários e colaboradores. Pesquisadora, filósofa, especialista em dinâmica de grupos, ética e política, *practitioner* em programação neurolinguística. Doutoranda em Administração e Economia. Idealizadora da metodologia PEEGE – Programa de Excelência em Empreendedorismo e Gestão Estratégica para Empresários e PLPC - Programa de Liderança e Protagonismo Colaborativo.

Contatos
www.elianebringmann.com.br
www.bringmann.com.br
eliane@bringmann.com.br
Skype: eliane.bringmann
(45) 9917-1245

Eliane Bringmann

Você sabe da importância da cultura de ajuda colaborativa?

Desde criança sinto na pele a importância da ajuda colaborativa. Lembro-me da colheita do milho, na época em que a trilhadeira movida por animais era o auge da tecnologia. Os vizinhos vinham ajudar e o clima de trabalho mais parecia uma festa. Todos ali, contentes. E quando eles precisavam, a gente fazia o mesmo. Até os pequeninos tinham tarefas: selecionar a palha para renovar os colchões, tirar os grãozinhos que sobravam nos sabugos – afinal, estes iam direto para o lugar assumido pelo papel higiênico –, levar água fresca ou a merenda... Era um prazer ajudar ou ser ajudado. Ninguém se envergonhava disso.

Outro dia fiquei surpresa ao ler sobre o *case* da IDEO, empresa de design, na revista *Harvard Business Review* de janeiro de 2014, sobre como ela "liberou a criatividade dos colaboradores tendo como norma a generosidade colaborativa". Generosidade colaborativa como norma? Pensei comigo: "para ajudar é preciso norma?" Críticas à parte, o que vale é que o sucesso da IDEO resulta de um esforço de ajuda mútua, em que não importa qual é o cargo, um apoia o trabalho do outro, oferecendo ou procurando ajuda para que se atinja o que foi planejado. O lema é "torne os outros pessoas de sucesso". Logo, concluo, não faça bem apenas a sua parte, ajude também o outro a fazer bem a parte dele. O seu sucesso depende do sucesso do outro. Você depende do sucesso da sua empresa. A empresa depende do seu sucesso. Essa é a definição que usarei neste artigo.

Vivo um cotidiano de inquietações, com a pressão da velocidade das mudanças e da necessidade de adaptação constante para lidar, de forma produtiva, com ações e reações que permeiam o impacto da globalização no mundo corporativo. Mesmo neste cenário onde tudo é imprevisível, escolhi como filosofia de vida ser uma ponte, e assim coopero com pessoas e organizações que buscam ampliar ou reinventar suas capacidades, utilizando-as em outras situações ao longo da vida, de forma participativa e compartilhada, como o facebook: Vê. Aprende. Gosta. É importante? Compartilha.

Certa vez, em um curso, deparei-me com um gestor que se sentia traído com o silêncio de sua equipe nas reuniões: "Eu não entendo! Quando falam comigo pessoalmente, trazem ideias e sugerem melhorias, e quando nos reunimos me sinto falando com as paredes". Ao ampliar o conhecimento sobre si mesmo, por vezes, suas crenças, valores e comportamentos o surpreendiam "mas eu faço isso?". Foi lindo quando se deu conta de que, no grupo, agia feito "chefe autoritário", intimidando a todos. Passou a praticar a "chuva de ideias" *(brainstorming)* e outras técnicas que facilitam a interação e o bem-estar, mesmo quando as decisões envolvem discussão ou debate. Ao mudar sua postura, influenciou positivamente nas atitudes do grupo, e as reuniões assumiram um caráter de "vamos pensar juntos", segundo relatos. E, ao saber desse tipo de transformação, o meu trabalho se torna gratificante e me deixa feliz, reforçando minha motivação interna e o compromisso com o ser cada vez melhor.

Existiria relação entre treinamento e crescimento de empresas?

As empresas que mais cresceram nos últimos anos são as que mais investiram em treinamentos, segundo a Associação Brasileira de Treinamento e Desenvolvimento (ABTD), no estudo "O Retrato do Treinamento no Brasil" (2013/2014). Essa também é uma realidade do sistema cooperativista, que, de acordo com Leonardo Boesche, gerente de desenvolvimento humano do Serviço Nacional de Aprendizagem do Cooperativismo do Paraná (SESCOOP/PR), cresce em média 12% ao ano, e o profissionalismo dos colaboradores "faz a cadeia produtiva fluir". Mas, treinar leva tempo. Requer planejamento sobre o que, como, quando, onde, com quem e com quanto implantar programas de Treinamento e Desenvolvimento (T&D) para atrair e reter talentos; qualificar a mão de obra interna (em outras funções, liderança, equipe...) e desenvolver a futura. Com efeito, acompanho gestão de cooperativas há mais de 30 anos. Presenciei o crescimento de algumas como a Copacol, C.Vale e a Integrada, e o desaparecimento de outras: Coopagro, Coopercachaça e Vinícola de Toledo. Em todas, de uma forma ou de outra, houve investimentos na capacitação das pessoas e o resultado é ou foi fruto da gestão humana.

Então, treinar para quê?

Como a história mostra, a evolução depende da criatividade e da capacidade de aprender. Construímo-nos numa relação de interdependência dia após dia, inclusive nas empresas. Estas devem criar soluções para gerar lucro e desenvolvimento. Para muita gente representam uma fonte de autodesenvolvimento e realização por meio do trabalho. Se a empresa vai bem, todos prosperam, mesmo a comunidade ou o país.

Atuei com a Softpharma, empresa de tecnologia para farmácias, que crescia em média 20% ao ano, tinha 15 mil usuários do sistema em 3.500. Foi comprada no final de 2014 por uma grande empresa do setor. A chave do seu sucesso era o conhecimento que sustenta a inovação e a força competitiva, por isso ela investia na aprendizagem contínua dos empresários e colaboradores, seja com a educação formal, ou o compartilhamento de experiências, mantendo-os antenados com o mundo. Porém, não raro, as empresas têm dificuldade para fazer entender a informação, como no caso de um vendedor que, mesmo sabendo a missão, visão, valores e política comercial da empresa, ligava para seu gerente perguntando sobre como se comportar com os clientes. E aí retorna a pergunta: Treinar para quê?

Treinar com soluções prontas, sem ligação entre o aprendizado e a prática, com o desenvolvimento da pessoa e o envolvimento dela na escolha dos temas é jogar dinheiro fora. O ser humano necessita sentir-se valorizado; perceber que seu trabalho é importante; acreditar nos projetos da empresa para "servir" aos clientes, nos seus valores e na sua visão de futuro. Precisa se enxergar no sonho para vivê-lo.

Durante anos meu nome foi "Eliane do Sebrae". Como credenciada, a crença na missão era tão forte que eu esquecia a minha própria identidade. Ao passo que, sem essa conexão, muitos não percebem que trabalham para si mesmos, e tendem a se sentir infelizes e explorados. Um dia, na fila do supermercado, ouvia um senhor lamentando seus mais de 30 anos de trabalho: "cara, eu fui um burro de carga; trabalhei a vida inteira feito escravo e o que ganhei com isso? Enchi o bolso do dono e estou aposentado, ganhando uma miséria", e então um conhecido perguntou se ele passaria as festas de natal e réveillon na Europa novamente. Fiquei pensando, o que houve para se sentir assim? "Trabalho escravo" permite um padrão de vida desses?

Treinamentos comportamentais geram motivação?

Entendo treinamento comportamental como uma das metodologias da educação corporativa, de curto prazo, eficaz para desenvolver competências e instigar ações mais assertivas, desde que envolva o participante na construção e avaliação do impacto na vida pessoal e profissional, pois isso desperta a motivação e o senso de compromisso em toda sua vida, e não só no treinamento. Surge a vontade de aplicação imediata da aprendizagem pelo prazer de fazer algo que agrega valor. Nenhum currículo ou condução excepcional de um facilitador supera os efeitos positivos do sentir-se "dono" do processo. Seja no papel de colaborador ou empresário. Neste caso, até hoje me emociona o relato de um empreendedor que fez um *feedback* corretivo (método que reconhece o esforço e acertos; aponta a atitude a ser corrigida; convida a pensar nas consequências; a encontrar soluções e se comprometer com elas) para sua filha de quatro anos. Surpresa, perguntei como se sentiu com o resultado: "Feliz por que terminamos com um abraço, em vez de choro".

Treinamentos comportamentais também estimulam o comprometimento?

Sempre que os colaboradores sentem-se integrados à empresa, sim. Um caso que retrata bem o comprometimento é o da Cerâmica São Luiz, de Pato Bragado. Empresa familiar com mais de 50 anos; certificada pelo Programa Setorial da Qualidade de Telhas Cerâmica (PSQ-TC). Inclusive conquistou o primeiro lugar no Prêmio MPE Brasil, em 2013. Como é o trabalho e o relacionamento por lá? O modelo de gestão é participativo. Se os diretores não estão na empresa, a produtividade é a mesma. Os líderes e equipes monitoram o ambiente. Se o tempo está para chuva ajustam os intervalos e buscam antecipar a produção, para garantir o conceito "A" dos produtos. Quando surgem conflitos, estes são logo resolvidos. Há um clima de companheirismo. Tudo é limpo e organizado. Predomina a cultura colaborativa, mesmo sem uma "norma". Teria sido sempre assim? Não. Quando começaram a investir em treinamentos também havia resistências de todo tipo, desde o uso do EPI e realização de controles até os efeitos do temor quanto à extinção da empresa, em função da nova Legislação Ambiental. Mas insistiram. Os diretores são o exemplo em suas próprias ações. Cumprem as promessas, realizam premiações por desempe-

nho e estão, sempre, se reciclando.
Treinamentos comportamentais geram retorno?

Vamos começar pelo caso da Polibag. Empresa familiar do setor de embalagens plásticas flexíveis que se reinventou na gestão de Natália Diniz. Em 2010, fase da transição de gerações, a produção enfrentava dificuldades. A liderança do chão de fábrica não era compatível ao desejo de renovação. Havia baixa produtividade, muita perda de matéria-prima e alta rotatividade. A partir do diagnóstico empresarial, várias ações de melhorias foram definidas. Entender o cliente, fazer melhor e construir histórias com final feliz tornou-se uma bandeira. Os colaboradores assumiram o papel de "heróis". Não os da história em quadrinhos. O herói de verdade, que encara os desafios. E brevemente destaco a virada na relação entre produção, área comercial, consultores de venda e familiares. Os desconfortos cederam à troca de informação e melhorias nos produtos. E o que desencadeou isso? A mudança de percepção; da forma de entender a cadeia produtiva até a influência da família. Como efeito, a convenção de vendas de 2014 já contou com a participação dos cônjuges e filhos. O esforço colaborativo rompeu fronteiras. E o resultado? Superação de metas. Reduziram os custos, um turno de 8 horas (de 24h para 16h); aumentou 10% a produção, e cresceu 21%, de 2012 para 2013. Sonhar e viver histórias juntos trouxe outros ganhos imensuráveis: gratidão, sinergia e cumplicidade ao tempero do prazer das conquistas.

E o retorno pode ser rápido?

Qual retorno? Se for da aplicabilidade dos conhecimentos nos produtos, serviços e processos, sim. O mesmo vale para os relacionamentos, quando os conflitos decorrem de falta de diálogo e informação. O que demora é transformar a aprendizagem em hábito. Um jeito de ser, pensar e agir, aceito e valorizado pela cultura. Isso requer mais tempo, *feedback*, apoio, orientação, incentivos e ações de aprendizagem continuada.

Em 2012 participei de uma viagem para a China. Conheci empresas como a Lenovo, a Sany, a Huawei e a Embraco e pude desmistificar a visão de que o domínio da tecnologia *"made in China"* no

Manual completo de treinamentos comportamentais

mundo se dava graças à mão de obra barata e abundante. Que engano! Profissionais de alto nível são disputados. Os medianos também estão empregados. Restam os inexperientes, com menos escolaridade ou condição social. Para desenvolver e reter esses talentos, os programas contemplam desde noções básicas de higiene, vestuário, alimentação, relacionamento e até melhores condições de moradia.

Na Embraco, por exemplo, durante seis meses um *trainee* aprende na teoria "o porquê fazemos assim". Depois, se aprovado, ocupa a vaga para a qual foi treinado, com supervisão, até adquirir maestria nas tarefas. Mesmo assim "reter" tem sido um dilema. "Sabemos que boa parte vai embora, porém investimos como um diferencial para atrair futuros talentos. A maioria vem até nós justamente pelo sucesso dos programas. Alguns ficam. Outros vão. E, se não fizermos isso, só os piores ou nem eles chegarão até nós", disse um diretor. Logo, investir mais nas pessoas equivale a gastar muito menos depois, pois o preço pago pela falta de conhecimento, motivação, responsabilidade e comprometimento, a baixa produtividade, o absenteísmo, a rotatividade, as habilidades de relacionamento, etc., tendem a ser a decadência do negócio.

Assim sendo, em toda parte encontram-se evidências e comprovações de que treinamentos comportamentais estimulam, sim, a motivação e o comprometimento das pessoas, elevando os níveis de desempenho e a qualidade dos resultados nas empresas. E, acima de tudo, que a generosidade colaborativa nasce, naturalmente, do processo de cocriação. São eficazes para que talentos humanos assumam o comando no papel de protagonistas, redirecionando os rumos da história para resultados mais gratificantes.

Afinal, o sucesso de um é o sucesso de todos.

16

Entenda como o processo de *coaching* poderá ajudar os líderes nas organizações

Quem serão os líderes do futuro? Quais serão as características que eles terão para inspirar pessoas? A liderança se tornou tão importante dentro das empresas que líderes despreparados resultam em colaboradores desmotivados. No mundo atual, o perfil dos futuros líderes, será diferente do perfil dos líderes de hoje

Elisabete Caetano Barreto

Elisabete Caetano Barreto

Master Coach certificada pela Sociedade Brasileira de Coaching (SBC), credenciada pelo Behavioral Coaching Institute (BCI) e Wort Ethic Corporation, MBA em *Coaching* pela Faculdade Paulista de Pesquisa e Ensino Superior (Fappes). Executiva de Negócios, formada em Administração de Empresas, pós-graduada em Gestão empresarial, vivendo há 20 anos no mundo corporativo, diretamente ligada às pessoas e seus desejos, associei minha experiência à metodologia do *Coaching*, o que me permitiu ajudar as pessoas com maior eficácia. A vivência me propicia flexibilizar as abordagens empregando diversas técnicas, levando o cliente a alcançar resultados mais rápidos. Durante o processo, descobrimos juntos soluções e definimos estratégias, sempre fornecendo apoio para reforçar as competências, recursos e criatividade que o cliente já possui, direcionando-as de forma que alcance seus objetivos.

Contatos
www.ebconsultoriaecoach.com.br
elisabete.coaching@outlook.com
(11) 98278-7652 Tim
(11) 94282-8278 Vivo

Elisabete Caetano Barreto

Algumas pessoas nascem líderes. Outras aprendem a liderar ao longo da vida. Podemos adquirir habilidades essenciais da liderança por meio de treinamento e de análise de situações práticas. O objetivo da liderança é fazer com que todos alcancem o melhor desempenho.

O sucesso de um líder consiste em trabalhar em conjunto, desenvolver competências e habilidades para ter uma equipe de sucesso. Os líderes dependem totalmente da capacidade de construir e manter bons relacionamentos.

As mudanças que ocorrem no mundo moderno demandam uma forma diferente em liderar. Antigamente o líder era um executor, e hoje ele tem que ter estratégia na forma de liderar. Liderar por exemplo, o que significa isso?

Quais são as características que o líder deve ter?

Como o *coaching* pode ajudá-lo a atingir este objetivo?

Geralmente, quando o líder assume sua posição de liderança ele leva um período para começar a contribuir com os resultados da empresa.

Em primeiro lugar o líder deve conhecer a si mesmo, ter uma visão do futuro entender qual é o seu proposito de vida, conhecer os seus valores, ser otimista, motivador. O líder do futuro sabe quais são seus pontos fortes, pontos fracos, entende quais são suas ameaças, sabe controlar suas emoções para atrair seguidores. Outra característica do líder é a capacidade em agir e dominar as situações sem medo de fracassar, ele não teme em ser rejeitado, nem desaprovado, porque tem claro qual é sua missão e valores. E se errar, sabe reconhecer e pedir desculpas, assumindo assim suas responsabilidades.

O Líder do futuro tem como principal ferramenta o *feedback*, ele conhece o perfil de seus liderados, sabe o potencial de cada um, lidera através de perguntas e não respostas, se coloca em condição de igualdade com seus liderados, é um bom ouvinte. Pressupõe que todos tem potencial, foca nas pessoas, conhece qual é a missão, valores e objetivo de cada um, se adéqua a eles e sabe transformar através do *feedback* resultados positivos.

O líder de amanhã é um excelente *coach*. Já dizia Jack Welch, "No futuro, pessoas que não forem *coaches* não serão promovidas. Gestores que forem *coaches* serão a regra."

Manual completo de treinamentos comportamentais

O que é ser um líder *coach*? Como um líder pode transformar as pessoas e fazer com que elas tenham resultados esperados, e sejam seus seguidores?

Segundo Araújo (2011) o líder *coach* é aquele que utiliza os princípios do *coaching* para:

Desenvolver capital humano, e com isso aumentar o engajamento, a performance a produtividade. (ARAÚJO, 2011)

a) Lidar de modo eficaz com situações que exigem flexibilidade, criatividade e inovação. (ARAÚJO, 2011)
b) Superar expectativas e obter muito mais resultados. (ARAÚJO, 2011)

O líder *coach* utiliza os princípios do *coaching* para desenvolver pessoas, com isto ele consegue fazer com que a equipe tenha motivação para promover plano de ação e conquistar resultados desejados.

Uma principal característica do líder *coach* é liderar, por exemplo, e utiliza ferramenta de grande importância na gestão e liderança, o *feedback*. O *feedback* é o elemento fundamental no processo de comunicação. Por meio do *feedback* recebemos informações para o ajuste de desempenho e performance de uma pessoa.

O *feedback* tem como objetivo ajudar as pessoas e melhorar seu desempenho e performance, através de informações, levando assim a pessoa a ter ação e atingir os resultados esperados.

De forma geral, quando o *feedback* é bem aplicado, as situações que demandam qualquer tipo de punição, diminuem, porque a utilização desta ferramenta faz com que a equipe tomem consciência de como esta sua situação dentro das organizações, fazendo com que tracem metas e plano de ação para atingir resultados esperados.

O sentido que se é dado para dar o *feedback*, é fazer com que as pessoas não se sintam criticadas e nem humilhadas, e sim fazer com que elas percebam o que esta errado, assume a responsabilidade sobre suas ações, e onde podem melhorar, ou se já fazem um bom trabalho, podem conseguir a excelência.

O *feedback* deve ser dado de forma geral, uma vez na semana, salvo alguns casos que terão que serem dados no ato do acontecido.

Existem três tipos de *feedback* que se aplicados nas organizações trazem resultados positivos.

Feedback corretivo

Este tipo de *feedback* é utilizado para pessoas que apresentam baixa performance, e precisam serem desenvolvidas, de forma que entendam o ocorrido e melhorem sua performance sem perder sua autoestima.

Como deve ser aplicado este tipo de *feedback*:

- Apresente o fato ocorrido de forma clara e objetiva. Descreva o problema, não seja evasivo, dizendo algo como "você sempre entrega seus trabalhos com atraso". Em vez disso, diga "Notei que no fechamento dos meses de novembro e dezembro, você tem entregado seus trabalhos com atraso".
- Perceba qual a reação que seu subordinado apresenta. Deixe claro como se sente em relação ao problema. Certifique se de que o funcionário entenda seu ponto de vista. Diga, por exemplo: "Estou chateado com suas entregas em atraso."
- Observe qual o seu comportamento diante do relato. Faça o funcionário perceber o real impacto que o problema traz a empresa. Isso fará com que ele dê a devida importância à questão. "Os outros departamentos dependem do seu trabalho para encerrar o mês. Com seus atrasos, a entrega dos impostos está ocorrendo fora do prazo."
- Faça com que o colaborador tenha um plano de ação. Dê espaço para que a pessoa encontre a solução. Esta é uma forma de estimular a iniciativa, a responsabilidade e o aprendizado. "O que você vai fazer para que este problema não volte a ocorrer."

Indicadores para tornar seu *feedback* corretivo eficaz

O *feedback* deve ser dado em particular, nunca em frente as outras pessoas. Desta forma evita que a pessoa se sinta humilhada e desmotivada. Antes da reunião de *feedback*, anote o que você vai dizer. Aplique o *Feedback* corretivo logo após o problema ser detectado.

Manual completo de treinamentos comportamentais

Antes de dar *feedback* certifique-se de que ele seja pontual, ou seja descreva o que realmente aconteceu, evite dizer palavras negativas, seja direto dizendo sobre o comportamento o que realmente precisa ser melhorado ou trabalhado.

No término do *feedback*, certifique se de que ele entendeu, e qual o plano de ação para melhorar seus resultados.

Após ter dado o *feedback*, o colaborador apresentou sugestão de melhoria e se comprometeu a mudar. E agora o que acontece? Como você pode ter certeza de que as mudanças acordadas estão realmente sendo postas em prática? E como você pode saber se isso está funcionando? É para isto que existe o *follow-up*. É uma ferramenta importante não apenas para monitorar resultados do *feedback*, mas também para acompanhar o andamento de qualquer tarefa ou processo.

O *follow-up* deve ser agendado no final da reunião de *feedback*, fazendo com que o colaborador perceba que esta sendo acompanhado para melhoria em seu desempenho.

O *follow-up* é feito por meio de perguntas, e para saber se ocorreu resultado desde a última reunião, pergunte:

Qual foi o resultado de suas tarefas?
Qual foi seu plano de ação para atingir este resultado?
Qual foi o seu aprendizado?

Estimule sempre o colaborador a ser proativo e comprometido, fazendo com que ele assuma responsabilidade.

Tanto o *feedback* quanto o *follow-up*, tem que ser estabelecido relações de confiança e respeito entre as partes.

O líder gera em seus liderados o desejo de dar e receber *feedback*, essas ações trazem as organizações grandes resultados positivos.

Dar *feedback* é um tipo de conversa que visa compreender a funcionalidade da interação entre duas pessoas ou mais, seja ela de natureza profissional, familiar ou social. É oportunidade que as pessoas têm para compartilhar suas percepções a respeito de como funcionam juntas. Cada pessoa expressa de forma direta e honesta, sua visão sobre o todo, e escuta o que o outro tem a dizer.

A função do *feedback* é nutrir a relação, assegurando uma visão completa dos fatos, estabelecendo plano de ação para melhoria continua.

Elisabete Caetano Barreto

Como o processo de coaching poderá ajudar na gestão e liderança

O principal recurso dentro de uma companhia é o capital humano, e o principal desafio de líderes das organizações é gerir pessoas e trazer resultados satisfatórios para a organização. Diante desse cenário a importância do papel do líder *coach* é primordial na formação das equipes competentes e comprometidas com resultado.

Tanto as grandes quanto as pequenas empresas já perceberam que o recurso mais importante e concorrido dos dias atuais é o talento humano. A diferença entre o sucesso e o fracasso empresarial passou a ser determinado pela forma como as organizações selecionam, treinam e gerenciam seus colaboradores. E esse é o objetivo fundamental da área de recursos humanos de uma empresa, guiar o processo pelo qual as organizações desenvolvem seu capital humano com o intuito de aumentar sua competitividade, propondo uma perfeita interação dos profissionais com o sistema e os resultados do negócio, por isto a figura do líder *coach* vem servindo como auxílio às empresas na formação desses novos líderes organizacionais.

Segundo Chiavenato (2010), o mundo está em uma mudança incrivelmente rápida e nunca houve tanta intensidade como hoje em dia. Essas mudanças estão sendo influenciadas por diversos fatores como: mudanças tecnológicas, políticas, sociais, econômicas, culturais, demográficas, culturais e ecológicas, cada uma trabalhando em conjunto e de forma sistêmica, trazendo uma grande incerteza para as organizações.

Dado esse panorama, Chiavenato (2010) expõe que a área que mais está sofrendo mudanças é a área de recursos humanos (RH) e em algumas organizações o nome de administração de recursos Humanos (ARH) está sendo alterada para gestão de parceiros, gestão de talentos humanos, gestão do capital humano, gestão de competências, administração do capital intelectual e até Gestão de Pessoas ou Gestão com Pessoas.

"As organizações são verdadeiros seres vivos". Quando elas são bem-sucedidas, tendem a crescer ou, no mínimo, a sobreviver. O crescimento acarreta maior complexidade dos recursos necessários às suas operações, com o aumento de capital, incremento de tecnologia, atividades de apoio etc.

Com isso se pode concluir que as pessoas passam a ser um diferencial competitivo que sustenta e promete o sucesso de uma organização. E para que as empresas se mobilizem em utilizar as pessoas em sua potencialidade, estão mudando seus conceitos e práticas gerenciais (CHIAVENATO, 2010).

Assim a Gestão de Pessoas (GP), para o pensamento das organizações, é considerada uma área muito delicada, por ser situacional e contingencial, pois é dependente de vários aspectos, como da estrutura organizacional, da cultura organizacional existente em cada empresa, do negócio da organização, da tecnologia adotada, dos processos internos entre outros fatores importantes (CHIAVENATO, 2010).

O *coaching* é um processo eficaz no desenvolvimento de líderes dentro das organizações. O resultado do *coaching* dentro das organizações faz com que os líderes se desenvolvam através de ferramentas eficazes, capaz de acelerar o processo de liderança nas organizações. O poder de transformação de um líder verdadeiramente eficaz e eficiente é desejado por todos que querem fazer a diferença. O *coaching* vem a colaborar com esta formação.

Quando um líder manifesta competência, credibilidade e confiança inspiram as pessoas a segui-lo. Os líderes têm sucesso quando as opiniões do líder e dos seguidores se tornam única.

A liderança motiva e impulsiona sua equipe aos resultados almejados, superando as expectativas, ensina sua equipe a aprender e a ensinar. Faz com que seja um líder educador e orientador. Provoca mudanças, antecipa o futuro, faz as coisas acontecerem, encoraja os demais, influencia, motiva, estimula e consequentemente atinge resultados satisfatórios para a organização. Gerir pessoas é um grande desafio, e o maior desafio é construir uma equipe.

Com o propósito de desenvolver os líderes, tornando-os aptos a desenvolver suas equipes, e aumentando seu desempenho, é que entra o papel do *coaching*, um profissional habilitado e preparado com uma proposta efetiva de desenvolvimento de pessoas, organizações e transformação.

Referências
ARAUJO, Ane. *Coach um parceiro para o seu sucesso*, Rio de Janeiro, Editora Elsevier Ltda, 2011.
CHIAVENATO, Idalberto. *Gestão de Pessoas*, 3º Edição, Rio de Janeiro, Editora Elsevier Ltda, 2010.
CHIAVENATO, Idalberto. *Teoria Geral da Administração*, 7º Edição, Rio de Janeiro, Editora Elsevier Ltda. 2004.
MATTA, V.; VICTORIA, F. *Executive Coaching*, São Paulo, Editora SBCoaching 2012.

17

Coaching triádico
Pensar, sentir e agir

Temos três cérebros: um que pensa, outro que sente
e um terceiro que executa. Baseado nos pilares da
educação – aprender, ser, conviver e fazer – é possível
desenvolver novos comportamentos através de um ciclo
de aprendizagem vivencial para que nos tornemos pessoas
melhores e profissionais com ótimos resultados

Elissandro Sabóia

Elissandro Sabóia

Coautor do livro *Coaching: desenvolvendo pessoas e acelerando resultados*. Consultor, palestrante e facilitador no desenvolvimento de pessoas, realiza treinamentos e palestras nas áreas de vendas, atendimento ao cliente, liderança, marketing, empreendedorismo e comportamento. Membro do ICF – International Coach Federation, administrador com MBA Gestão de Marketing. *Professional and Self Coaching* pelo Instituto Brasileiro de Coaching, Behavioral Coaching Institute, International Association of Coaching e European Coaching Association. Analista comportamental Coaching Assessment pelo IBC e GCC – Global Coaching Community, facilitador do Seminário para Empreendedores Empretec – ONU/Sebrae.

Contatos
www.saboiaconsulting.com.br
esaboia1@gmail.com
(66) 9227-3737 / 3424-0081

Elissandro Sabóia

Se você realmente quer fazer mudanças em seu comportamento, algo de diferente em sua vida, você precisa estar preparado para um futuro diferente, e para isso precisa ter um presente diferente, mudar seus hábitos, costumes, suas atitudes, mudar a forma como você interage com o mundo.

Começo contando a você uma história conhecida que será produtiva para essa nossa conversa:

Um sábio passeava por uma floresta com seu fiel discípulo quando avistou um sítio de aparência pobre. Resolveu fazer ali uma breve visita. Aproximando-se, constatou a pobreza do lugar; nenhum calçamento, casa de madeira. Os moradores eram um casal e três filhos, todos usando roupas rasgadas, pés no chão. Dirigiu-se então ao pai daquela família e perguntou:

— Neste lugar não há nem sinal de ponto de comércio e de trabalho... Como o senhor e sua família sobrevivem aqui?

— Nós temos uma vaquinha que nos dá vários litros de leite todos os dias. Uma parte desse produto nós vendemos ou trocamos na cidade vizinha por outros gêneros alimentícios. Também produzimos queijos, coalhadas e assim vamos sobrevivendo — respondeu.

O sábio agradeceu a informação, contemplou o lugar por um momento, despediu-se e foi embora. No meio do caminho, voltou-se para seu discípulo e ordenou:

— Volte lá, pegue a vaquinha e jogue-a no precipício.

O jovem arregalou os olhos espantados e disse:

— Mas mestre, é o único meio de subsistência da família!

Como percebeu o silêncio do mestre, foi e cumpriu a ordem; empurrou a vaquinha morro abaixo e ela morreu. Aquela cena ficou marcada na memória do jovem durante alguns anos. Até que um dia ele voltou ao lugar com a intenção de contar tudo àquela família, pedir perdão e oferecer-lhes ajuda. Quando se aproximava do local, avistou um sítio muito bonito, com árvores floridas, todo murado, carro na garagem e algumas crianças brincando no jardim. Ficou angustiado, pensando que aquela família tivera de vender o sítio para sobreviver. Apressando o passo, foi logo recebido por um caseiro. Tendo-lhe perguntado sobre a família que ali havia morado alguns anos atrás, soube que ainda era a mesma e continuava ali. Espantado, entrou ansioso na casa e constatou que realmente era a mesma família que visitara anteriormente. Elogiou o local e perguntou ao senhor dono da

Manual completo de treinamentos comportamentais

vaquinha o que havia acontecido, como ele havia melhorado o sítio e prosperado tanto. E o senhor respondeu:
— Nós tínhamos uma vaquinha que caiu no precipício e morreu. Daí em diante, tivemos de arrumar outros meios de sobrevivência. Foi quando descobrimos habilidades e talentos que nem sabíamos que tínhamos... Assim alcançamos o sucesso que seus olhos testemunham agora...

Essa história nos mostra que podemos expandir nossas habilidades para coisas novas. Só assim ocorre o progresso. Mas ela nos ensina também que mudar hábitos e comportamentos às vezes requer sacrifícios e rompimentos drásticos com os padrões de trabalho que adotamos.

Nos últimos anos o Brasil vem avançando em diversas áreas. Na econômica, milhares de pessoas tiveram acesso aos bens de consumo, antes restrito a uns poucos privilegiados. Isso fez com que as empresas comerciais e industriais ganhassem mais dinheiro e reinvestissem em maquinário, instalações mais modernas e aconchegantes para os colaboradores e clientes. A abertura do mercado nacional fez com que os produtos fabricados no país dessem um salto de qualidade frente aos importados, houve aporte de capital para implementar novas tecnologias, enfim, grandes investimentos e ferramentas tecnológicas, infraestrutura, técnicas de produção e outras estratégias foram sendo desenvolvidas ao longo do tempo.

Diante desse cenário e outros fatores, como a participação cada vez maior da mulher nas empresas e no comando familiar, o convívio das gerações *baby boomer*, X, Y e Z no mesmo ambiente, sejam familiar ou profissional, as novas formas de interação social através da internet, novos hábitos e comportamentos têm surgido, que podem muitas vezes contribuir ou não, dependendo do que o momento exigir, para o sucesso pessoal ou profissional.

Ande pelas ruas da sua cidade, observe e você verá uma grande quantidade de empresas muito parecidas, praticando ações de marketing parecidas, que empregam pessoas muitos parecidas com as outras, pois tiveram um ensino não muito diferente das outras, vendendo produto e serviços muito similares à da concorrência.

Se máquinas, computadores, carros, sofás, gôndolas, treinamentos técnicos e estratégias mercadológicas não são tão diferentes entre si, há um caminho para buscar diferenciação, desenvolvimento e crescimento tanto para a empresa, quanto para os profissionais: o desenvolvimento comportamental.

É crescente a percepção dos líderes que investir em capacitação comportamental vai levá-los a outro nível de maturidade como pessoas, e a consequência são funcionários mais engajados, comprometidos com os resultados da empresa.

Trabalhar desenvolvimento comportamental é entrar numa complexa rede de interações, e nesse contexto de busca de crescimento, de identificar e entender como as lideranças, os pares e subordinados atuam e como podem melhorar sua interação, cada vez mais têm sido aplicados os processos de *coaching* nas organizações.

Após esse prólogo, ofereço a você algumas informações que devem ser observadas na construção de um programa que vise desenvolver comportamentos. Vamos lá!

Antes de tudo é bom que se saiba que desenvolver comportamentos é diferente de instalar um programa informatizado em sua empresa. Com algumas horas de treinamento já é possível utilizar um sistema novo. Já o desenvolvimento comportamental consome mais tempo, é preciso paciência e um acompanhamento sistematizado para entender sua evolução e dar *feedback* ao profissional.

Cérebro triádico

Você já ouviu falar de cérebro triádico, trino ou tripartido? Estudos do neurocientista americano Paul Maclean (1970), posteriormente trabalhado pelo sociólogo cibernético brasileiro Waldemar de Gregori, apresenta um cérebro dividido e três partes:

É como tivéssemos três cérebros: um responsável por aprender, pensar, entender a lógica e a razão das coisas (lado esquerdo); outro responsável pelo sentir, criar, gerar autoconfiança (lado direito) daquilo que está se conhecendo; e um terceiro cérebro responsável por dar respostas práticas a esse conhecer e sentir, operacionalizando todo conhecimento observado/adquirido pelo lado esquerdo, que gerou sentimentos, sensações e atitudes no lado direito.

Esse processo de pensar, sentir e agir ocorre nesse instante em que você lê este livro, e continuará a ocorrer consciente ou inconscientemente à medida que o lado esquerdo do cérebro recebe informações a todo instante pelos cinco sentidos. Esse processo origina nossos comportamentos, hábitos e consequentemente nossos resultados. Assim segue nosso aprendizado, nossa educação.

Os pilares da educação

Quando falo em educação, preciso falar dos quatro pilares fundamentados no Relatório para a Unesco da Comissão Internacional sobre Educação para o Século XXI, coordenada por Jacques Delors em 1999. O relatório propõe quatro tipos de aprendizagem: aprender a conhecer, aprender a fazer, aprender a conviver e aprender a ser.

Aprender a conhecer/saber se dá através dos conhecimentos dos fatos, conceitos, princípios, teses, tudo aquilo que traz informação à pessoa, seja por meio de livros, apostilas, vídeos, palestras, seminários e outros. Conhecimento que venha dar apoio ao profissional na execução de suas atividades do dia a dia. O pilar "aprender saber" está ligado ao lado esquerdo do cérebro, pois é onde atua o cognitivo, o conhecimento.

Aprender a ser está ligado ao autoconhecimento, autoconfiança, quanto uma pessoa se acha capaz ou não de executar algo, ter determinada competência, quão bem conhece suas aptidões e como ela se relaciona consigo mesma e nas relações com outras pessoas – aprender a conviver – saber fundamental para o trabalho em equipe, na construção de times maduros e vitoriosos. Esse pilar compreende o grau de importância que a pessoa sente ter, bem como a autoestima. Esses dois pilares, ser e conviver, são trabalhados pelo lado direito do cérebro, ligados ao afeto, ao sentir.

O pilar "saber fazer" podemos dizer que possui canal direto com a base do cérebro. É fundamental que os conhecimentos apreendidos e sentidos sejam aplicados no dia a dia da pessoa, do profissional. Para tanto, saber aplicar os conhecimentos é primordial, daí a importância dos treinamentos técnicos, mas antes é fundamental trabalhar o comportamental.

Agora você já conhece os pilares da educação, aprender a conhecer, aprender a fazer, aprender a conviver, aprender a ser, e já compreende que nossos aprendizados, sentimentos e ações ocorrem em três cérebros distintos, vou lhe apresentar uma forma de construir/formatar um processo de treinamento comportamental através de um Ciclo de Aprendizagem Vivencial, ciclo este pensado pelo Dr. David Kolb.

Ciclo porque, como já vimos, esse processo de aprendizagem se dá no ciclo cognitivo-sensitivo-aplicativo (conhecimento-sentimentos-aplicação) e vivencial porque o adulto aprende melhor quando vivencia. Verifico isso quando ministro um curso, uma oficina ou mesmo um seminário para empreendedores e pergunto aos participantes se entenderam assunto. Muitas vezes escuto: "Acho que sim, mas vamos ver na prática...".

Ciclo de Aprendizagem Vivencial

O processo de *Coaching* Triádico pode contribuir muito às pessoas para que alcancem seus objetivos, seja para um funcionário de uma organização, profissional liberal ou mesmo uma dona de casa. Utilizar o ciclo de aprendizagem vivencial é gerar aprendizado fazendo, e isso pode ocorrer como na figura abaixo:

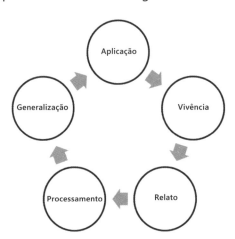

Manual completo de treinamentos comportamentais

Através de jogos, simulações, dramatizações e dinâmicas, o treinador pode oferecer ao treinando a oportunidade de vivenciar num ambiente seguro (o ambiente de treinamento) situações em que ele possa interagir com pessoas e tomar decisões conforme a necessidade. Nessas interações muito aprendizado está sendo construído, além do convívio com outras pessoas, com comportamentos similares ou diferentes – a esse momento chamamos vivência. Após experimentarem esse momento passa-se ao relato, quando os participantes vão expor como se sentiram (lado direito do cérebro – pilar ser e conviver) durante a atividade, quais seus sentimentos. Essa exposição é importante, pois é dos relatos que se extrai a matéria-prima do momento seguinte. No processamento é importante analisar os padrões de desempenho. Uma vez que durante a vivência os participantes interagiram cada um na sua intensidade e somado aos relatos verbalizados, pode-se oferecer *feedback* a essas exposições. Após todo processamento é primordial fazer a ligação do que foi experimentado e processado com o dia a dia. É no momento da generalização que isso ocorre, reforçando ao participante os conceitos com sua aplicabilidade cotidiana e os ganhos que podem surgir dessa aplicação, que deve ser o passo seguinte a ser tomado: a aplicação efetiva do aprendizado.

Se você deseja desenvolver treinamentos comportamentais, crie um ambiente seguro e, com base no ciclo de aprendizagem vivencial, ofereça aos participantes experimentar, vivenciar simulações, peça que relatem seus sentimentos, como se sentiram durante o treinamento, que verbalizem que aprendizados podem ser extraídos da vivência e como eles podem ser levados e aplicados no dia a dia. Assim fecha-se o ciclo de pensar, sentir e agir.

Em resumo: A busca pela conexão leva à congruência:

Pensamento: Lado esquerdo – Pilar Saber Aprender
Algo que sabemos

Emoção: Lado direito – Pilar Ser e Conviver
Algo que sentimos

Ação: Base do cérebro – Pilar Saber Fazer
Algo que fazemos

Busque os três pilares com da aplicação do Ciclo de aprendizagem vivencial e você observará uma conexão das pessoas com comportamentos que levam ao crescimento e aos objetivos desejados.

18

Treinador comportamental sob uma visão analítica

Inicio este trabalho de modo inquisitivo. Quem somos nós? O que fazemos de nós é por influência de terceiros? Somos o que trazemos de herança genética de nossos ancestrais? Somos seres de várias vidas terrestres com a finalidade de evoluirmos? Somos produto de nossas crenças?

Enyo Oliveira & Valdilene Oliveira

Enyo Oliveira & Valdilene Oliveira

Enyo Oliveira: Mestrando em Educação pela Universidade Federal do Estado do Amazonas – UFAM, Graduado em Administração pela UNINORTE Laureate International Universities, Pós-graduado em Gestão Empresarial e Finanças, Controladoria e Auditoria. Empresário e Administrador Financeiro, Palestrante em Finanças Pessoais, Educador Financeiro DSOP e é membro da Associação Brasileira de Educadores Financeiros – ABEFIN.

Valdilene Oliveira: Formada em Psicanálise pelo Centro de Estudo Psicoemocionais Holístico – CEPH, Hipnoterapeuta pelo Instituo Rogério Castilho, Terapeuta Ericksoniana, Professora, *Coach* pela Sociedade Latino Americana de Coaching – SLAC e Treinadora Comportamental formada pelo IFT. Empresária, ganhadora de vários prêmios: Medalha de Ouro a Qualidade Brasil, Menção Honrosa no Prêmio Qualidade Amazonas – PQA, Mulher de Negócio 2013 – SEBRAE-AM, ganhadora do Prêmio MPE 2014 e é filiada à Federação Nacional da Qualidade – FNQ.

Contatos
www.enyooliveira.com.br / contato@enyooliveira.com.br
www.facebook.com/enyoedufin
(92) 99264-9787 | (92) 98221-8213
www.valdileneoliveira.com.br
www.facebook.com/valdilene.oliveira.77
(92) 99220-9937 | (92) 98103-6035

Enyo Oliveira & Valdilene Oliveira

Inicio este trabalho de modo inquisitivo. Quem somos nós? O que fazemos de nós é por influência de terceiros? Somos o que trazemos de herança genética de nossos ancestrais? Somos seres de várias vidas terrestres com a finalidade de evoluirmos? Somos produto de nossas crenças?

Como atua o treinador comportamental neste contexto?

Em alguns ambientes corporativos, faz-se imprescindível a atuação do treinador, para que haja um realinhamento de comportamentos, com o direcionamento de ações eficazes no desempenho individual funcional, abrangendo o sistema como um todo. A psicanálise, a psicologia, a PNL, a hipnose clínica e vários outros recursos são meios utilizados para um maior aprofundamento do que concerne ao melhor entendimento da funcionalidade mental e consciência (psiquê) no desenvolvimento humano. Portanto, cabe ao treinador comportamental, inserir e promover as mudanças com o uso de ferramentas conceituais e ações interativas de orientação ao ambiente em questão.

Precisamos estar preparados para sabermos reconhecer e adequar o homem com a função. Será que o funcionário é "preguiçoso" ou será porque está em uma função com a qual não se identifica, não gosta e não tem afinidade? Nesse caso, onde está a responsabilidade da improdutividade, com o funcionário ou com o gestor, gerente, diretor? São questões a serem avaliadas.

Cabe ao treinador comportamental o papel de gerir recursos humanos, ter a arte de descobrir competências e habilidades, entender comportamentos e de redirecionar para resultados.

Na psicanálise, trazer o inconsciente para o consciente é fundamental. Todo treinador comportamental deve estar preparado para isso. É nas profundezas do "EU" que encontramos as respostas e assim melhor auxiliar pessoas com desajuste de personalidades. Nós treinadores, temos que ter como missão, trazer o indivíduo para a luz do autoconhecimento. Mostrar-lhe a importância da saúde, do corpo, espírito e da psiquê harmonizando-os para um equilíbrio perfeito.

Manual completo de treinamentos comportamentais

Em se tratando de ações comportamentais, sabemos que estas são frutos de nossos valores pessoais, como educação, cultura, senso de discernimento, respeito, alguns oriundos da nossa formação familiar e outros procedem do nosso "EU", da noção do certo e do errado.

Em determinadas situações em que acreditamos ter todas as respostas em treinamentos comportamentais, à vida nos prega uma "peça" e muda o direcionamento nos deixando confusos com o sentimento de incapacidade, porém nenhum comportamento é definitivo e como treinador comportamental isto é uma barreira que devemos vencer pois somos nós a promover a mudança que realmente importa, pois trabalhamos para tornar essa mudança evolutiva e possível.

Nosso cérebro é uma máquina fantástica que executa a ação da emocionalidade ou do psicoemocional externando o que gostaríamos de esconder. Quando ruborizamos, tal ação, podemos evitar problemas ou dá ideia de fragilidade.

O sorriso ajuda a liberar endorfinas e sabemos que pode ser provocado por situações corriqueiras e de pouca importância. Também há muita curiosidade e opiniões diversas sobre os sonhos. Estes (embora muitos estudiosos contestem), contrariando Sigmund Freud, não são os desejos do nosso subconsciente, mas hoje se sabe que ajudam a processar emoções e que muitos acreditam que dormimos pela necessidade maior de sonhar, liberando ao mesmo tempo o corpo do cansaço e a mente das emoções do período.

É comum em ambientes corporativos, nos depararmos com várias situações onde uma intervenção terapêutica seria muito bem vinda. Temos pessoas com arrogância sem limites, críticos extremosos, indivíduos rotuladores, indivíduos prejudicados pela baixa autoestima e por isso muitos submissos e vários outros distúrbios de comportamento que afetam sobremaneira o desenvolvimento das funções individuais, bem como o progresso da empresa.

Para levar uma empresa ao cumprimento de sua missão, visão e de seus valores, é fundamental que em tais processos seja feita uma adaptação capacitando e direcionando os recursos humanos, trabalhando as pessoas, no sentido de darem o seu melhor, ajudando ao desenvolvimento de seus talentos e habilidades.

Vimos, portanto, que o estudo do comportamento humano ajuda a entender as ações realizadas em determinadas situações. Para isso concorrem os ambientes, o convívio social, as ações de indivíduo para indivíduo e a real intenção da mudança.

Considerações sobre o comportamento humano

O psicólogo americano John Broadus Watson (1878-1958), foi considerado o pai do comportamentalismo ao publicar em 1913 o artigo "Psicologia vista por um behaviorista" que declarava a psicologia como um ramo puramente objetivo e experimental das ciências naturais, com a finalidade de prever e controlar o comportamento. Era o oposto da hereditariedade. O behaviorismo ou comportamentalismo tem suas raízes nos trabalhos pioneiros de Watson e Pavlov, mas a criação dos princípios e da base de grande parte da abordagem comportamental foi da responsabilidade do psicólogo americano Burruhs Skinner (1953) que se tornou o mais importante representante da escola comportamental.

Na África do Sul, Joseph Wolpe em estudos realizados, deu origem a uma série de métodos comportamentais de tratamento. Temos, portanto, que os métodos de tratamento utilizados em terapia comportamental provêm dos sistemas de condicionamento "clássico operante" e da aprendizagem social de Albert Bandura (1977) que defendia que em situações sociais aprendemos pela imitação, observação e reprodução dos comportamentos dos outros. Segundo Bandura, é possível aprender uma variedade de comportamentos, desde os mais simples aos mais complexos, sem que os experimentemos.

A avaliação comportamental possui quatro características fundamentais: os acontecimentos observáveis; as atitudes globais do indivíduo que é uma amostra representativa; a variação do comportamento do indivíduo em função dos estímulos externos que o rodeiam que é a relação entre o meio ambiente e o comportamento que são as relações funcionais. Por último, a ligação entre avaliação e tratamento onde pode ser mensuráveis em qualquer acompanhamento comportamental.

No comportamento humano, temos a ação do neurônio espelho. Estudos provam que comportamentos são contagiosos. O neurônio espelho é capaz de rastrear o fluxo emocional e até os movimentos e intenções das pessoas ao nosso redor.

Nosso comportamento é ditado por vários fatores que interagem em nossa mente. O ambiente social, alguns fatores que promovem o estresse, pressão e etc. Nas pessoas violentas, criminosas, há sem dúvida o fator genético (HTR 2B).

Como já vimos, as variações comportamentais são estimuladas por vários fatores como por exemplo a música. A música melhora o humor, fato comprovado por pesquisadores da Universidade de Mc Gill no Canadá. A música eleva a produção de imunoglobina "A" e de células brancas que defendem o organismo contra germes e bactérias, reduz o nível de cortisol que é o hormônio do estresse e eleva o nível de oxitocina que é o produtor de bem-estar, melhorando o humor e facilitando as interações sociais.

De qualquer forma, qualquer que seja a razão para um comportamento inaceitável, é imaturo dizer que é incurável porque muito se tem a descobrir.

"Entregue a todos os seus temores, suas reticências e suas fraquezas, o homem é sempre chamado na correnteza da vida a decidir entre o bem e o mal em meio às tentações da ambição, do poder, do "ter" ao invés do "ser". Concomitantemente, estará ele respirando os ares da ira, da inveja, do orgulho, da vaidade, da prepotência e das paixões desenfreadamente destruidoras, tudo a emaranhá-lo na possibilidade sempre presente do retrocesso moral e espiritual e na sua própria queda ao abismo da criminalidade". (Newton Fernandes e Valter Fernandes.)

Com análise de pesquisadores e estudiosos do passado, bem como do presente entendemos que a missão de um treinador comportamental é árdua, mas não impossível. Entender os porquês dos comportamentos e conhecer as ferramentas e as metodologias e usando-as de maneiras corretas é o grande segredo do sucesso nessa carreira tão nobre.

É imprescindível que essa seja a paixão de quem abraça essa carreira. Essa paixão que vai se transformando em energia e dando forças poderosas que fará com que esse Ser transforme outros Seres melhores, que busque sempre mais e mais conhecimento. Que melhore cada vez mais, que se lapide antes de lapidar e seja uma águia no seu caminhar.

Modelo de excelência no treinamento comportamental

1. Gostar de pessoas
2. Ser educado financeiramente
3. Ter metas definidas e foco
4. Planejamento
5. Estratégias
6. Garra
7. Entusiasmo
8. Perseverança
9. Conhecimento em comportamentos
10. Congruência

Minha vida empresarial.

Minha vida como treinadora comportamental nasceu da necessidade de conhecer o ser humano como Pessoa que ajuda a formar o corpo de minha Organização empresarial. Já minha vida empreendedora nasceu de uma necessidade de ordem financeira. Entrei no mundo empresarial, sem saber absolutamente nada sobre o mundo corporativo, hoje domino praticamente tudo, vendas, finanças, impostos, tributos, contabilidade, licenças ambientais e outras que meu negocio exige: alvarás, certificações e etc. Busquei conhecimento em gestão empresarial. Conheço os processos, tais como: organograma, macrofluxograma, requisitos da ISO 9.001, trabalho com o modelo MEG (Modelo de Excelência em Gestão) planejamento estratégico, aprendi a trabalhar com indicadores, entendo de Recursos Humanos. Isso me leva a crer que qualquer pessoa que queira ardentemente ter sucesso nessa carreira certamente conseguirá.

Não é fácil, mas é possível e no fim de tudo a recompensa é sempre maior. Quando você vê alguém que você ajudou a mudar seu comportamento e o transformou em uma pessoa melhor, isso não tem preço.
SUCESSSO!!!!

19

O *coaching* e a resiliência

*"Aquele que conhece os outros é sábio.
Aquele que conhece a si mesmo é iluminado.
Aquele que vence os outros é forte.
Aquele que vence a si mesmo é poderoso."*

Lao Tsé

Érika Stancolovich

Érika Stancolovich

Doutora em Psicanálise. Mestre em Educação e Psicanálise. Possui Graduação em Letras (Português/Inglês), Pedagogia Pós-Graduação em Supervisão Escolar, Língua Portuguesa, Psicopedagogia e Docência no Ensino Superior. Especialização em andamento em Neuropsicopedagogia. É formada em Psicanálise (CBP 01248/SP). É Oficial (Tenente) da Força Aérea Brasileira. Pesquisadora dos Distúrbios Emocionais, dos Transtornos e Distúrbios de Aprendizagem e das Práticas Psicopedagógicas. Pesquisadora sobre a Resiliência. Vários projetos na Área Educacional. Palestrante. Escritora. Destaque de Professora do Ano. Diploma Honra ao Mérito da Academia Taubateana de Letras. Menção Honrosa recebida pelo Comandante da Escola de Especialistas de Aeronáutica. Fundamentalmente FELIZ!

Contatos
http://www.stancolovich.com.br/
erikastancolovichcontato@gmail.com
www.facebook.com/erika.veiga.7
www.facebook.com/pages/Palestrante-Érika-Stancolovich/348788761957883
(12) 98112-9242

Érika Stancolovich

"Conheça-te a ti mesmo..."

Esta inscrição encontrada na antiga Grécia era o princípio das crenças de Sócrates, e nos reforça que o autoconhecimento é a base necessária para gerar mudanças positivas em nossas vidas. Podemos buscar respostas em diversas fontes, mas o que precisamos verdadeiramente está dentro de nós. E o método de *coaching* pode nos ajudar a entender esse processo e nos auxiliar em nossa caminhada rumo aos nossos propósitos de vida.

Como algumas pessoas conseguem enfrentar situações adversas ao desenvolvimento humano? Por que alguns são mais vulneráveis que outros diante de situações de risco? Por que outros indivíduos apresentam invulnerabilidade e competência para manejar situações estressantes? Como alguns seres humanos podem se recuperar de grandes perdas materiais e/ou emocionais? Quais seriam as variáveis que possibilitam a alguns superar seus desafios de forma a estes não interferirem no desenvolvimento emocional posterior? Eu escolho estar nessa situação ou não?

Ser uma pessoa resiliente é descobrir a capacidade de enfrentar traumas, crises, perdas, desafios, entendendo as situações e recuperando-se diante delas. Posso me fazer de vítima, colocar a culpa no outro e até mesmo não fazer nada, a escolha é minha.

Independentemente de sua condição social, faixa etária, religião, costumes ou crenças, estamos vivendo em uma sociedade onde um dos nossos piores "inimigos" por assim dizer está em nosso convívio constante e próximo: nós mesmos.

Quando não sabemos reagir diante de uma dificuldade ou adversidade; quando escolhemos não enfrentar os problemas que nos cercam; quando preferimos nos vitimizar ou culpar os outros e com isso esquecermos de <u>viver a nossa vida</u>; quando não sabemos gerenciar os nossos pensamentos e as nossas emoções em prol de nossa qualidade de vida. E quando isso acontece, acarreta para o nosso corpo sintomas psicossomáticos, que nada mais são do que reações do organismo, alertas de que precisamos mudar a nossa forma de encarar as situações. O quadro pode ser um caos, mas mesmo para entender e enfrentar o caos, você precisa reagir e agir. Para isso é importante nos conhecermos bem, para conseguirmos trabalhar a resiliência dentro do nosso EU.

Manual completo de treinamentos comportamentais

O despertar é algo interno e intrínseco que pode ser acessado somente por nós mesmos, com a chave do autoconhecimento, quando nos permitimos vivenciar as situações a que somos submetidos transformando conhecimento em comportamento.

E após reconhecer a sua resiliência, você estará mais propício a entender o outro, a conviver melhor com as diferenças, e com isso ter sucesso em suas relações, sejam pessoais, sociais, familiares, gerando um equilíbrio para os campos financeiros, emocionais, entre outros.

O tempo que rege o resiliente é o presente. Comece agora a mudar a situação indesejada: estude, trabalhe, viaje, dance, seja livre. Estabeleça vínculos com pessoas que representam coragem, alegria e estímulo. A melhor saída é sempre aquela que você encontra. Lembre-se de como as conquistou e veja que pode ousar de novo. Isso traz autoconfiança. Não pense só em você, mas nos que vão se beneficiar da sua conquista ou tomar sua história como exemplo.

É necessário aprender a enfrentar a vida, pois somente você pode encontrar formas de transformar sua vida, para o bem ou para o mal.

Deixar os pensamentos ruins de lado é um bom início para as mudanças, pois quem perde tempo com negatividade não tem tempo para desfrutar os encantos oferecidos pela vida, contemplar o belo, muito menos de enxergar as coisas boas e simples que acontecem ao nosso redor, como abraçar, conversar, sentar à sombra, e que nos trazem alento e alegria. A resiliência é algo concreto a todos nós. Entregue-se ao seu SER, com vontade, não faça pela metade, faça já!

Convido você a fazer o teste abaixo como forma de reflexão. São 10 afirmativas, e baseado em uma escala de 1 (discordo radicalmente) até 5 (concordo plenamente), pontue abaixo, marcando um "X" no valor que você acredita mais se aproxima da sua opinião.

Seja sincero na pontuação, o exercício é para VOCÊ, para que visualize seu estágio atual e possa traçar um plano de melhoria. Resilientes possuem um propósito de vida, e com esta autorreflexão desejo que você consiga avaliar o seu e atingi-lo o mais breve possível.

1. Sempre estou procurando novas formas de melhorar a minha vida.

1	2	3	4	5
Discordo radicalmente				Concordo plenamente

2. Sempre estou procurando novas formas de melhorar a vida das pessoas ao meu redor.

1	2	3	4	5
Discordo radicalmente				Concordo plenamente

3. Busco com que os meus sonhos se tornem realidade.

1	2	3	4	5
Discordo radicalmente				Concordo plenamente

4. Quando vejo algo errado, corrijo imediatamente.

1	2	3	4	5
Discordo radicalmente				Concordo plenamente

5. Não desisto do que quero facilmente.

1	2	3	4	5
Discordo radicalmente				Concordo plenamente

6. Sei o que sou e o que quero para a minha vida.

1	2	3	4	5
Discordo radicalmente				Concordo plenamente

7. Eu sou uma pessoa criativa, dinâmica e proativa.

1	2	3	4	5
Discordo radicalmente				Concordo plenamente

8. Estou buscando novas formas de se fazer as coisas.

1	2	3	4	5
Discordo radicalmente				Concordo plenamente

9. Quando sei onde quero chegar, nenhum obstáculo me detém.

1	2	3	4	5
Discordo radicalmente				Concordo plenamente

10. Sempre procuro fazer o meu melhor, em tudo que me propuser a fazer, independente se as pessoas irão reconhecer meu trabalho ou não.

1	2	3	4	5
Discordo radicalmente				Concordo plenamente

Entender como a mudança se dá, como a mudança pode nos apoiar no processo da vida é usar o *coaching* como uma ferramenta ou metodologia, afim de potencializar as mudanças.

A questão é: que mudanças você está interessado em produzir? Como trabalhar o motor de sua mudança, motivação para colocar um novo "gás" para vencer seus desafios? O *coaching* vai lidar com o nosso campo equilibrado de prospecção de futuro, desejos, sonhos... Ao contrário da terapia que lida com o nosso campo desequilibrado, as dores e traumas que precisamos superar, como podemos nos tornar resilientes.

O *coaching* serve para a clareza de propósitos, alinhar à nova realidade, enquanto não sabemos o que queremos, quando não temos uma direção a seguir. Todos os dias ao acordar abrimos os nossos olhos. Imagine seus olhos como setas e que, ao abri-los, a seta é lançada. Sem um alvo, a seta é lançada em vão. O mesmo acontece com nossa vida. Se não sabemos o alvo que queremos acertar, perdemos lançamentos em vão, desperdiçando energia e qualidade de vida.

É importante termos clareza da forma mais adequada que temos para realizar algo, entendimento dos métodos que precisaremos utilizar para alcançarmos os propósitos de vida. E às vezes precisamos parar e verificar se o método que estamos usando está sendo eficiente para nos levar onde queremos. A escolha de um método não nos coloca a prova de erros. Nós vamos errar, somos humanos, e a perfeição é utopia. O que precisamos é não incorrer nos mesmos erros e considerar o erro como parte integrante do ciclo para evoluir no método e nas escolhas. Errar é parte do processo de acertar.

"Se você não sabe onde quer chegar, qualquer caminho serve"
extraído da fábula Alice no País das Maravilhas"

Eis o paradoxo da mudança: é importante mudar para ser quem é, para deixar de ser quem não é. Precisamos nos descobrir, o autoconhecimento é tudo. É fundamental saber quem somos, onde estamos e o que queremos. A partir de mim, começo a entender melhor o outro, a vida, os relacionamentos, minhas limitações e o meu jeito de SER no mundo.

Assim, a mudança acontece naturalmente, sem pressão, mas por perceber as questões essenciais que fazem parte da vida. Lembre-se: o que eu quero ser depende do quanto eu estou realizando no meu dia a dia para isso acontecer. Se quer algo, construa!

"Quanto mais alto seu nível de energia, mais eficiente seu corpo. Quanto mais eficiente o seu corpo, melhor você se sentirá e mais você utilizará seu talento para produzir resultados extraordinários."
Anthony Robbins

O *coach* procura transmitir capacidades ou técnicas que <u>melhorem as capacidades profissionais e pessoais do indivíduo</u>, visando a satisfação de objetivos definidos por ambos. Considerando ideias como a de que o simples fato de compartilhar pensamentos que estão soltos e organizá-los em um plano de ação é o primeiro passo para a concretização de objetivos.

Manual completo de treinamentos comportamentais

Sugiro o seguinte exercício: invista um TEMPO para VOCÊ e se olhe no espelho. Confira quanto tempo consegue olhar para VOCÊ e depois responda mentalmente as seguintes perguntas: Você gostou de se olhar? O que você sentiu ao se olhar? O que percebeu em você que não tinha percebido antes? O que veio à sua mente quando você se olhou? Escreva suas impressões sobre você mesmo e peça a uma pessoa de confiança para ler e comentar (sem que ela saiba que são as suas impressões). Ouça o que ela tem a dizer sobre as impressões relatadas. Com isso, você conseguirá perceber melhor como as pessoas o veem.

A primeira mudança que deve acontecer em nossas vidas é a mudança interna. O que eu quero ser, onde e com quem eu desejo estar precisam estar condizentes com as nossas ações. Para saber se estamos no caminho certo para concretização de nossos propósitos de vida, recorra novamente ao espelho e pergunte: quando me olho no espelho, sinto orgulho de mim? Gosto do que vejo? Tenho bons pensamentos em relação a minha imagem? Vejo-me motivada? Se você respondeu não a pelo menos uma das perguntas, é hora de rever URGENTE as suas atitudes, você precisa mudar este quadro. Pois ser resiliente é uma escolha de vida. E após se perceber, reveja o que pode ser mudado ou descartado da sua vida, e tenha CORAGEM para fazer.

O processo de *Coaching* propõe-se a ser uma relação de parceria que permite o verdadeiro potencial das pessoas ser revelado e melhorar substancialmente o resultado alcançado por elas.

É transformar sonhos e possibilidades em realidade. Este processo ajuda o indivíduo a desenvolver as habilidades, competências e potencialidades, tornando-o mais eficiente, seguro e pronto para enfrentar os desafios do mercado de trabalho e dos relacionamentos pessoais e familiares.

Os benefícios de utilizar a ferramenta de *coaching* são inúmeros. Minha intenção não é enumerá-los, e sim provocar a sua reflexão para a mudança que precisa fazer em sua vida. A decisão é sempre sua! Então como vai SER?

> *"O dia está na minha frente esperando para ser o que eu quiser. E aqui estou eu, o escultor que pode dar forma. Tudo depende só de mim."*
> Charles Chaplin

21

Sua vida é dirigida pelos seus pensamentos

Caro leitor, convido você a refletir, neste capítulo, sobre a importância dos pensamentos em nosso comportamento. Quero aconselhá-lo a buscar dirigir-se a si mesmo para obter equilíbrio nas relações de trabalho, família e outros

Fabiano Gallucci

Fabiano Gallucci

Experiência no mundo dos negócios e do empreendedorismo. Dez anos como sócio e proprietário de empresa, microempreendedor individual por sete anos. Em 2012 foi vice-presidente da Adhonep – Associação de Homens de Negócio do Evangelho Pleno (Capítulo 241), ocasião em que teve a oportunidade de pesquisar e estudar materiais voltados ao comportamento humano e aplicar o conteúdo nas próprias reuniões da associação. É membro da Sociedade Brasileira de Coaching, onde possui duas certificações *"Personal & Professional Coaching"* e *"Xtreme Positive Coaching"*. É fundador da T&D-livros, projeto que tem como objetivo direcionar e promover palestras, livros, assessoria em *coaching* e materiais de orientação ao desenvolvimento humano (pessoal/profissional).

Contatos
fabianogallucci@gmail.com
www.facebook.com.br/livros.fabiano.gallucci
(16) 99993-3969

Fabiano Gallucci

Antes de começar quero falar um pouco desta excelente obra *Treinamentos Comportamentais*. Aqui você encontra vários autores que contribuem para o mesmo tema, o que o torna muito rico; estou certo de que cada capítulo tem algo de bom a lhe acrescentar, boa leitura.

Acredito que o comportamento é algo muito valioso do ser humano e assim deve ser tratado por nós. Precisamos ter uma atenção especial a indivíduos com péssimos comportamentos, que podem arruinar a vida nas mais diversas áreas pessoais e também profissionais. No dia a dia costumamos ver inúmeras desculpas para maus comportamentos, mas o que existe na verdade, por trás, é um certo desequilíbrio dos indivíduos, resultando em comportamento inadequado.

Esse desequilíbrio pode se originar de vários fatores, como grau de maturidade mental e pessoal do indivíduo - assunto abordado aqui - mas também de doenças como problemas psicológicos, transtorno de personalidade e outras que nem vou citar porque não é o caso, mas apenas para constar por que tais doenças refletem diretamente no comportamento.

Mais adiante, vamos ver o que o dicionário diz a respeito de comportamento inadequado.

O mesmo que má conduta, atuação ruim.

Preste atenção ao que temos aqui: conduta e atuação. Indivíduos seguros de si carregam essa responsabilidade e tendem a ter os melhores comportamentos. E é aí que quero fazer você refletir e tentar se preparar o melhor possível e nas mais diversas circunstâncias; nem sempre é fácil, é claro, há momentos em nossa vida muito difíceis, porém se buscarmos nos preparar, as chances de sucesso aumentam.

Faça uma pergunta a si mesmo, como tenho me comportado em minhas relações de trabalho, família e outros? Por onde andam meus pensamentos diariamente? Estou preparado para variadas situações de trabalho, família e outros que já assumi na minha vida ou o meu dia a dia está repleto de desculpas e fracassos?

Não sei suas respostas, mas o foco é estar equilibrado e administrar tais situações. Toda pessoa tem áreas vulneráveis, no entanto

Manual completo de treinamentos comportamentais

a conquista de si mesmo é uma busca diária que exige de nós três características: esforço, atenção e disciplina, esse é o começo de tudo.

> *A verdadeira grandeza do homem são o domínio e o controle dos seus sentimentos, o "domínio próprio".*

As pessoas com esse perfil procuram controlar-se, assim como seus pensamentos e buscam conhecer suas fraquezas, elas fazem um autoexame com frequência para descobrir tanto o seu lado bom quanto o ruim, com o intuito de atacar e remediar o ruim antes que ocorra um desastre pessoal ou profissional.

Em cargos de liderança, muitos especialistas recomendam aos profissionais essa capacidade de conhecer seus pontos fortes e fracos, pois nesses cargos as características pessoais entram em jogo para valer.

Para você entender melhor toda essa linha de raciocínio, confira abaixo as descrições e faça um autoexame, indique em seu caso como forte ou fraco, são exemplos de comportamentos essenciais para realização e sucesso dentro de um ambiente de trabalho, independentemente do cargo.

Gostar de acreditar em grupos

Respeito pelas características das pessoas

Paciência

Persistência

Coragem

Capacidade de se disciplinar

Prestação de contas

Postura racional

Meus pontos fortes	Meus pontos fracos

Vamos refletir, exemplo a exemplo, a partir do modelo citado acima, sobre o que cada um pode nos proporcionar, sendo ponto forte nas nossas características:

Gostar e acreditar em grupos — Eles proporcionam mais recursos, ideias e energia.

Respeito pelas características das pessoas — Conviver com as diferenças se torna importante para a nossa vida e adquirimos mais amigos.

Paciência — Para alcançar objetivos é necessário passar por obstáculos; sem paciência não se avança. Em outras palavras, a atribulação do dia a dia pode nos fazer crescer em direção à maturidade de vida, ao relacionamento com o próximo, consigo mesmo, e muito mais.

Persistência — A realização pessoal depende de um comportamento persistente.

Coragem — Sua vida se expande na proporção de sua coragem. Uma pessoa corajosa é uma pessoa que, mesmo com medo, faz o que tem a fazer.

Capacidade de se disciplinar — Você pode até ter talento, mas não sustentará o sucesso por muito tempo se não tiver disciplina. A disciplina é o preço para uma vida de excelência.

Prestação de contas — Nem sempre gostamos disso, mas prestar contas é um ato benéfico para a promoção da nossa imagem e conceito positivo.

Postura racional — É ir muito além da capacidade de discernir o certo do errado, é colocar em cena suas noções de sabedoria e de razoabilidade.

Prestou atenção a como é importante a reflexão e um autoexame. Todos nós temos uma meta de vida, que é "terminar bem", e isso fica claro quando se olha e examina a nós mesmos. Na vida profissional e pessoal, procure saber o que é preciso para se destacar como forte e quais são os outros pontos essenciais que não foram desenvolvidos. Procure conseguir sabedoria e compreensão para alcançar o sucesso desejado.

Volte o olhar sempre para si mesmo em suas convicções pessoais e seus valores, pois eles norteiam os caminhos e as nossas ações.

Controle os pensamentos a favor dos seus objetivos na vida; ocupe a sua mente com tudo o que irá ajudá-lo nisso, olhe firme para a frente, com toda a confiança; seja analítico; e pense bem sempre no que você tem a fazer; assim, seus planos darão certo. Evite o mal e não se desvie do caminho certo.

Leia bastante, informe-se sobre: vida saudável, sua profissão, conhecimentos gerais e a Bíblia Sagrada de Deus, que mostra o que fazer e também o que não fazer na estrada da vida.

Faça da vida um aprendizado.

Sucesso!

Referência
Provérbios 4:23

20

Liderança integral: uma compreensão transpessoal das organizações

Liderar pessoas com sucesso é uma arte. Como um bom artista dedicado, na maioria das vezes ele pode nascer ou desenvolver o dom da arte. Sendo assim, esse talento para fazer sucesso necessita ser reconhecido e ser lapidado. Para lapidar o dom é necessário recorrer a técnicas existentes e também aquelas que serão elaboradas durante o percurso do sucesso

**Fábio Lessa,
João Américo Covasque Ribeiro
& Thaís R. Scapini**

Fábio Lessa Peres

Psicólogo (CRP-12/08899) formado pela Universidade Federal de Santa Catarina, onde também realizou mestrado na área de Educação e Comunicação. É especialista em Psicologia Transpessoal, desenvolvendo atendimentos individuais na clínica psicológica e atividades com grupos nas áreas da psicologia escolar, comunitária, clínica e organizacional. Atuou na elaboração do projeto de Desenvolvimento de Lideranças do SESI-SC, ganhou o edital nacional de inovação SESI/SENAI de 2012, através da aplicação da abordagem integral a um modelo de desenvolvimento em gestão de pessoas. Estudioso da obra do filósofo Ken Wilber, e das possibilidades da aplicabilidade da teoria integral ao desenvolvimento humano em geral. Atualmente é psicólogo efetivo da Prefeitura Municipal de Florianópolis, na qual coordenou o setor de medidas socioeducativas no ano de 2014, e segue desenvolvendo trabalhos com grupos de adolescentes e famílias.

Contatos
www.psico-onlne.psc.br
peres.fabio@gmail.com
flp100@hotmail.com (Skype)

www.facebook.com/psicoonline2
(48) 8821-5095

João Américo Covasque Ribeiro

Pedagogo formado pela Universidade do Norte do Paraná (UNOPAR). Especialista em Psicologia Transpessoal, Psicanalista Clínico. Formação em Reprogramação Biológica baseado na Nova Medicina Germânica. Formado em Hipnologia clínica pelo Instituto Brasileiro de Hipnologia. Atuante na área clínica em programa de desenvolvimento mental. Atuou de 2008 a 2013 como Gestor na Empresa Brasileira de CORREIOS e TELÉGRAFOS com CERTIFICAÇÃO em PADRONIZAÇÃO DO PROCESSO PRODUTIVO com ênfase e sucesso na gestão humana. Atuou na ABIJCSUD voluntariamente em trabalhos humanitários de 1995 a 2012 como palestrante e treinador para grandes grupos em área motivacional, orientador em desenvolvimento educacional, profissional, conjugal e outras áreas humanas.

Contatos
www.jcovasque.com
www.facebook.com/JCovasque
(48) 3028-0998
(48) 9627-1972

Thaís R. Scapini

Orientadora profissional, *Personal & Professional Coach* pela Sociedade Brasileira de Coaching, graduada em administração de empresas pela Universidade Estadual de Santa Catarina UDESC/ESAG. Realiza palestras e *workshops* abordando temas de autoconhecimento e desenvolvimento humano; atendimentos para jovens e adultos que buscam mudanças profissionais e também adolescentes em fase de escolha da profissão, por meio de orientações individuais e para grupos em escolas.

Contatos
contato.orientando@gmail.com
Skype: thaisrs_
(48) 8435-7299

Fábio Lessa, João Américo Covasque Ribeiro & Thaís R. Scapini

Liderar pessoas com sucesso é uma arte. Como um bom artista dedicado, na maioria das vezes ele pode nascer ou desenvolver o dom da arte. Sendo assim, esse talento para fazer sucesso necessita ser reconhecido e ser lapidado. Para lapidar o dom é necessário recorrer a técnicas existentes e também aquelas que serão elaboradas durante o percurso do sucesso. Embora não exista um modelo único e perfeito de liderança, quanto mais ampla se torna a visão do líder mais chance haverá de alcançar o sucesso pretendido. O uso da palavra sucesso, se refere a um objetivo a alcançar, chegar a algum "lugar". Esse chegar a algum "lugar", somente fará sentido em relação ao sucesso de um líder, se ele levar ao alcance do objetivo todo o grupo que está sob seu comando, juntos e em harmonia. Portanto, quanto mais visão, melhor. Para nos ajudar com isso, recorremos à orientação de um filosofo chamado Ken Wilber que nos trás um modelo de liderança denominado Liderança Integral.

O modelo de liderança integral representa uma visão de mundo extremamente atual, que procura contemplar as transformações sociais, tecnológicas e culturais vivenciadas pela contemporaneidade. Criada pelo filósofo Ken Wilber, a Teoria Integral está em pleno desenvolvimento, o mesmo autor propõe um sistema de exploração e desenvolvimento dos potenciais humanos, que podem ser adquiridos a partir de infinitas possibilidades de se relacionar com saberes, provindos das mais diversas culturas do planeta. Um mapa integral que leve em conta todos os sistemas e modelos conhecidos do desenvolvimento humano.

Algo que é importante deixar claro é que o modelo de liderança integral não considera existir um modelo ideal de líder, assim como não existe uma abordagem de desenvolvimento de lideranças que seja porta-voz de todas as verdades. A abordagem integral se propõe a ser um mapa, procura levar em consideração todas as teorias de desenvolvimento de lideranças como complementares, identificando a real contribuição de cada uma dentro do modelo de desenvolvimento integral.

Nos processos integrais de liderança o líder é uma parte do seguidor e vice-versa: os seguidores são integrantes da liderança. Portanto, ambos são fenômenos interligados. Pode-se afirmar que se refere a um processo de desenvolvimento interpessoal.

O que é um mapa integral?

O mapa integral é um mapa geral e amplo do ser humano. Ele é composto por cinco elementos denominados quadrantes, níveis, linhas, estados e tipos. Duas lentes de base que a estrutura integral diferencia são a dimensão interior / exterior e a dimensão individual / coletivo. O cruzamento dessas lentes resultam em quatro quadrantes ou domínios que representam quatro diferentes perspectivas. Estes incluem o interior do indivíduo ou autoconsciência (EU), exterior do indivíduo ou comportamento como promulgação (ELE), interior do coletivo ou cultura (NÓS) e exterior do coletivo ou do sistema (ELES).

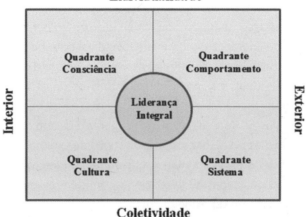

O primeiro quadrante representa os aspectos individuais / internos de uma pessoa (ou líder/seguidor) e envolve a sua realidade intrapessoal ou interna. Isto inclui valores pessoais, a atitude, a intenção e significados, assim como várias experiências são interpretadas a partir do nível de desenvolvimento da consciência do líder. Neste quadrante, o foco está em ajudar os líderes da organização em discernir seu estilo de liderança para que adquiram mais conhecimento sobre si e seu impacto sobre os outros.

O segundo quadrante trata os aspectos individuais externos de liderança ou seguidores. A área de conhecimento individual, habilidades concretas e desempenho de líderes e seguidores como agentes que podem ser medidos e refinados. Oportunidades de treinamento e incremento que podem apoiar o desenvolvimento de competências e desempenho de pico são parte deste quadrante, bem como o planejamento, *coaching*, tomada de decisão, e qualquer habilidade que desenvolve atuação individual efetiva e prática no contexto de uma organização.

O terceiro quadrante compreende o mundo intersubjetivo da história comum, mitos, histórias, valores e normas são todos partes deste quadrante, de modo que abrange dimensões culturais, tais como lidar com a identidade do grupo e sentido de tomada de decisões. Este quadrante também inclui níveis de consciência expressos no nível coletivo cultural. Como uma forma de "gestão de pessoas", a liderança pode estimular o desenvolvimento dos colaboradores para garantir que eles cultivem um trabalho em equipe e comunicação – via retroalimentação (*feedback*) - para que se sintam valorizadas, e ao mesmo tempo, eles estão desenvolvendo sua contribuição para a equipe e para a organização.

O quarto quadrante abrange os aspectos coletivos externos da liderança. Este é o mundo objetivo dos recursos, ferramentas, tecnologias, projetos organizacionais, estratégicos planos, procedimentos de fluxo de trabalho ou políticas e regras formais. Ele é também formado por condições institucionais, restrições e influências externas como os recursos naturais e todos os processos financeiros e programas de remuneração, bem como as quantidades e as qualidades de saídas, produtividade e eficiência. Como este reino pode ser apreendido a partir do exterior, este mundo coletivo se refere ao que é tangível, mensurável e quantificável. Por conseguinte, a liderança aqui é mais susceptível de ser associada com um sistema de transformação.

Todos os quatro quadrantes delinearam o desenvolvimento, o crescimento, ou evolução da liderança. Isto é, todos eles apresentam alguns níveis de desenvolvimento, não como degraus rígidos em uma escada, mas se desenrolam como fluídos e ondas de escoamento. Assim, o modelo pode ser estendido dinamicamente por uma série de diferentes linhas e níveis de desenvolvimento de líderes e de liderança.

Como funcionam as linhas e os níveis de desenvolvimento?

As linhas de desenvolvimento dizem respeito a competências específicas, como cognitiva (pensamento estratégico), emocionais (inteligência emocional), interpessoal (consciência social, empatia), comportamentais (gerencial), intelectual (conhecimento e aprendizagem) valores (éticas/moral). Assim, as linhas de desenvolvimento crescem ao longo do tempo, através do aumento de níveis complexos de educação, maturidade e habilidade. Também há "linhas atrasadas" que representam áreas específicas com baixo nível de desenvolvimento, respectivamente de seguidores ou processos de liderança. Estas devem ser identificadas e estimuladas a fim de serem desenvolvidas.

A Figura apresenta uma representação de várias fases de desenvolvimento, e linhas, no contexto dos domínios da consciência, comportamento, cultura e sistema. Com isto existe a necessidade de identificar e avaliar, assim como medem os níveis de proficiência em cada linha principal de desenvolvimento de líderes, bem como dos seus seguidores.

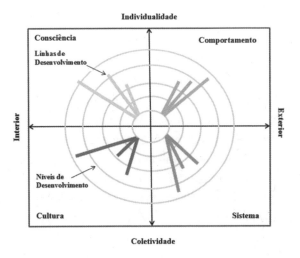

As linhas ou correntes de desenvolvimento (inteligências múltiplas) ocorrem nos quatro quadrantes, e crescem através de níveis. A mudança de estágios ocorre quando existe uma mudança significativa no estado de consciência básico da liderança, o que permite uma mudança de perspectiva em relação a cada um dos aspectos descritos pela estrutura dos quadrantes. Os diferentes tipos psicológicos da equipe respondem de maneira particular ao estímulo de desenvolvimento em cada um dos níveis.

Desta maneira, é papel da liderança, identificar os diferentes tipos ou perfis psicológicos dentro de sua equipe, e saber favorecer os ambientes que propiciem os estados de consciência específicos para o desenvolvimento individual e coletivo.

Partindo-se de uma autoimagem fiel a cada estágio de desenvolvimento, a partir destes cinco elementos propostos, pode-se traçar um plano ou estratégia de crescimento e transformação em direção à capacidade de exercer a autoliderança, estabelecendo metas e prevendo uma adequada evolução de cada um dos aspectos deficitários. A partir da elaboração de um planejamento de ações denominado prática da liderança integral.

Assim, os processos dinâmicos de líderes e liderança, bem como de seguidores, podem ser avaliados de maneira geral, considerando as fases e as linhas de desenvolvimento de um ciclo integral. Ao utilizar uma abordagem integral, líderes e membros da organização podem não apenas categorizar conceitos existentes, mas também usar diagnósticos, prognósticos de qualidades interpretativas de uma abordagem integral.

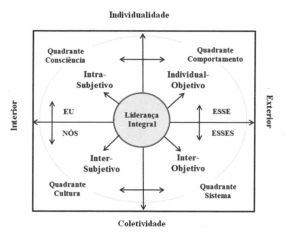

Figura 2: Modelo Multidimensional e Multilevel da Liderança Integral (Ken Wilber: 2000)

Em outras palavras, os líderes eficazes e bem-sucedidos e processos de liderança do século 21 serão aqueles que entendem, promovem e ajudam a criar e aprovar uma maneira mais integral de liderar e seguir. Assim, o processo de desenvolvimento da liderança integral na prática, é um projeto de longo prazo que requer muito esforço, tempo, aprendizagem, atualização contínua modificação, e *feedback*.

Uma orientação de liderança integral é um convite aberto para ajudar a encontrar novas maneiras de ver os problemas, fazer perguntas e criar soluções inovadoras e, assim, decretar um movimento mais profundo, mais rico e infinitamente mais interligado, através da compreensão de que a liderança implica em um processo integral.

Como se dá o desenvolvimento da liderança integral na prática?

O método aplicado no decorrer do processo de desenvolvimento integral da liderança parte do autoconhecimento. De acordo com a abordagem integral, nós não mudamos aquilo que não temos consciência. Desta maneira, descobrir os pontos fortes e fracos da liderança é o ponto de partida deste processo.

Nesta etapa serão utilizadas técnicas e dinâmicas que estimulem o líder no sentido da ampliação da consciência de si mesmo, permitindo que se estabeleça algumas metas para o trabalho. A partir da conscientização destes aspectos, se estrutura um planejamento de ações pessoais denominado prática da liderança integral.

Neste processo pretende-se trazer para o comportamento imediato as questões identificadas na etapa anterior, através do estabelecimento de atividades, práticas e ações, nas quais a liderança tem a oportunidade de implementar novas posturas, hábitos e propostas em sua vida profissional.

Além da influência gerada pelo exemplo do comportamento, cria-se um campo simbólico de novos sentidos e significados compartilhados, onde se dá o aspecto cultural do trabalho. Este pode ser percebido através do reflexo da mudança do comportamento nos relacionamentos, possibilitando que um novo padrão de respostas surja dentro da equipe.

Desta forma, é possível promover transformações sistêmicas em uma escala mais ampla, a partir da interação com os sistemas socioambientais nos quais está inserida a prática da liderança. Empregando o quadro proposto, a teoria e a prática da liderança integral poderia fornecer uma base para uma sociedade mais sustentável e gratificante. Tal liderança 'sábia' enquanto prática, compreende, representa e influencia o desenvolvimento dos indivíduos, equipes e organizações e suas várias dimensões relevantes integralmente.

Pode-se entender que a proposta de desenvolvimento prevista pelo trabalho da liderança integral contempla não apenas um padrão de transformação pessoais, mas o desenvolvimento de novos padrões mentais, comportamentais, culturais e socioambientais.

Uma prática de liderança integral permite a exploração de orientações variadas de paradigmas, dentro do que se pode implicar em diferentes normas metodológicas e práticas sociais. Essa imersão com o constante reexaminar e questionar de pressupostos fundamentais de várias teorias e práticas permite a aprendizagem experiencial que eleva ainda mais o paradigma da consciência.

Um paradigma integral embute e não elimina os paradigmas e teorias anteriores e nem leva a um ecletismo. Transcendendo, mas incluindo, várias teorias, metodologias e conhecimentos, eles podem encontrar seu lugar em um mais amplo, esquema integral. Portanto, os paradigmas são realmente diferentes, mas são mutuamente constitutivos e interdependentes interligados em um processo de conhecimentos e metodologias caracterizadas por uma noção de complementaridades.

Pragmaticamente, uma abordagem integral auxilia a exploração e facilitação do desenvolvimento de uma compreensão que está mais em sintonia com a diversidade, complexidade e ambiguidade da vida organizacional correspondentes às práticas da liderança.

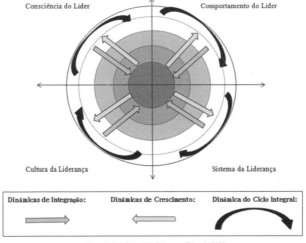

Figura 4: Ciclo Integral da Liderança (Edwards, 2005)

Referências

EDWARDS, M. *The Integral Holon: A Holonomic Approach to Organizational Change and Transformation*, Journal of Organizational Change Management 18(3): 269–88, 2005.

GARDNER, H. *Frames of Mind*. New York: Basic Books, 1983.

GEORGE, B. *Authentic Leadership: Rediscovering the secrets to creating lasting value*. San Francisco, CA. Jossey-Bass, 2003.

HERSEY, P., & BLANCHARD, K. H. *Life Cycle Theory of Leadership: Is There a Best Style of Leadership?* Training and Development Journal 79: 99–107, 1969.

KOHLBERG, L. *Essays on Moral Development*. San Francisco, CA: Harper, 1981.

PIAGET, J. *The Essential Piaget*. New York: Dover, 1977.

PUTZ, M & RAYNOR, M. *Integral leadership: Overcoming the paradox of growth*. Unpublished manuscript, 2004.

22

O perfil do vencedor
Muito além do DISC

Qual é o perfil que você quer para a vaga? Que tipo de pessoa você quer para a posição? Qual é o profissional ideal para a sua empresa? Essas perguntas são o mantra que todos os RHs do mundo repetem à exaustão sempre que uma vaga é aberta, principalmente quando a posição é para a área de gestão, ou liderança. Afinal, qual é o perfil correto? Qual é o perfil do vencedor? Isso existe, afinal?

Fábio Meneses

Fábio Meneses

Empresário e especialista na área de Desenvolvimento Humano, consultor de empresas, *Coach*, Palestrante e escritor. É C.E.O. da Innermetrix Brasil, com carreira de 25 anos nas áreas de educação e marketing com experiência na direção das grandes empresas do setor. Estudou Direito e Administração de Empresas.

Contatos
www.innermetrix.com.br
www.fabiomeneses.com.br
fabiomeneses@fabiomeneses.com.br
(11) 98722-2291

Fábio Meneses

Qual é o perfil que você quer para a vaga? Que tipo de pessoa você quer para a posição? Qual é o profissional ideal para a sua empresa? Essas perguntas são o mantra de todos os RHs do mundo, que o repetem à exaustão sempre que uma vaga é aberta, principalmente quando é para a área de gestão, ou liderança. E mesmo sendo questões amplamente conhecidas, a absoluta maioria dos empresários, diretores e gestores têm grande dificuldade em responder essas questões de maneira adequada e objetiva, e olham para os profissionais de RH, como se fossem eles que tivessem que lhes dar a fórmula mágica, o perfil perfeito, o perfil do vencedor! Afinal, todos buscam aquele profissional perfeito! Aquele que é altamente empreendedor, ambicioso, tem pensamento estratégico, é comunicativo, líder natural, e que demonstra grande estabilidade nos empregos anteriores, tem grande atenção aos detalhes, gosta de lidar com números fazer e analisar grandes e complexas planilhas e balanços, assim como escrever e ler relatórios complexos, e ainda é um apoiador da equipe, uma presença calmante, muito paciente, sabe escutar, seguir ordens e é "Go Getter", *workaholic*, porém equilibrado na sua vida pessoal...

O exagero aqui foi proposital, mas se você é um profissional de RH, já deve ter ouvido coisas muito próximas disso... Mas, afinal, qual é o perfil correto? Qual é o perfil do vencedor? Isso existe? E qual é a importância disso? Sim, existe! Sem dúvidas existem pessoas que possuem em si um perfil que pode ser considerado como vencedor, mas não é apenas um perfil! Ele não é um só, afinal existem várias maneiras de se ganhar um jogo, e existe uma infinidade de jogos e regras sendo jogados em cada empresa, em cada mercado, e o perfil de um vencedor numa empresa não quer dizer que será vencedor em outra. Vamos discutir quais as razões disso e como utilizar a tecnologia e a ciência ao invés do empirismo para definirmos isso neste capítulo; e o quão importante é isso. Quão fundamental é para sua empresa dominar essa tecnologia o quanto antes? Absolutamente fundamental! Todas as empresas contratam por currículo, analisam as experiências e competências, e demitem por comportamento, esse é um erro que literalmente, custa milhões às organizações de todo o mundo, sem falar no desgaste emocional envolvido. As más contratações e a falta de investimentos em treinamento e em tecnologias de recursos humanos é um mal silencioso que mata a grande maioria das empresas, que "de repente", perdem competitividade, lucratividade, se veem na obsolescência e tendem a desaparecer. Hoje a tecnologia é barata e pode ser implantada rapidamente por qualquer companhia, a única e verdadeira inovação que podem fazer para se destacar e se diferenciar das demais está nas suas pessoas, no seu time, na sua equipe, na sua retenção de talentos.

Atualmente essa consciência já está aumentando e muitos empresários já deixaram de encarar os investimentos em pessoal como custo e sim como investimento, mas ainda há muito o que se fazer e se desenvolver nessa área, mas hoje já existem tecnologias comprovadas que são ferramentas magníficas para auxiliar os empresários nas suas decisões para contratar, promover, demitir, além de treinar e desenvolver as pessoas de sua organização, tirando o empirismo e o *"feeling"* pessoal dessas decisões, o nível de sucesso aumenta em mais de setenta por cento! A teoria D.I.S.C. do Dr. William M. Marston, hoje de domínio público, é a base de várias dezenas de instrumentos informatizados que existem ao redor do mundo, como falei, (tecnologia barata e de fácil implementação), essas ferramentas também se popularizaram com a explosão do número de *coaches* e consultores de RH no Brasil. E, na maioria dos casos, esses instrumentos são o formato e definem muitas vezes o sim ou o não de um profissional, com seus gráficos e seus relatórios, várias empresas dão inclusive o descritivo ideal para cada profissão, o que é desejável e o que não é, bastando colocar o perfil do candidato ao gabarito do profissional ideal formatado e, assim, se define o "candidato ideal".

Eu já lido há mais de 20 anos com tais instrumentos na minha vida profissional, onde fui de vendedor a analista e diretor, dos tempos onde ainda se mandavam os resultados por fax. E, há dois anos, ao fazer a minha formação com o inventor do termo *"life coach"*, Anthony Robbins, ou Tony Robbins, como é mais conhecido, me deparei com o Innermetrix que é a ferramenta utilizada por ele e sua equipe em seus processos de *coaching* e consultoria, como conhecedor do assunto, estudei a fundo e é essa tecnologia que a minha empresa trouxe com exclusividade ao Brasil, (www.innermetrix.com.br), com a missão de ajudar as empresas a terem equipes adequadas, mais felizes e de alta performance. E é claro, com isso serem mais lucrativas e estarem à frente da concorrência. Mas independentemente de qual ferramenta opte utilizar em sua empresa, (acredito que é melhor usar qualquer ferramenta do que nenhuma), as ferramentas DISC e também os instrumentos mais profundos e precisos, que eu também irei falar aqui, irão ajudá-lo não só nos seus processos de recrutamento e seleção, mas em todo seu processo de retenção e desenvolvimento de talentos.

Como disse anteriormente, nós contratamos por currículo, experiência e competência e demitimos por comportamento. A ferramenta DISC vai justamente mostrar a você antes do candidato trabalhar na sua empresa, qual é a tendência de comportamento que ele apresentará, tanto no seu dia a dia, como também sob pressão, e isso já lhe dá duas grandes vantagens na hora de decidir: 1- Antecipa o comportamento do candidato. 2- O instrumento lhe mostrará coisas que certamente não mostra nos processos de entrevista e dinâmicas em grupo. E, talvez, a maior vantagem será poder decidir e contratar a pessoa certa para o perfil correto, independente do perfil do entrevistador, ou líder ou do empresário. As pessoas têm uma forte e clara tendência de gostar de indivíduos que são muito próximos a si mesmas em termos de comportamento. "Narciso acha feio o que não é espelho". Mas se você está contratando um auditor para um processo sigiloso e o empresário é um grande bonachão, amigo de todos, super comunicativo, é bem provável que os candidatos que ele irá mais gostar não tenham o perfil ideal que a vaga pede. Esse é um dos sintomas mais comuns nas empresas que são nossas clientes, quando aplico uma de nossas mais fantásticas ferramentas, o O.H.C. – Organizational Health Check-up, toda a liderança, tem o mesmo perfil, e isso não é bom! Um time campeão não é feito somente de centroavantes!

Voltando a nossa pergunta do início, existe um perfil do vencedor? Eu gostaria que a resposta fosse simples, e que nós seres humanos pudéssemos ser classificados todos por meio de *benchmarking*, gabaritados e selecionados sem falha. E, infelizmente, vejo isso como um erro que as empresas que utilizam os instrumentos DISC cometem hoje em dia. Várias das companhias que trabalham com o DISC inclusive já dão esses padrões ou *benchmarks* em seus sites ou instrumentos.

Há bastante tempo trabalhei numa grande empresa que existe até hoje e ouvi do dono no Brasil o seguinte: ele tem o perfil, mas não tem performance? Por quê? E, por que há gente que não tem o perfil ideal e tem performance? Bem, para resumir: não há perfil ideal ou *benchmarking* ideais para funções, primeiro porque hoje não há como as empresas de consultorias se adaptarem às mudanças tão rapidamente quanto o mercado exige. Existem profissões e funções que não existiam dois, três anos atrás. E em cada empresa, cada função tem uma necessidade específica. O perfil ideal de um vendedor numa pode ser completamente diferente do perfil ideal de um vendedor em outra. E o mais importante, é que cada empresa acaba tendo o seu próprio perfil, que é a soma de todos os perfis de sua equipe, amplamente influenciado pelo perfil das lideranças, note que eu falei das lideranças, formais e informais. Sem levar isso em conta, buscar um talento que é uma estrela na empresa concorrente e contratá-lo pode ser um grande desastre! Mas, por que isso ocorre? Por que existem pessoas que têm o perfil, mas não têm performance e vice-versa? Isso por si só já não invalidaria a real utilidade e efetividade dos instrumentos? Não, e vou explicar o porquê. Primeiro vamos falar de vários instrumentos, de suas finalidades, profundidades e precisamos ir muito além do D.I.S.C. Mas vamos passar um pouco por cada um, suas aplicações e especificidades. Vou, é claro, discorrer sobre as ferramentas Innermetrix e suas aplicações e soluções para o desenvolvimento das suas equipes. O DISC mostra o como de uma pessoa, como ela se comporta, normalmente, ou sob pressão, de que maneira decide, se comunica, prefere que seja seu ritmo de trabalho e se relaciona com as regras estabelecidas.

D – Dominância – Vermelho - Como a pessoa toma decisões.
I - Influência – Amarelo - Como se comunica.
S – eStabilidade – Verde - Como adere às mudanças.
C – Conformidade – Azul - Como se adapta a regras e padrões.

Nessa dança e combinações de cores, (ou diferentes gráficos de acordo com qual empresa fornece o DISC), vemos todos tipos de pessoas, de profissionais, os aguerridos e fortes, os pacientes e detalhistas, os comunicativos e líderes, os recatados e apoiadores... As combinações dos quatro elementos são infinitas e das mais variadas intensidades, e que bom que é assim! Olhe para a natureza, a diversidade é absolutamente necessária, ela está em toda parte!

Na linguagem que usamos temos pessoas "vermelhas", "amarelas", "verdes" e "azuis" de acordo com suas características mais intensas, mas também temos pessoas com duas cores, ou seja, com duas características fortes e de igual intensidade... Qual é a cor certa? Qual é a mais necessária? Em tempos de internet, *Whatsapp*, e todas as tecnologias e "soluções" instantâneas que temos em nossos bolsos, em nossos *smartphones* de última geração e computadores, é normal todos quererem uma fórmula mágica, encontrar a pessoa perfeita. As centenas de sites e *apps* de relacionamento, onde você seleciona pessoas como num grande cardápio, com algoritmos desconhecidos, definindo quem é a pessoa ideal para você... Vejo hoje algumas empresas e profissionais usando o DISC como um grande gabarito profissional humano; o que não é o propósito dessas ferramentas, as pessoas são mais do que uma combinação de cores ou pontos num gráfico. O perfil do vencedor existe, mas ele vai muito além do DISC.

Duas coisas são bem importantes quando se lida com o DISC. Uma é entender que o DISC é um mapa e mapa não é igual ao território! Ele é um indicativo de como andar pelo território sem se perder. E outra é que não há certo ou errado com o DISC de ninguém. Cada um é o que é, e pode ser utilizado com mais eficiência em certas situações, funções e empresas, mas lembrando sempre que o ser humano é a criatura mais adaptável do planeta e qualquer perfil pode exercer qualquer função. Na realidade isso acontece muito, vemos profissionais com um perfil que ao exercerem suas funções, ficam com um perfil inverso ao seu natural, e ainda assim conseguem ter uma boa performance, mas geralmente estas pessoas não são felizes ao desempenhar suas funções, pois precisam fazer um grande esforço para tal e sofrem um grande desgaste emocional, mais conhecido como *stress*!

Agora vou falar de outros instrumentos que são muito mais precisos e profundos, e infelizmente muito pouco utilizados, o Índice de Valores e o Índice de Atributos, e vou fazer uma breve analogia para que vocês entendam a utilização e a precisão destas ferramentas e também o que eu quero dizer que precisamos ir muito além do DISC para encontrarmos o perfil do vencedor, para nossas empresas. Digamos que você está com uma dor nas costas e vai ao médico, ele então faz um exame preliminar e pede um raio-x, com esse exame mais superficial, ele sabe se há algo quebrado ou não, algo fora do lugar e pode indicar um anti-inflamatório, uma pomada. Esse é o DISC!, que lhe mostra algo interno, mas ainda superficial e sem tantos detalhes. Se a dor persistir, então ele pede uma tomografia, onde ele pode ver os músculos, seus ligamentos e tendões com muito mais detalhes, aí o médico pode propor uma correção cirúrgica, algo mais invasivo, mas necessário. Este é o Índice de Valores. E se ainda assim houver algo errado, o que o médico pede? Uma ressonância magnética, onde ele pode ver dentro do músculo, o sistema circulatório, nervoso, detectar até pequenos tumores, e com esse diagnóstico consegue prescrever quimioterapias, radioterapias, e procedimentos complexos para resolver qualquer problema. Esse é o Índice de atributos e a combinação dos três o Advanced Insights, uma ferramenta exclusiva da Innermetrix. E, ainda assim, depois de todos os exames, o que é preciso analisar? O hospital em que o paciente fará o procedimento é o adequado? Tem os equipamentos e profissionais necessários para dar o suporte que aquele paciente específico precisa? Se for alguém que precisa de uma cirurgia de catarata e o seu "hospital" é especializado em cirurgia bariátrica, pode haver problemas. Além de analisar cada indivíduo tridimensionalmente, é necessário analisar o ambiente onde será inserido e a Innermetrix faz isso por meio do O.H.C. – Organizational Health Check-up.

O Índice de Valores mostra o porquê cada indivíduo utiliza os talentos que possui, e quais são os seus motivadores. Isso faz

Manual completo de treinamentos comportamentais

alguma diferença? Total! Se você pegar dois perfis DISC exatamente iguais e os colocar em funções iguais na mesma empresa, um pode ter grande desempenho e outro não, por quê? Por causa dos valores de cada um que podem ser intrinsecamente opostos, mesmo que o "como", ou seja, a tendência de comportamentos seja igual, eles irão se mover em direções opostas, de acordo com os seus valores e motivadores. Por exemplo, um executivo cujo menor valor/motivador seja incentivos financeiros, se dará melhor trabalhando numa ONG do que num banco de investimentos, por exemplo.

O Índice de Atributos, por sua vez, identifica as competências de cada indivíduo, ou seja, o "o quê" cada indivíduo tem de habilidades para agregar às suas funções e também quais habilidades necessitam ser desenvolvidas. Os três instrumentos juntos possibilitam um panorama completo e profundo de cada um, permitindo decisões assertivas e corretas, colocando a pessoa certa no lugar certo. A combinação das três avaliações nos dá um panorama completo e profundo, com uma visão holística sobre a pessoa, conseguimos distinguir o "como" se movimenta, decide, se comunica, seu ritmo de trabalho e como lida com regras e padrões; entendemos também o "porquê" ela usa suas habilidades da maneira que usa, o que a motiva, e quais são seus valores; e entendemos também "o quê" esse indivíduo tem de talentos e competência, quais são seus processos internos e externos para a tomada de decisões, o que pode agregar e o que precisa ser desenvolvido, é o que chamamos de Advanced Insights.

Então, se tranquilize! Sim, existe o perfil do vencedor, e existem meios de identificá-lo com precisão, e é possível eliminar as tentativas e erros dos processos de recrutamento e seleção, evitar grandes perdas de tempo e de dinheiro com a pessoa errada, e também ser assertivo nos processos de desenvolvimento pessoal e de liderança.

Mas não existe um único perfil do vencedor, nem um gabarito específico que eu possa dar ou indicar aqui... Eu até gostaria que houvesse! Mas a boa notícia é que podemos, sim, identificar qual perfil é o ideal para a sua empresa, para os seus processos, problemas e também o perfil específico da sua empresa, pois cada uma possui o seu exclusivo, suas próprias cores, e é terreno fértil para o crescimento de determinados tipos de profissionais e outros não... O que nos leva, muitas vezes, a ter que ajustar esse terreno, pois companhias sem diversidade não são competitivas, como na Innermetrix utilizamos as cores para identificar os perfis, dizemos que equipes saudáveis são equipes coloridas.

Para você ganhar o jogo, não precisa da pessoa ou do profissional perfeito, precisa do profissional certo, para a sua empresa.

23

Busca da eficácia gerencial
Atitudes de gestão

Gestores de nível inicial e médio são fundamentais para boas práticas e controles. Sua eficácia é também fundamental para o crescimento e rentabilidade das empresas. Além da competência técnica, devem desenvolver capacidade de comunicação, disciplina, organização, liderança e equipes coesas, consistentes, que superem metas. Aprender atitudes de gestão, alavancará sua carreira e valor no mercado

Francisco J. R. Maiolino

Francisco J. R. Maiolino

Consultor especializado em gestão e reestruturação de empresas, Francisco é Diretor Executivo da Galeazzi & Associados, Pós-Graduado em Finanças pelo IBMEC-RJ, graduado em engenharia aeronáutica pelo ITA – Instituto Tecnológico de Aeronáutica e *coach* pelo Instituto Ecosocial de São Paulo. Liderou projetos de melhoria de performance em empresas dos setores industrial e de serviços, envolvendo mudanças profundas nos vários níveis de gestão em todas as áreas dessas empresas. Trabalhou também como Executivo na área financeira de empresas nacionais e multinacionais.

Contatos
francisco.maiolino@galeazzi.com.br
(11) 99604-7212

Francisco J. R. Maiolino

O treinamento gerencial nas empresas concentra-se nos seus gestores seniores, que têm maior poder de decisão. No entanto, os gestores, de nível inicial e intermediário são muito importantes para garantir boas práticas, processos e controles no dia a dia. A sua eficácia é fundamental para o atingimento das metas de crescimento e rentabilidade das empresas.

Via de regra, esses gestores assumiram a posição em função de sua competência técnica e dificilmente tiveram qualquer treinamento sobre como gerir suas equipes, que tipo de (novas) atitudes devem ter, como devem trabalhar nesse novo ambiente de responsabilidades. Nesse cenário, existem cinco grandes desafios.

Primeiro desafio: ter o respeito da equipe

Quando se ocupa um posto de gestor, qualquer que seja o nível, a equipe o vê como modelo. Tudo que disser e, sobretudo, todas as atitudes, serão avaliadas e passarão a ser utilizadas como parâmetro para a equipe. Não há como escapar dessa "avaliação de desempenho" diária. Esse desafio é, porém, uma grande alavanca de desenvolvimento. Uma postura dedicada e perseverante, com foco no resultado, terá impacto positivo na postura da equipe. A melhor maneira de demonstrar essa postura é em reuniões de andamento do trabalho.

- Realizar uma reunião semanal, de preferência na segunda-feira, pontualmente no horário de início da jornada. No caso de equipes operacionais (chão de fábrica, vendas, lojas) considerar reuniões diárias, mesmo que por telefone. Ainda assim, uma reunião presencial é importante.
- Em cada reunião, ter uma agenda clara e objetiva. Garantir que todos os pontos são abordados e têm soluções definidas.
- Concluir as reuniões no horário previsto com uma ata clara e sucinta, contendo as ações definidas para cada ponto da agenda. Sempre começar a reunião seguinte com a revisão do andamento das ações definidas na ata da reunião anterior.

Essa disciplina na condução de reuniões unida à competência técnica, que o gestor já deve ter, ganharão o respeito da equipe, especialmente na nossa cultura, pouco afeita à disciplina, organização e pontualidade. As reuniões serão produtivas e terão foco, fazendo com que os participantes sintam-se valorizados e não as encarem como perda de tempo.

Segundo desafio: ganhar a liderança da equipe

Disciplina, foco e conhecimento técnico, formam um conjunto que ajuda o gestor a ganhar o respeito da equipe. Ser reconhecido como líder, requer atitudes adicionais, que levem a equipe a ter confiança no gestor, a vê-lo como uma influência construtiva, um apoio ao trabalho da equipe. Para esse desafio, a postura nas interações individuais é tão importante quanto a postura em público:

- Ter disponibilidade para ouvir com atenção, sem julgamentos nem respostas rápidas, as questões levantadas por qualquer pessoa da equipe.
- Fazer perguntas poderosas: aquelas que demonstram que o gestor efetivamente ouviu e entendeu a questão e está disposto, através de perguntas exploratórias e relevantes, a chegar a uma solução em conjunto. Além de evitar a postura arrogante do "sabe tudo", o gestor conseguirá que a pessoa sinta-se respeitada e cresça profissionalmente.
- Alinhar o trabalho a ser realizado através de metas claras e objetivas, de forma que cada pessoa da equipe saiba onde deve chegar e possa dedicar-se ao que precisa ser feito.
- Ser transparente e sincero, tanto nas críticas – feitas de forma construtiva e individualmente – quanto nos elogios ao trabalho realizado.

Esse tipo de atitude permitirá ao gestor ganhar a confiança dos membros da equipe pelo respeito demonstrado às suas questões e por serem tratados de forma adulta para resolvê-las. Adicionalmente, perceberão que há direcionamento compartilhado e foco para o trabalho a ser realizado, ingredientes básicos para uma boa liderança.

Terceiro desafio: ser compreendido na comunicação

A comunicação deficiente está na raiz de muitos dos problemas das empresas. São poucas as que reconhecem esse fato e menos ainda as que tomam ações efetivas para minimizá-lo.

Cabe aos gestores uma parcela relevante de responsabilidade em atuar para que a comunicação flua de forma rápida e clara, facilitando a solução das questões do dia a dia operacional. No caso dos gestores de nível médio e júnior, aqueles para os quais esse artigo foi escrito, vencer esse desafio é fundamental para que a equipe alcance uma alta performance.

A comunicação eficaz está baseada em uma premissa importante: "quem quer passar uma mensagem deve encontrar e empregar a forma mais adequada para que o seu interlocutor a entenda". Normalmente, as pessoas utilizam a forma que lhes é mais confortável, sem levar em conta que o objetivo não é simplesmente passar a mensagem, mas que o interlocutor a compreenda. Temos então uma comunicação truncada, que pode até chegar a um "diálogo de surdos", onde ninguém se entende. Para comunicar-se de forma eficaz, ou seja, ter a mensagem compreendida pelos interlocutores:

- Entender as diferenças entre as pessoas da equipe, agrupá-las conforme suas similaridades de compreensão e escolher o melhor meio para cada grupo. Podem ser reuniões separadas, seguidas de reforços individuais; pode ser enviar um e-mail e reforçar ao vivo. A linguagem pode ser descontraída e coloquial para uns e formal para outros. Pode-se usar gráficos e figuras para os que necessitam de maior estímulo visual. Há vários meios e vale à pena investir o tempo necessário para escolher os melhores para cada grupo.
- O momento certo para passar a mensagem é tão importante quanto a forma e, obviamente, o conteúdo. Comunicar à equipe algo que a "rádio corredor" já fala, diminui o respeito ao gestor. Dar o *feedback* de algo a ser melhorado semanas após o ocorrido é absolutamente inútil.
- Garantir que a mensagem a ser passada é importante para o interlocutor, isto é, que será útil para o seu desenvolvimento e melhoria do trabalho. Uma mensagem que apenas interessa a uma das partes é uma mensagem inútil de ser compartilhada.
- Após passar a mensagem aos interlocutores, solicitar *feedback*: um resumo ou que ações serão realizadas. Independentemente do seu público ser um ou vários interlocutores, o *feedback* garantirá que a mensagem foi compreendida e seu objetivo foi atingido.

Quarto desafio: garantir a busca pela superação

Ultrapassar obstáculos, superar desafios e metas, alcançar resultados acima do esperado, mais que um simples objetivo, deve ser uma "busca sem descanso" para toda e qualquer equipe.

Uma empresa tinha colada nas paredes a frase: "faça sempre dez por cento mais do que lhe pedirem". Essa é uma boa motivação para as pessoas que desejem fazer parte de uma equipe de alta performance. Superar significa não fazer as coisas da mesma forma. Significa perguntar-se sempre: há uma forma melhor, mais barata, mais eficiente, de se fazer determinada tarefa? Ou ainda: que valor a tarefa agrega e qual a sua real necessidade?

Fazer sua equipe superar expectativas é parte integrante da missão de um gestor, em qualquer nível. Envolve motivar e influenciar cada pessoa da equipe a adotar esse objetivo como algo relevante para a sua vida profissional. Algumas ações e atitudes são muito importantes:

- Chegar sempre quinze minutos antes do horário de início do trabalho sinaliza com clareza que o gestor, aquele que lidera a equipe, está focado em fazer mais do que apenas a obrigação.
- Reconhecer em público o desempenho acima da meta, aquela pessoa que faz mais do que é esperado. É uma ferramenta poderosa para motivar quem alcançou o resultado excepcional a melhorar e crescer e serve de exemplo para o resto da equipe. Mesmo que a empresa tenha um programa formal de incentivo, o reconhecimento diante da equipe é muito importante.
- Além de alinhar com clareza as metas e objetivos da equipe, nesse desafio, vai-se um passo adiante: discute-se a importância de superar as metas, define-se novas metas, como fazer para alcançá-las e quais ganhos a equipe terá. Chega-se a um consenso do papel de cada pessoa da equipe nessa empreitada de superação.
- Cuidar das pessoas desmotivadas, que diminuirão a capacidade de superação da equipe, não pode ser esquecido. A causa pode estar em questões pessoais ou mesmo insatisfações com a própria empresa ou o trabalho. É fundamental que o gestor dê abertura para que a questão surja numa conversa e seja ouvida com atenção. Dedicar tempo a ouvir, compreender e ajudar, até mesmo recomendar uma ajuda profissional, trará bons resultados.

Uma equipe com metas claras, objetivas e discutidas com transparência, regras e atribuições pré-combinadas, e com um gestor que dá exemplo de comprometimento e foco, aberto a ajudar as pessoas que precisem, tem todas as condições de se tornar uma equipe de superação de resultados.

Francisco J. R. Maiolino

Quinto desafio: lidar consigo mesmo

Por mais que nos informemos e nos tornemos mais experientes, lidar com nossos talentos e nossas fraquezas, nossos complexos e nosso temperamento, é sempre um desafio a ser enfrentado. Sem enfrentá-lo, fica mais difícil ser bem-sucedido em todos os outros.

Utilizar ajuda externa é sempre eficaz. Um bom *coach* ou uma ajuda psicológica, é de grande valia. Sem disponibilidade de tempo ou recursos para fazer uso dessas opções, algumas ações podem ajudar o gestor a enfrentar esse desafio e melhorar sua capacitação gerencial:

O primeiro passo é reconhecer os próprios talentos. O gestor pode ter uma certa facilidade de comunicação, o que ajudará a enfrentar o terceiro desafio. Pode ser organizado e disciplinado, o que facilitará enfrentar o segundo e quarto desafios. Pode ter uma capacidade intuitiva, o que lhe permitirá ver soluções que os outros não viram e facilitará enfrentar o primeiro e segundo desafios. Conhecedor de si mesmo, poderá se concentrar no que deve desenvolver.

- Se a timidez ou um temperamento mais introvertido tornarem difícil a comunicação individual ou em grupo, prepare-se bem antes de qualquer reunião ou conversa. Falar para um público, grande ou pequeno, é uma questão de treino e costume. Se não é o forte do gestor, ele deve treinar e retreinar. A disciplina é fundamental: preparar o que falar, o objetivo, o resultado que se espera e treinar. Vale à pena utilizar alguém de confiança para um ensaio ao vivo. Os resultados aparecerão, a confiança crescerá e a necessidade de treino diminuirá.
- Se o gestor for fraco em disciplina e organização – algo comum já que nossa cultura dá pouco valor a esse talento – os desafios ficarão bem mais difíceis. O melhor é começar em casa, com as pequenas coisas, e transferir aos poucos esse comportamento para o trabalho. Transformar a rotina diária em uma lista organizada de ações, cumprida com regularidade e consistência, tornará mais fácil a vida do gestor e o ajudará a ter o mesmo comportamento na empresa. Em seguida, escolher uma questão do trabalho que requeira esse talento para ser resolvida e aplicá-lo. Aos poucos, resolvendo uma questão por mês, a própria equipe ajudará o gestor a manter disciplina e organização, ao ver os bons resultados.
- Quando o gestor tem grande conhecimento técnico ou grande capacidade intelectual, pode tornar-se arrogante – sentir-

Manual completo de treinamentos comportamentais

se superior a todos – e prepotente – achar que pode tudo. Ambos os comportamentos induzem a erros, inibem o *feedback* sincero e construtivo e dificultam bastante a formação de uma equipe unida, coordenada e que supere resultados. O gestor terá uma autoimagem distorcida e irreal da sua competência. A melhor maneira de se precaver é o *feedback* honesto de pares e subordinados. O gestor deve buscá-lo regularmente, de pessoas construtivas, realmente interessadas em ajudá-lo, e estar aberto a recebê-lo.

- O medo é a questão mais desafiadora do nosso século. Tomar decisões baseado no medo, fará com que o gestor perca respeito, não seja reconhecido como líder e tenha suas orientações sempre questionadas. O medo impede a visão de alternativas e opções, além de bloquear toda e qualquer iniciativa que seja ousada ou inovadora. E como enfrentá-lo? Situações crônicas devem ter acompanhamento profissional, de um *coach* ou psicólogo. Algumas técnicas, porém, podem ajudar. Primeiro passo: reconhecer o medo e sua causa. A consequência natural desse reconhecimento é um relaxamento diante da situação e a percepção da dimensão exata da questão. Liberto da paralisia inicial, o segundo passo é: compartilhar a questão com alguém mais experiente e de confiança. É importante que essa pessoa seja respeitada e experiente para orientar sobre como lidar com a questão, mesmo que não entenda tecnicamente dela. Terceiro passo: resolvida a questão que inspirou o medo, o gestor deve escrever, relatar para si próprio toda a situação. Escrever sobre os próprios medos e como os enfrentou é uma ferramenta poderosa para crescer e, aos poucos, superar esse sabotador silencioso.

Os grandes desafios à frente do gestor iniciante são também oportunidades de crescer e se desenvolver, criar hábitos e comportamentos poderosos, que o acompanharão por toda a vida e lhe permitirão galgar postos de gestão mais altos, com maiores responsabilidades.

24

Dancer coaching
A liderança em movimento

Uma metodologia que visa trabalhar sinergicamente entre as ciências para elevar as habilidades reais e potencias através de um cenário diferente e lúdico transformando conhecimento em prática através de simples exercícios de dança de salão

Gustavo Vila Nova

Gustavo Vila Nova

Formado em Administração em Marketing pela Escola Superior de Marketing, MBA em Gestão Empresarial pela Cedepe Business School. *Professional and Self Coaching* – PSC pelo Instituto Brasileiro de Coaching – IBC, Business and Executive Coaching – BEC pelo Instituto Brasileiro de Coaching – IBC com certificação internacional pelo Behavioral Coaching Institute – BCI, Global Coaching Community – GCC, Europa Coaching Association – ECA. Idealizador do Projeto Dancer Coaching: A liderança em Movimento, Idealizador do Coaching em Grupo Fator Liderança, Palestrante em Liderança e Gestão de Equipes.

Contatos
www.gustavovilanova.com
lgustavovilanova@gmail.com
(81) 7909-4532 / 7332-4690

Gustavo Vila Nova

Em muitos anos de minha vida acadêmica e em apresentações a vários empresários e pessoas atuantes em empresas, sempre me questionaram como utilizar a dança de salão em um ambiente organizacional, muitos leitores que baterem o olho neste tema podem ficar realmente intrigados com o nome ou extremamente curiosos e interessados, esse é realmente o sentimento que desejo despertar com o título, que me considero pioneiro no modo de utilizá-la.

No meio de minha trajetória como palestrante e futuro docente para cursos de graduações e pós-graduações, fiquei sempre entusiasmado sobre o modo como alguns professores se destacavam de outros e de como esse destaque se envolvia com uma teatralidade ligada a sua essência pessoal em consonância com a profissional, excelência que busco até hoje e, com certeza, continuarei a buscar.

Durante minha carreira percebi em diversos treinamentos técnicos e comportamentais a importância de ambos no desempenho de nossas profissões, entendi que treinamentos comportamentais proporcionam um maior impacto no aumento dessa produtividade e isso pode ser contextualizado por meio de diversos livros e autores.

Este projeto, este método, visa trabalhar e desenvolver os líderes pela vivência dos conceitos que ensinam como alavancar, melhorar, transformar os seus resultados por meio de exercícios e técnicas de dança de salão com o cenário lúdico, divertido, irreverente e único de aprendizado. A técnica ajuda a elucidar os cenários e atuações em ambiente empresarial e, com isso, repercute direta e indiretamente no ambiente pessoal.

O trabalho envolve parâmetros de técnicas para desenvolver um maravilhoso profissional ou amante e são: ritmo, musicalidade, equilíbrio, contato, improviso.

Nesse trabalho você deve entender que o principal é se entregar de corpo e alma, em outras palavras, trazer a sua essência à tona, pois "quando" fizer isso seus resultados serão extraordinários.

Alguns dos pontos que abordarei logo abaixo possuíram um exercício, um desafio ou até mesmo os dois, isso vai servir para proporcionar além de uma experiência cognitiva, a experiência real que qualquer um conseguirá executar se praticar, praticar e praticar.

Esses pontos acima citados e de acordo com a imagem a seguir se retroalimentam, ou seja, cada vez que um deles é desenvolvido os outros se potencializam indiretamente.

Manual completo de treinamentos comportamentais

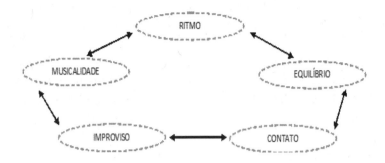

Os fatores de desenvolvimento ritmo (rotina de trabalho), musicalidade (ouvir na essência), equilíbrio (autoconhecimento e conhecimento das potencialidades), contato (relacionamento interpessoal) e improviso (capacidade de adaptar-se a mudanças), reunidos sinergicamente proporcionam aos profissionais, em um ambiente de laboratório, trabalhar suas competências de modo consciente/inconsciente com a contribuição do maravilhoso processo de *coaching* e de forma lúdica, além de oferecerem o maravilhoso contato a dois que potencializa ainda mais essa relação de aprendizado com a "metáfora" para o ambiente organizacional.

Ritmo

Todos têm ritmo. Andamos em um ritmo, comemos em um ritmo, nosso coração também o tem, assim como os nossos trabalhos. Precisamos nos adequar ou proporcionar esse ritmo em diversos momentos de nossas vidas, e na empresa isso não é diferente. Cada tomada de decisão tem o seu ritmo, às vezes mais devagar, outras rápido e com bastante frequência muito mais do que rápido. O exercício de se adequar aos ritmos dentro de um ambiente musical pode parecer bem diferente. Seguir o ritmo musical, a cadência principal das batidas, nos mais diversos estilos musicais, proporciona uma capacidade de se adaptar e seguir as rotinas e padrões, inclusive de velocidades que neste sentido são primordiais para proporcionar uma noção de trabalhar sobre pressão quando o ritmo se eleva. Neste momento, faço a seguinte e chocante pergunta: já parou para perceber que as sensações que experimentou podem ser, se fizer sentido para você, as mesmas que ocorrem no ambiente de trabalho? Com rotinas mais lentas, médias e rápidas?

Musicalidade

A musicalidade é um trabalho de desenvolvimento eterno de "ouvir na essência" ou "escutar ativamente", esses termos vão variar dependendo do local em que se formou, enfim, é um refinamento de sua capacidade de entender o ambiente e começar a tomar decisões que vão além das expectativas, estas alcançam um patamar diferenciado, musicalidade é você entender, ouvir e escutar tudo o que estiver junto com a voz, instrumentos, sejam eles metais, percussivos ou de cordas. É saber como eles se unem sinergicamente e, o primordial, transmiti-los por meio de movimentos, que organizacionalmente seriam as decisões tomadas no decorrer do dia, semana, mês ou ano.

1º exercício: pegue três músicas que você adora e pare para realmente escutá-las, perceba a mágica por trás disso. Primeira pergunta: você faz isso com as pessoas que estão ao seu redor? Com seus amigos? Com seus familiares? Em seus relacionamentos? No seu trabalho? Que tal começar a fazer, veja que oportunidade maravilhosa você acabou de receber!

1º desafio: pare para escutar três músicas que normalmente você não escuta de qualquer estilo musical e perceba a sua reação. Será que os julgamentos são parecidos quando alguém desconhecido vem falar com você? Você está prestando atenção no que essa pessoa fala ou está esperando ela acabar para ir embora?

Equilíbrio

Como falar de equilíbrio desenvolvido no ambiente da dança de salão para o ambiente organizacional, acho que essa comparação é uma das melhores que já fiz até hoje, partindo do princípio que todo equilíbrio começa de um desequilíbrio em busca de um estado desejado, um eixo para os diversos momentos. Desenvolvi melhor meu equilíbrio compreendendo como é sair deste desequilíbrio corporal, por meio de uma simples contração muscular, os músculos certos proporcionam o equilíbrio correto, ou seja, quanto mais esforço eu colocar no meu músculo mais equilíbrio eu tenho? E a resposta é exatamente!!!! bravo!!!! O grande dilema que vou passar para você agora é, mas antes de falar sei que algumas pessoas tentaram ativar a musculatura para sentir isso, principalmente os cinestésicos, voltando ao

Manual completo de treinamentos comportamentais

dilema que é o seguinte: como manter a musculatura ativa sem travar o corpo ao caminhar? Se você conseguir achar essa resposta ou começar a entendê-la, você, caro leitor, começou a entender uma boa parte do equilíbrio emocional, de uma boa gestão empresarial e de como empregar forças em momentos de contingências.

2º exercício: fique em pé neste exato momento, não se preocupe, no mínimo as pessoas podem pensar que você esta esticando as pernas. Coloque os pés numa largura que denomino "largura universal", a linha dos seus ombros. Ótimo, muito bom! É assim mesmo, agora quero que fique quase nas pontas dos pés, chamamos na dança de meia-ponta, possivelmente depois de pouco tempo seus pés começarão a tremer involuntariamente (Meu Deus!!!! Você deve está pensando, como pode? Isso é pauta para outro momento), agora experimente ativar a musculatura dos seus pés, depois pernas, depois abdômen, qual a sensação? Issooooo, maravilhosoo, equilibrado!!!!

2º desafio: agora é o seguinte, experimente fazer tudo isso que descrevi antes já com a musculatura ativada e, para continuar o desafio, experimente elevar uma perna e permanecer com um apoio (sem estar nas pontas dos pés), sinta como o seu corpo desequilibra e quais musculaturas terá que ativar para equilibrar. Caso chegue nesse estado rapidamente, fique na ponta dos pés com uma perna só e depois alterne as pernas.

P.S.: Será que você entende as forças que seu departamento, ou melhor, que seu capital humano possui e como elas se complementam? Se fizer sentido para você, sugiro como oportunidade começar a fazer.

Contato

Para falar de contato a partir desse ponto, darei também uma interpretação minha sobre essa palavra, então a palavra contato na verdade se divide em duas, "con" que vem de comunhão e "tato" que origina de tratos. Então, ao fazermos contato com alguém, estamos começando a estabelecer uma "comunhão de tratos". Nossa assim faz muito sentido! E, por que faz tanto sentido, porque na dança não nos comunicamos verbalmente, então temos apenas 55%, segundo fontes de comunicação, para fazer isso. A partir daí, estabelecermos códigos de condução e indução que precisam entender, o cavalheiro ou rapaz de conseguir enviar uma boa mensagem e a dama ou menina de receber essa mensagem e ambos executarem juntos de forma mágica.

Então, como está o seu contato com a sua equipe, ou com seus superiores, ou com seus amigos, como você detecta a mensagem que você envia para aos seus *stakeholders?* (pessoas de interesse em sua vida profissional, em gerenciamento de projetos são as partes interessadas).

3º exercício: pegue três exemplos bons ou não tão bons e revise como estava a "comunhão de tratos" nesses determinados momentos, como enviou e como recebeu as mensagens e os códigos. Escreva os pontos positivos para serem replicados e até potencializados e os de melhoria para, claro, serem gerenciados ou melhorados o suficiente mediante o seu perfil e necessidade.

3º desafio: estude, exatamente, estude o cenário onde se encontra, agora pegue um papel e escreva. A nossa mente sem exercício pode deixar escapar algum detalhe. Estabeleça que tipos de contatos você, meu caro leitor, pretende ter com as pessoas a partir de hoje.

Improviso

Uma das melhores partes do processo é aprender a desconstruir o processo, indo e voltando várias vezes em diversos contextos, aqui está a base e a diferenciação de diversos profissionais, a capacidade de "brincar" com o que aprendeu. Será que só existe um modelo de *feedback*, uma forma de fechamento, um estímulo universal de motivação, uma forma de executar o movimento a dois? Se você está pensando e me dizendo que sim, provavelmente tem um perfil comportamental lobo ou analítico ou conformidade. Em negócios, liderança, atendimento, vendas e na dança de salão, os melhores, que eu digo por percepção e experiência, são aqueles com maior capacidade de improvisar, pegar o que aprendeu e aplicar no contexto necessário. Por isso do nome liderança situacional, posso dizer com bastante propriedade que ela nada mais é do que um improviso dos modelos autocrático, democrático e liberal. Fez sentido para você agora? Este é um *insight* muito poderoso para a gestão de pessoas.

4º desafio: separe alguns de seus comportamentos que você, por um momento, disse com a seguinte frase: isso tem que ser assim e só pode ser assim!!!! Será que alguém em algum lugar do mundo faz aquilo diferente e chega no mesmo resultado? Será que alguém da sua equipe pensou em executar de forma diferente e, talvez, chegar no resultado de forma mais rápida?

P.S.: Aprenda a construir um conhecimento, um caminho depois vá e volte por ele quantas vezes quiser com a condição de que todas serão diferentes.

Este é o pedaço de um grandioso projeto que hoje mostro para todos por meio de palestras sobre liderança e *coaching* que compartilhei em breves palavras aqui neste artigo e que sei que você conseguiu aplicar isso em diversos momentos e ambientes de sua vida a partir deste momento.

Respondendo uma pergunta que pode aparecer: será que ele consegue utilizar isso em qualquer ambiente, processos, projetos, negociação, *feedback*, *coaching*, marketing ou outros? A resposta é um grandioso sim, a ideia é trabalhar os conceitos de forma diferente e lúdica com perguntas e dinâmicas de dança de salão.

25

Liderança: programa de capacitação para gestores

Os funcionários buscam crescimento e o cargo de liderança é o objetivo de muitos deles. As empresas buscam funcionários comprometidos, com visão, que desejem crescer e fazer parte do sucesso delas. O maior problema é quando se promove funcionários bons e não há planos de qualificação/capacitação para que possam assumir essas posições

Isabel Okamoto

Isabel Okamoto

Psicóloga, especialista organizacional e do trabalho, pós-graduada em Administração de Recursos Humanos; Administração de Marketing; Desenvolvimento Organizacional aplicado à área de Recursos Humanos. Profissional da área de recursos humanos há 32 anos, atuando em todos os processos de recursos humanos para empresas de pequeno, médio e grande porte. Consultora organizacional em assuntos relacionados a recursos humanos, comportamento e gerenciamento de pessoas. Desenvolvimento de programas de treinamento e *coaching* para capacitação de líderes. *Coach* profissional com formação em B*usiness and Executive Coaching; professional & self coach; leader coach*; analista comportamental e *coach* de comportamento evolutivo. Professora de disciplinas voltadas a recursos humanos, liderança, gestão de pessoas, comportamento, em cursos de graduação e pós-graduação.

Contatos
www.isabelokamoto.com.br
isabel@isabelokamoto.com.br
helio@isabelokamoto.com.br
www.facebook.com/okamotorh
(19) 98339-8378 / (19) 98339-8394

Isabel Okamoto

"Motivar-se é olhar para si mesmo e perceber que você é muito mais do que imagina, pode muito mais do que sempre fez e consegue muito mais do que tem."
Isabel Okamoto

João é um funcionário exemplar. Está na empresa há muito tempo e tem função técnica. Como técnico tem apresentado excelentes resultados e a empresa não poderia estar mais satisfeita com seu desempenho. É uma pessoa confiável, leal, comprometida com a empresa e com as mudanças que estão ocorrendo em seu departamento e na empresa. Não reclama, pelo contrário, aceita todas as questões propostas e busca, inclusive, enfrentar todos os desafios como nenhum outro colega. É tido por eles como alguém que só vê o lado da empresa.

Sua chefia, por ter recebido um convite, deixou a empresa há um mês. Seu gerente o chamou e lhe deu a oportunidade para assumir este cargo como forma de reconhecimento pelo seu brilhante desempenho.

Não poderia ser diferente, aceitou com muito entusiasmo.

Passados alguns meses, seu gerente o chama para uma avaliação de desempenho. Para sua surpresa, não foi boa como esperava. Não tem conseguido atingir os objetivos do departamento, o processo de comunicação está criando conflitos e a equipe tem estado em permanente desmotivação. Tudo o que foi conseguido no passado tem se perdido em função de sua atuação.

Seu gerente informou que tem mais três meses para reverter esse processo. Do contrário, será desligado, o que o deixou com um sentimento de profunda decepção consigo mesmo, pois depois de muitos anos, ser desligado da empresa é um fato que não aceita.

Líder ou técnico: qual é a sua escolha?

O que aconteceu com o João?

Com frequência vemos empresas promovendo excelentes profissionais que exercem funções técnicas a cargos de liderança. Esse processo tem levado a enganos e demissões desnecessárias.

A falta de planejamento e treinamento anterior ou ao menos em paralelo à promoção é que tem levado as empresas a cometerem tais enganos. É claro que pedidos de demissão e necessidade de preencher vagas com certa urgência é rotina, mas é preciso um período de preparação e adaptação.

Para que se tenha êxito é necessário investir no capital humano e capacitar as pessoas através de planos de treinamento e desenvolvimento, principalmente os funcionários potenciais. Esses programas minimizam significativamente os problemas quando há necessidade de aproveitamento interno, e não havendo, no mínimo se deve atentar para a capacitação de quem será promovido. Se João tivesse participado desse tipo de programa, seria preparado e evitaria um desligamento.

O que é liderança?

Muitos são os conceitos sobre liderança, mas vamos destacar alguns.

Marques (2012, p. 18) diz que "a liderança é uma habilidade que traz motivação e influencia os liderados, de forma ética e positiva, para que contribuam com entusiasmo no alcance dos objetivos da equipe e da comunidade da qual fazem parte".

Khoury (2009, p. 15) fala que "liderar significa exercer influência sobre o que se passa ao seu redor, seja construindo a vida que você deseja para si mesma, seja inspirando diferentes pessoas a caminhar na mesma direção".

Já para Ponder (2010, p. 17) "liderança é a capacidade de conseguir a realização das coisas certas na hora certa, com a assistência de outras pessoas".

Todos os conceitos, de uma forma ou de outra, mostram que liderança é o exercício do comando sobre pessoas que, sob sua influência e direcionamento, são capazes de atuar positivamente e ter os resultados que a instituição deseja. É transformar pensamentos, planejamento, programação em realidade.

O estilo e forma de conduzir uma equipe demonstra sua eficiência como líder. Liderar pelo exemplo é um dos caminhos.

Chiavenato (2003, p. 250) diz que "o problema fundamental dos líderes é levar os outros a fazer o necessário para atingir os objetivos da organização".

Uma equipe não quer seguir um líder que não sabe aonde vai, que não consegue direcioná-la.

As habilidades para atender essa demanda envolvem a conquista da confiança e respeito de seus subordinados.

Figura 1 – Habilidades do administrador

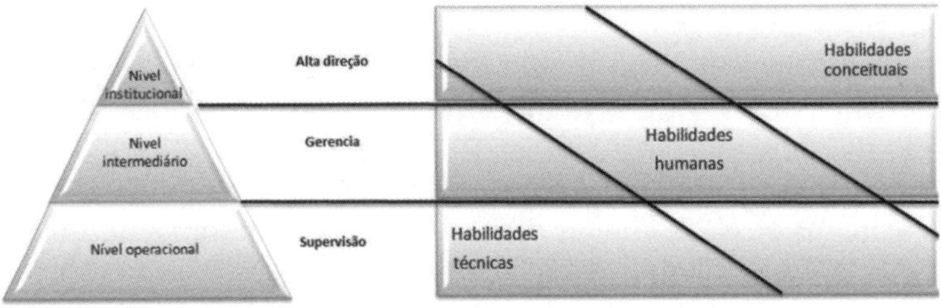

Chiavenato (2006, p.4)

- **Habilidades técnicas**
Capacidade para utilizar seus conhecimentos, métodos e procedimentos, além de equipamentos necessários ao seu dia a dia.
- **Habilidades humanas**
Capacidade para trabalhar com pessoas, comunicar-se, envolver-se, motivar equipes, coordenar e dar direção.
- **Capacidades conceituais**
Pensar estrategicamente, saber diagnosticar situações e a partir daí buscar soluções para os problemas, planejar, ter visão do momento e do futuro, criar oportunidade de melhoria e crescimento.

Todas as habilidades são importantes e interligadas, porém cada uma tem o seu papel dentro de cada estágio na hierarquia da empresa.

João entendia que essas habilidades eram importantes e que sem elas corria o risco de não conseguir comandar uma equipe? João deveria ter aceitado o cargo sem a negociação prévia de capacitação para tal? Ter atributos diversos não significa ter o suficiente para assumir uma posição de gestor.

> Um executivo, um gerente, um supervisor, um trabalhador horista – todos eles podem aprender a desenvolver uma visão para o futuro. Todos podem aprender a aceitar novas responsabilidades, assumir riscos, criar consenso e confiança entre subordinados e pares. Certamente nem todos têm um potencial de chegar a Lee Iacocca. Mas todos possuem, em alguma medida, habilidades inatas de lideranças e estas podem ser aprimoradas. (COHEN E FINK apud LEE, 2003, p. 254).

Desenvolvendo as habilidades para liderança

O plano de desenvolvimento para funcionários a serem levados a cargo de gestão, como o caso de João, ou para aprimoramento de quem já o é passa pelas etapas descritas a seguir.

1. **Identificação de potencial**

Potencial é a capacidade que o funcionário apresenta para desempenhar ou não determinada função. Ao identificar o potencial, identifica-se o que é preciso desenvolver.

Essa etapa pode ser feita internamente pelo departamento de recursos humanos à medida que seus profissionais sejam qualificados e detenham conhecimento de ferramentas diversas. A rotina do dia a dia pode prejudicar a percepção dos fatores que possam comprometer o processo.

A contratação de consultoria externa possibilita à empresa a imparcialidade no processo, além da aplicação de técnicas e ferramentas diversas e específicas a cada empresa e perfil. Permite ainda uma percepção crítica da rotina dos funcionários em desenvolvimento.

A contratação externa exige do consultor um conhecimento da empresa cliente, do seu negócio, ambiente, equipe, perfil da vaga e competências exigidas.

A identificação do potencial de liderança pode ser feita aplicando-se algumas técnicas, individualmente ou combinadas. As ferramentas combinadas são mais eficazes na identificação de fatores a serem desenvolvidos.

Avaliação de desempenho, avaliações psicológicas, de performance, entrevistas por competências e dinâmicas de grupo, quando há número de funcionários para isso. Isso ocorre quando se quer avaliar grupos de gestores atuais.

Avaliações psicológicas – personalidade/nível de raciocínio. Alguns dos testes possibilitam avaliar:
- Perfil motivacional do indivíduo através de oito fatores de necessidades: sensibilidade, força, qualidade, exposição, estrutura, imaginação, estabilidade e contato.
- Cinco domínios e 35 fatores: tolerância à pressão; trabalho em equipe; abertura a mudança; conscienciosidade.
- Estilo tipológico em atitudes e funções. Preferência de comportamentos.
- Produtividade, ritmo de trabalho, indícios de problemas que afetam o sistema nervoso central como uso de álcool, drogas, problemas neurológicos, emocionais, entre outros, aspectos relacionais, iniciativa, dinamismo, agressividade, organização.
- Raciocínio lógico verbal, numérico e abstrato.
- Vulnerabilidade ao stress, entre outros.

Avaliações de performance e de liderança
- *Assessment* com identificação de perfil profissional e comportamental baseado na metodologia DISC.
- Para aplicação e análise dessa ferramenta, é necessário que o consultor tenha formação como analista comportamental em uma instituição credenciada.

Entrevista por competência
- A entrevista possibilita ao entrevistador perceber de gestos, respostas, contradições nas respostas e atitudes do entrevistado. Através de exemplos de situações vividas pode-se perceber como agirá em situações semelhantes ou de mesma complexidade na atual ou futura função.

Dinâmica de grupo
- Indicada para identificação de plano de desenvolvimento individual da equipe de gestores da empresa, é uma ferramenta que tem se mostrado apropriada desde que aplicada de forma criteriosa.

Feedback aos envolvidos
- O *feedback* posiciona os envolvidos nos pontos a serem desenvolvidos e como devem ser desenvolvidos. Há pontos que são de responsabilidade do funcionário e outros da empresa.

2. Plano de desenvolvimento para liderança

2.1. Programa de *coaching*

Os funcionários recém-promovidos ou os que já exercem função de liderança há algum tempo enfrentam situações diversas, entre elas a mudança de perfil das pessoas que compõem suas equipes.

Um gestor, um líder de equipe, além de todas as habilidades já mencionadas, precisa lidar com as novas gerações. O autoconhecimento e autogerenciamento são fundamentais.

Líderes precisam ter, segundo Marques (2012, p. 11):

> [...] perfil de líderes motivadores, aglutinadores, estimulantes que as novas gerações de colaboradores necessitam para produzir com qualidade e gerar os resultados esperados pelas organizações onde estão inseridos, uma vez que as lideranças defasadas são um dos maiores responsáveis pelo *turnover* (rotatividades de pessoas) nas empresas.

Coaching proporciona essa oportunidade de desenvolvimento pessoal e profissional, pois é o processo que auxilia o funcionário, com o apoio de profissional qualificado e credenciado, o *coach*, a despertar todo o seu potencial e comportamento para aquilo que deseja obter como resultado. Neste caso, resultados esperados por ele e pela empresa cliente. Desenhar um roteiro com a aplicação de ferramentas adequadas a cada sessão proporcionará um aprendizado de si mesmo e desenvolvimento das habilidades necessárias.

2.2. Treinamento de liderança

O treinamento voltado à liderança pode ser desenvolvido em duas etapas. A primeira é o alicerce para a segunda.

A primeira etapa é um treinamento de curta duração na qual se constrói conceitos sobre os diversos temas relacionados à função de gestão. É uma etapa fundamental, pois é através dela que os participantes começam a pensar como gestores ou aprimoram os conceitos que já possuem. É um programa com aplicação de metodologia vivencial.

Por ser de curta duração, nossa experiência tem mostrado que o funcionário amplia seu conhecimento, mas não tem uma retenção significativa e de longo prazo, motivo que nos levou a desenhar a segunda etapa do programa.

2.3. Treinamento de liderança – módulos

O treinamento em módulos pode ter uma duração mais longa, de 8 a 12 meses, dependendo do número de participantes e as necessidades de melhorias.

Através de programas periódicos, de curta duração, aprofundam-se temas específicos com metodologia vivencial e atividades práticas. Essas condições possibilitam a construção do hábito e comportamento voltado à função de gestor.

2.4. Outros programas

Paralelamente à execução dos programas acima, podem surgir outras demandas. Para essas novas necessidades devem-se criar novos planejamentos. Nossa experiência tem mostrado que o curso sobre técnicas de apresentação e oratória auxilia a desenvoltura do novo gestor.

Entendo que a sequência sugerida seja a melhor. Iniciar com a identificação de potencial é crucial, pois determina o plano de desenvolvimento e qualificação para um melhor desempenho como líder. O *feedback* das empresas clientes tem sido muito satisfatório, o que me faz acreditar que este é o caminho.

Voltando ao caso de João. Naturalmente que oportunidades devem ser aproveitadas. Por outro lado há que se negociar com a empresa formas de capacitação, senão há o risco do fracasso. João, com todas as qualidades que já possui e tendo um programa como este, certamente teria risco mínimo de ser demitido.

Coaching não é somente para quem está sendo promovido, mas também para os atuais gestores como forma de alinhamento de linguagem, mudanças organizacionais, de comportamento e de mercado.

Referências

CHIAVENATO, Idalberto. *Princípios da administração: o essencial em teoria geral da administração*. Rio de Janeiro: Campus/Elsevier, 2006.

COHEN, Allan R; FINK, Stephen L. *Comportamento organizacional: conceitos e estudos de casos*. 7. ed. Rio de Janeiro: Campus, 2003.

HITT, Michael A.; IRELAND, R. Duane; HOSKISSON, Robert E. *Administração estratégica: competitividade e globalização*. São Paulo: Pioneira Thomson Learning, 2005.

KHOURY, Karin. *Liderança é uma questão de atitude*. São Paulo: Senac, 2009.

MARQUES, José Roberto. *Leader coach: coaching como filosofia de liderança*. São Paulo: Ser Mais, 2012.

26

Coaching de liderança e gestão de pessoas

O presente artigo objetiva uma discussão inicial acerca dos benefícios que o *coaching* pode trazer à área de gestão pessoas no desenvolvimento das lideranças. Entendemos o *coaching* como um estilo de gestão, que fomenta o desenvolvimento das pessoas e da organização, bem como uma ferramenta de promoção da qualidade de vida no trabalho e consequentemente maior satisfação e saúde do trabalhador

Jomara Corgozinho

Jomara Corgozinho

Mestre em Administração, *Personal* e *Professional Coach* pela Sociedade Brasileira de Coaching. Especialista em Gestão Estratégica de Recursos Humanos. Psicóloga há 19 anos, aplicando projetos de desenvolvimento organizacional, treinamentos comportamentais, desenvolvimento de líderes e orientação de carreira. Palestrante, consultora na área de RH e em desenvolvimento pessoal. Perita avaliadora da Vara da Fazenda de Minas Gerais. Professora universitária há mais de dez anos nos cursos de Psicologia, Administração, Engenharia de Produção e Ciências Contábeis.

Contatos
Facebook.com/jomaracorgozinhocoach
contato@jomaracorgozinho.com.br
(37) 99961-4719

Jomara Corgozinho

As grandes mudanças que vem ocorrendo no mundo dos negócios têm trazido desafios para as empresas que querem se manter no mercado. Mudanças nas estratégias, mudanças no uso da tecnologia e também mudanças na gestão.

O mundo vive a era da informação e do conhecimento. Portanto, o foco principal para a obtenção dos resultados organizacionais não é mais a tecnologia, mas sim as pessoas.

Isso implica numa nova postura de gestores diante da busca da excelência do desempenho humano, bem como da promoção da qualidade de vida e saúde do trabalhador.

Falar de liderança é falar de um tema extremamente amplo, mas primordial, pois falar de um assunto já tão debatido, mas que gera tantos impasses na prática diária.

Do ponto de vista das organizações, liderança é uma característica essencial, por ela exercer uma poderosa influência sobre um indivíduo ou grupo, o que por sua vez influencia no clima interno, tornando-o mais ou menos favorável, interferindo diretamente na produtividade e lucratividade da mesma.

Esta constatação sugere a necessidade de se ter líderes bem formados, bem orientados, para que alcancem os objetivos da organização, mas acima de tudo, que sejam líderes que sirvam de exemplo para todos os seus liderados, com uma postura ética e um caráter íntegro, o que gera influência. A influência exercida por um líder sobre seus liderados se mostra como sinal de confiança, e a confiança gera parceria.

A liderança é necessária em todos os tipos de instituições humana, desde a família, a religião, o estado, a saúde, dentre outras e também o trabalho.

Assim, pela importância que adquire a liderança dentro de uma organização, fica evidente que estudar este fator também se torna primordial, principalmente buscando novas formas de conhecer, pensar e fazer. Empresas campeãs precisam de líderes que formem outros líderes, que tenham objetivos comuns, que floresçam juntos. Bons líderes fazem seus liderados florescerem. Líder despreparado gera conflito desnecessário, estimula jogos de poder e desmotiva sua equipe.

Liderança é nata ou inata? Habilidades de liderança podem ser desenvolvidas? Como faço para descobrir se meu técnico é um bom líder? O que faz uma pessoa ser seguida? Essas e outras perguntas sempre surgem direcionadas aos profissionais de RH. Afinal de contas, o que é liderar com competência e assertividade? Como desenvolver essas competências?

Líder para Penteado (1986) é aquele que influencia tanto positiva quanto negativamente ao seu redor. Segundo Junior (2009, p. 5), ser líder é "é ser capaz de conseguir que uma ou mais pessoas mova-se no sentido de um resultado comum".

Já Cunha (2009) diz que para ser um bom líder é necessário antes de tudo, entender a sua finalidade, o porquê da sua existência para o grupo e para a organização. Entender o seu papel é fundamental para que o líder crie um ambiente de sucesso.

Ao despeito de definições, acredita-se que o foco principal da liderança está em respeitar as pessoas, estimular o autogerenciamento, as equipes autônomas e gerar bons resultados com as pessoas. Além disso, proporcionar e manter um clima organizacional agradável, onde a qualidade de vida seja também um dos objetivos. Pessoas felizes produzem mais.

Pensando assim, a metodologia do *coaching* se faz indicada ao se falar de formação de líderes. O *Coaching* é, sobretudo uma ferramenta de desenvolvimento humano, que auxilia o profissional a conquistar o status de líder à medida que apoia o sujeito na elaboração de seu papel e na elevação de seu nível de competências, aperfeiçoando seu desempenho pessoal e profissional, seja desenvolvendo novas competências ou aprimorando as já existentes. Segundo Chiavenato (2008), o *coaching* assumiu a função de facilitar o processo de mudança para formas de administrar menos severas.

O estilo *coaching* de liderar mostra-se como novo estilo (já não mais tão novo assim), onde o líder assume a responsabilidade de desenvolver as suas competências comportamentais, as de cada indivíduo, bem como da equipe, compartilhando responsabilidades, buscando o melhor desempenho de suas atribuições, potencializando desempenhos, maximizando resultados.

Coaching de liderança e gestão de pessoas

Um dos maiores desafios da área de Gestão de Pessoas é estimular a mudança. Quando se fala de organizações e de pessoas, se fala em cultura. A cultura, tanto pessoal quanto organizacional, é responsável pelas cristalizações de comportamento, pelas crenças, muitas vezes limitantes, pelo "sempre deu certo assim". Isso significa que esse desafio se torna grandioso quando pensamos em mudança de comportamento de liderança. Há anos e anos a cultura do "manda quem pode, obedece quem tem juízo" ainda insiste em se manter. Mesmo se obtendo baixos resultados, baixo nível de respostas positivas, alta rotatividade, altíssimo nível de insatisfação dos funcionários. A cultura se estabeleceu em grande parte das organizações e é repetida por grande parte dos líderes, principalmente em pequenas empresas do interior.

Para Gil (2001), Gestão de Pessoas é a função gerencial que visa à cooperação das pessoas que atuam nas organizações para o alcance dos objetivos tanto organizacionais quanto individuais. Chiavenato (2008) defende que as pessoas são o principal ativo das organizações, daí a necessidade de se dar a devida atenção a elas. O sucesso de uma organização é diretamente proporcional à maneira como as pessoas são tratadas. As organizações investem tanto em tecnologias e se esquecem do investimento em pessoas. Na prática diária o que se vê são empresas altamente abastecidas, mas pessoas altamente desprovidas de sentido no trabalho. E é esse sentido que faz a diferença. Líderes que percebem sua liderança como a formadora de capital intelectual, levam seus liderados a repensarem suas posições. Fazem a empresa repensar seus caminhos e assim saem do lugar cômodo do "sempre deu certo assim."

O modelo competitivo de gestão de pessoas prevê o desenvolvimento das competências humanas necessárias para que as competências organizacionais se viabilizem. Este cenário favoreceu o desenvolvimento de novas ferramentas administrativas, dentre as quais o *coaching* vem recebendo um destaque nas empresas.

Quais as vantagens para uma área de Gestão de Pessoas investir em *coaching*? Tendo em vista a busca das empresas por pessoas motivadas, comprometidas, dedicadas, o *coaching* como ferramenta de humanização e melhoria do ambiente de trabalho se faz mais que necessário: desejado. As pessoas podem reagir de forma positiva ou negativa de acordo com a forma que são tratadas. Uma grande vantagem também é a formulação de propósitos. Líderes com propósito se engajam em suas atividades e geram engajamento dos outros. O fracasso e o sucesso de um líder estão diretamente relacionados ao seu nível de engajamento. Segundo Leider (2012, p. 95) ter um propósito é saber a "razão pela qual se levanta todas as manhãs."

Qual sua missão? Quais as contribuições que você vem dando à sua equipe nestes últimos anos? Qual a diferença que você faz para sua equipe? Qual o legado você irá deixar para sua equipe? O que eles irão falar de sua gestão? Seus resultados são satisfatórios? Exemplo de perguntas que trazem o sujeito à reflexão, contribuindo para um despertamento de seu verdadeiro papel como líder. Ao trabalhar esse potencial, cria-se um círculo vicioso, onde líder contribui para o crescimento de seu liderado e vice versa, além de gerar admiração e lealdade destes. Tornando-se referência, modelo, figura de respeito, o líder se torna essencial para a organização.

Líder *Coach* investe nos pontos fortes de seus liderados, estabelece padrões de excelência, evita estresses desnecessários, preocupa-se com a saúde do empregado, vê seu funcionário como parceiro, fornece *feedback* do desempenho. Quando um líder é *coach*, ele busca desenvolver relacionamentos duradouros, no qual seu liderado o vê como exemplo. A relação é de coração para coração. As pessoas não adotam o que não acreditam. Assim, nessa relação de parceria e credibilidade, autoestima, motivação, desafio, fé, determinação, se fazem presente no alcance do (s) propósito (s).

Assim, a área de Gestão de Pessoas tem ao seu lado parceiros de consultoria interna, que contribuirão para a melhoria do clima organizacional, atração e retenção de talentos, facilitação do processo de aprendizagem, aumento da resiliência, redução do estresse dentre muitas outras vantagens.

Investir no *coaching* de liderança é investir em pessoas, quebrar paradigmas tradicionais de gerenciamento. Investir em pessoas é investir nos relacionamentos, em humanização. Apesar de ainda longe de algumas realidades, a humanização organizacional torna-se imprescindível nos dias de hoje, fazendo com que os profissionais contribuam de maneira mais plena e produtiva.

Referências
CHIAVENATO, Idalberto. *Gestão de Pessoas*. Rio de Janeiro: Elsevier, 2008.
CUNHA et al. *O papel do líder nos tempos atuais, 2009*. Disponível em http://www.dido.eti.br/documentos/artigo_papel_lider_nos_tempos_atuais.pdf. Acessado em 03 de janeiro de 2015.
GIL, Antônio Carlos. *Gestão de Pessoas: enfoque nos papéis profissionais*. Ed. 7. Reimpressão. São Paulo: Atlas, 2007).
JÚNIOR, Floriano. *A Liderança Efetiva*. Disponível em: http://www.portaldafamilia.org/artigos/artigo319.shtml. Acessado em 03 de janeiro de 2015.
PENTEADO, J. R.W. *Técnica de chefia e liderança*. 7ª edição. São Paulo. Editora Pioneira, 1986.
MARINHO, Robson, M., OLIVEIRA, Jayr Figueiredo (org). Liderança: uma questão de competência. São Paulo: Editora Saraiva, 2011.
STEFANO, Rhandy Di. *O líder Coach*. Rio de Janeiro: Editora Qualitymark, 2012.
LEIDER, Richard J. *O líder resoluto*. In: LYONS, Laurence S., McARTHUR, Sarah (org). *Coaching: o exercício da liderança*. Rio de Janeiro: Elsevier, 2012.
LYONS, Laurence S., McARTHUR, Sarah (org). *Coaching: o exercício da liderança*. Rio de Janeiro: Elsevier, 2012.

27

O *coaching* como ferramenta de assertividade...

Quando fui convidado a participar do projeto, não tive dúvidas de que seria um desafio e tanto, afinal, falar sobre o tema treinamento, sempre foi algo que eu quis trabalhar, mas, confesso ser uma arte, formar pessoas e mais, comunicar requer muita sensibilidade. O artigo a seguir visa uma análise qualitativa de como empresas e profissionais assumem seus papeis diante do mundo cada vez mais globalizado

José Ardonio

José Ardonio

É jornalista, com MBA em Psicologia Organizacional e do Trabalho, *executive coach* pela SBC (Sociedade Brasileira de Coaching), com certificação internacional pelo BCI (Behavioral Coaching Institute). Pós-graduando em Gestão de Pessoas e graduando em psicologia. Fundou a consultoria Coaching Brasil – Treinamentos Corporativos, onde ministra palestras e treinamentos, tendo atuado em empresas e sessões particulares de Coaching. Carreira em ascensão em *coaching*, liderança, gestão estratégica com foco na valorização do capital humano, responsabilidade sócio empresarial e qualidade de vida dentro das organizações. Autor do livro: *Coaching - Uma ferramenta de excelência, Tecnologia e Desenvolvimento Contínuo*.

Contatos
www.icoachingbrasil.com.br
www.joseardonio.com.br
contato@icoachingbrasil.com.br
fale@joseardonio.com.br
joseardonio@gmail.com
@joseardonio_
fb/joseardonio
https://www.linkedin.com/in/joseardoniocoach
Instagram: https://instagram.com/joseardonio
(11) 95496-8628

José Ardonio

> "O Coaching não é simplesmente uma técnica a ser conduzida e rigidamente aplicada em algumas circunstâncias prescritas. É um jeito de gerenciar, um jeito de tratar as pessoas, um jeito de pensar, um jeito de ser. Aproxima-se o dia em que a palavra 'coaching' desaparecerá de uma vez do léxico, e essa prática passa a ser apenas uma maneira de se relacionar com os outros no trabalho, e em qualquer outro lugar."
>
> (John Whitmore)

À medida em que o tempo passa, sentimos a necessidade de buscar ainda mais bases para os nossos projetos, de vida e carreira. O que nos foi colocado como novo ontem, hoje, pode ser que não seja tão importante. O ponto onde paramos é o que menos interessa, mas sim o que queremos como queremos e o que estamos dispostos a fazer, para sairmos da tão famosa zona de conforto, ou para não entrar nela. Nos meus processos de *coaching* com os meus *coachees*, sou muito cobrado, por mim mesmo e por talvez tentar muitas vezes me colocar demais no lugar deles.

Qual o sentido da vida para os meus *coachees*? Quais as metas e estratégias usadas por eles fora do processo, no pós-sessão? Essas perguntas eu me fazia sempre que o meu cliente saía da nossa reunião logo que comecei a atuar profissionalmente como *coach*.

O mundo gira rapidamente, os fatos acontecem em tempo real. A economia muda, a cultura das organizações entra em conflito, as gerações X e Y "pegam fogo", as relações trabalho, escola, casa precisam ser administradas e muito bem administradas. A comunicação dos nossos líderes e com os nossos líderes precisa estar afiada, ou então caímos na velha máxima: "quem não se comunica, se trumbica" mas para que tantos questionamentos?

Se formos buscar uma resposta para cada lacuna, nos voltaremos para a grande necessidade de mudança, mas muito mais que isso, são as exigências e a forma com que tudo está acontecendo em nossa volta. Num primeiro momento a resposta seria, "sei lá!", mas algumas dessas questões nos levam a refletir e a procurar vivermos antenados, acordados com o sistema que nos rege.

O que nos deixa de fato felizes e realizados profissionalmente?
Um salário razoável? O reconhecimento por parte dos nossos gestores?
E a felicidade, está ligada ao sucesso profissional?
E a nossa qualidade de vida?

O negócio é fazer a coisa bem feita. E fazer a coisa certa. Com esta simples mudança de atitude você pode passar a ganhar mais dinheiro e a ter muito sucesso em suas atividades. Sempre que estiver pronto para iniciar qualquer atividade, pergunte a si próprio: isso precisa realmente ser feito? E não gaste nisso a sua energia se a resposta for "não".

Se 80% do nosso sucesso estão ligados a atitudes e 20% apenas requerem competências, uma atitude mental positiva pode enriquecer sua vida pessoal, relacionamentos e carreiras.

No Brasil, pelo menos, nos últimos dez anos a grande procura pelo *coaching* tem impactado não só nos negócios, mas também na vida de muitos executivos e grandes empresas.

O que é coaching?

Para a definição do que é *coaching*, vou apresentar mais adiante uma das ferramentas que mais gosto, a Roda da Vida. Vou usar um exemplo simples e que tive a oportunidade de vivenciar com uma cliente (*coachee*), mas antes de compartilhar a minha experiência, quero trazer de uma forma direta e prática a definição de *coaching*, pontuada pela Sociedade Brasileira de Coaching, entidade líder na formação de *coaches* no Brasil.

"*Coaching* é um processo que visa elevar a performance de um indivíduo (grupo ou empresa), aumentando os resultados positivos por meio de metodologias, ferramentas e técnicas cientificamente validadas, aplicadas por um profissional habilitado (o *coach*), em parceria com o cliente (o *coachee*)."

Ainda de acordo com os mesmos autores, "*Coaching* é uma nova profissão. Trata-se de uma assessoria pessoal e profissional que combina prática e procedimentos distintos, visando dar suporte às pessoas para que criem uma vida ideal. O processo de *coaching* leva o cliente a novos entendimentos, alternativas e opções capazes de fazer com que ele amplie suas realizações e conquistas."

A sociedade Brasileira de Coaching pontua o *coaching* como sendo:
- √ "A arte de aumentar a performance dos outros;"
- √ "O processo de evocar excelência nas pessoas;"
- √ "Uma ferramenta que promove uma performance continuamente excelente;"
- √ "O processo que potencializa o poder pessoal;"
- √ "O processo que utiliza uma metodologia que gera conversações efetivas, identificação e reformulação de valores, metas e busca de soluções eficazes e transformadoras;"
- √ "Uma competência de gestão e gerenciamento de pessoas, indispensável para executivos e líderes."

Na parceria de *coaching*, o *coach* contribui com:
- √ Seu conhecimento e expertise;
- √ Apoio e suporte;
- √ Sigilo e não julgamento;
- √ Confiabilidade;
- √ Comprometimento com o cliente;
- √ Competências para trabalhar bem e responsabilidade com a sua atuação.

E o *coachee* contribui com:
√   Disposição para a mudança;
√   Responsabilidade para entrar em ação;
√   Comprometimento com o processo de *coaching*.
√   Não confunda *coaching* com outros métodos

Parece que o sucesso profissional está chegando mais cedo, a geração Y está aí para desmistificar todo e qualquer paradigma implantado pelas gerações passadas. Mas o fato é que tornar-se um profissional completo, apto a assumir uma postura mais tradicionalista, ou seja, uma postura de líder contemporâneo, pois comunicar de forma assertiva ainda é barreira a ser enfrentada por muita gente, Como destaca Claudia Mourão (2011). "O desenvolvimento das habilidades de apresentação, traz um nível superior de eficácia e poder para os profissionais, especialmente para os executivos, não só pelas apresentações para clientes externos, mas, também, criando um novo e promissor futuro para as relações interpessoais nas equipes, para a liderança inspiradora e para transformar as apresentações e reuniões de trabalho num caminho de fluxo efetivo de informações e coerência."

Ao longo de nossa formação profissional e durante a construção da nossa carreira, somos levados a diversos fatores, que de certa forma são testes, testes esses que vivenciamos para nos tornarmos ainda mais eficazes dentro ou fora das corporações.

A ética profissional, a eficiência e as nossas atitudes é que faz de nós bons ou "maus" profissionais.

Dentro dos processos de *coaching*, com os meus *coachees*, já no primeiro encontro, onde faço um mapeamento do percurso que o meu *coachee* quer seguir, procuro me colocar no lugar dele, mas sem interferir no processo de mudança dos mesmos, sigo sempre, como manda o que eu chamaria, de as regras do *coaching* que é apoiar, mas me coloco no lugar do outro, pelo fato de tentar ajudar o meu cliente a conseguir os objetivos esperados dentro do processo de *coaching*. Geralmente o *coachee* chega desnorteado, mas com a vontade de crescer, aumentar sua produtividade e dar um norte para a vida, tanto pessoal, em casa com a família e profissional no ambiente corporativo e nas relações interpessoais, é aí que deve entrar o *coach* e junto com as ferramentas, proporcionar ao *coachee* aquele apoio de que falamos.

Vou compartilhar a minha experiência com uma *coachee*, muito especial e que me mostrou por meio desse processo que eu estou no caminho certo e que o *coaching* mudou a minha vida para sempre.

Acordar todos os dias com a missão de ajudar o outro e aprender com o outro, pela transformação e autoconhecimento era algo que queria, sempre quis.

O relato a seguir é parte de um processo de *coaching* onde a *coachee* precisava alinhar sua agenda intensa, sua relação com o marido estava em constante decadência e por outro lado, mal podia estar com sua filhinha, pois na lista de compromissos não havia espaço para o seu bebê. Medo de não conseguir administrar a empresa de forma a evitar conflitos com os colaboradores tiravam seu sono e deixavam-na estressada e sem rumo, sua vida, como ela própria descreveu, estava uma avalanche de problemas.

Vejam:

"Cheguei onde queria muito cedo, achava que tinha um esposo, uma família e uma carreira em ascensão, mas me perdia, por não administrar de forma ordenada os meus bens mais preciosos."

E agora? E se fosse você? Imaginemos o seguinte case

Advogada e administradora de empresas, mãe e esposa, cheguei muito cedo a cargos gerenciais e agora, prestes a assumir a diretoria da companhia em que trabalho, preciso alinhar a minha vida de forma assertiva, tomar decisões de modo que consiga manter o meu casamento e ver o crescimento da minha filhinha, acompanhar de perto o seu desenvolvimento, sempre tive um gênio muito forte e não consigo comunicar como uma líder de fato, não sei se isso vem de mim, nem se consigo melhorar, mesmo sabendo que para assumir a diretoria da empresa, preciso tomar decisões sensatas e manter a postura de uma gestora, que de fato, valoriza os seus colaboradores.

Ultimamente a minha agenda está uma bagunça só, já não tenho tempo para o meu marido e filha, pois estou sempre viajando, meu celular não para e aos finais de semana, para "ganhar tempo" precisava trabalhar até quatro horas, em casa. Já não sei mais o que é passear, pois sempre que posso, e nunca posso, sair para almoçar com a família, achava que era produtivo o fato de estar ao telefone resolvendo problemas de colaboradores "problemas".

Figura: A Roda da Vida
Fonte: Sociedade Brasileira de Coaching

Orientação... do zero a dez, identifique como está cada área destas e pinte, para poder identificar quais estão precisando de metas, Objetivos, para que possam melhorar, equilibrar-se às demais.

Alguns resultados esperados

Quero mais assertividade nas tomadas de decisões
Mais equilíbrio e trabalhar a minha inteligência emocional
Não estou liderando corretamente
Preciso comunicar-me como uma gestora de fato
E, por último, administrar meu tempo, de modo que cumpra a minha agenda intensa, com isso terei mais qualidade de vida e só assim vou conseguir tocar os negócios da empresa sem conflitos internos e ou externos.

O breve relato da minha *coachee* responde algumas das perguntas que fiz no início do artigo. Estamos sempre correndo, e algo que deveria estar bem administrado, o nosso tempo, está sempre entrando em choque com a nossa realidade e envolvendo a nossa qualidade de vida.

As vinte qualidades essenciais para os líderes
(NAPOLEON HILL Autor da Lei do Triunfo)

Os homens sem fibra não terão parte na liderança do futuro. Terão sido suplantados, por não terem mostrado as qualidades de um verdadeiro líder, numa época em que todo o País sentia os horrores da crise resultante de uma direção ineficiente. Os líderes do futuro têm de possuir as seguintes qualidades:

1) Domínio completo dos seis medos básicos da humanidade;
2) Tendência para subordinar os interesses pessoais ao bem dos seus adeptos;
3) Unidade de propósito, representada por um programa definido de direção que se harmonize com as necessidades da época;
4) Compreensão e aplicação do princípio do "*Master Mind*" por meio do qual o poder é alcançado mediante a coordenação de esforços, num espírito de perfeita harmonia;
5) Confiança em si mesmo, na sua mais alta forma;
6) Habilidade para tomar decisões rápidas e mantê-las com firmeza;
7) Imaginação suficiente para prever as necessidades da época e criar planos para a sua solução;
8) Iniciativa, na sua forma mais profunda;
9) Entusiasmo e habilidade para transmiti-lo;
10) Autocontrole, na sua mais elevada forma;
11) Boa vontade para dar mais trabalho do que o que é pago;
12) Uma personalidade agradável e magnética;

13) Capacidade de pensar com exatidão;
14) Capacidade de cooperar com os outros num espírito de harmonia;
15) Persistência para concentrar pensamentos e esforços sobre uma determinada missão, até vê-la realizada;
16) Capacidade para tirar proveito dos erros e fracassos;
17) Tolerância na sua forma mais elevada;
18) Temperança, em todas as suas formas;
19) Honestidade de intenção e de ato;
20) Estrita aderência à Regra de Ouro, como base de relações com os outros.

Sábio é o aspirante à liderança que no futuro, compreenda desde cedo que nenhuma empresa ou profissão alcançará êxito, se for conduzida sem a consciência de que os dirigentes e os dirigidos são sócios e, como tal, têm direito a partilhar dos mesmos benefícios e lucros.

Os negócios que terão êxito, no futuro, são aqueles que forem dirigidos de acordo com uma política cooperativa, e os chefes se considerarão então antes como servidores do público do que como indivíduos com o privilégio de explorar o povo para proveito próprio.

Eu,_____

"Creio em mim mesmo.
Creio nos que trabalham comigo.
Creio no chefe.
Creio nos meus amigos.
Creio em minha família.
Creio que Deus me emprestará tudo o que eu necessito para triunfar, contanto que eu me esforce para alcançá-lo por meios lícitos e honestos.
Creio nas orações e nunca fecharei os meus olhos para dormir sem pedir antes a divina orientação, a fim de ser paciente com os outros e tolerante com os que não acreditam como eu acredito.
Creio que o triunfo é o resultado do esforço inteligente e não depende de sorte, de magia, de amigos duvidosos, de companheiros ou do meu chefe.
Creio que tirarei da vida exatamente o que nela colocar, e, assim sendo, serei cauteloso quanto a tratar os outros, como quero que eles sejam comigo.
Não caluniarei aqueles de quem não gosto.
Não diminuirei o meu trabalho por ver que outros o fazem.
Prestarei o melhor serviço de que for capaz, porque jurei a mim mesmo triunfar na vida e sei que o triunfo é sempre o resultado do esforço consciente e eficaz. Finalmente, perdoarei os que me ofendem, porque compreendo que algumas vezes ofendo os outros e necessito do seu perdão.

Mahatma Gandhi

28

O sucesso: da padronização à personalização

O que é sucesso para você? Quando fazemos essa pergunta, a primeira imagem pode ser diferente para cada pessoa. Isso porque o sucesso pode ser representado por coisas, situações, emoções, experiências muito distintas e personalizadas. Uma coisa, no entanto, nos parece consenso: ter, fazer ou ser um sucesso está relacionado a ser feliz. Nesse sentido, fazemos uma reflexão sobre esse caminho que chamamos "sucesso", no intuito de que nosso leitor possa superar as adversidades, e abrilhantar sua vida com nobres e dignas atitudes

Jovir Alceu Zanuzzo

Jovir Alceu Zanuzzo

Nascido em Maravilha-SC, é licenciado em Filosofia pela Universidade de Passo Fundo, Mestre em Teologia pela PUC-Rio, *Coach* Pessoal e Profissional pela ACT Coaching, se especializando em Gestão de Pessoas pela Fundação Getulio Vargas, pós-graduando em *Coaching* e Liderança pela Universidade Católica Dom Bosco; tem diversos cursos, congressos e seminários na área de desenvolvimento humano; foi sacerdote durante dez anos; já ministrou mais de 300 (trezentas) horas de palestras em empresas, instituições educacionais ou religiosas, órgãos públicos, grupos específicos e comunidade em geral; autor de inúmeros artigos em diversos meios de comunicação, também é professor e atua como *Coach* e Consultor pessoal e profissional (presencial ou a distância); com perfil desafiador e propositivo, foca sua produção intelectual e sua atuação profissional na qualidade de vida e no desenvolvimento integral de pessoas, empresas e instituições que desejam brilhar mais.

Contatos
jovir.zanuzzo@yahoo.com.br
Facebook.com/palestrantejovir
(49) 3664-3592

Jovir Alceu Zanuzzo

Uma caminhada...

O que pensamos quando ouvimos alguém dizer que "alcançar o sucesso não é tão difícil quanto manter-se lá"? A princípio, não acho interessante essa ideia de sucesso, como algo a ser alcançado, mas entendo essa expressão como uma afirmação de que o sucesso é algo que sempre exige perseverança, empenho, dedicação. Fama é uma coisa, realização de um objetivo ou sonho é outra coisa, mas sucesso é algo bem diferente. Gosto de comparar o sucesso com uma caminhada, um processo, e não como um ponto de chegada. Imagino uma exuberante e desafiadora montanha para subir. Nosso objetivo pode ser chegar ao topo. Mas, até alcançá-lo há muito para vivenciar. Se ficarmos pensando e nos preocupando excessivamente com a chegada, não aproveitamos as experiências e emoções do trajeto.

O que vejo como padronização do sucesso é essa proposição social e midiática do ter, do conquistar, geralmente presa à dimensão material, inclusive nos relacionamentos. O que me parece interessante não é caminhar em busca do sucesso ou de conquistas, mas caminhar fazendo sucesso, marcando positivamente as pessoas, sendo um profissional dedicado, edificando relacionamentos saudáveis, cultivando princípios e valores nobres. Não vejo conquistas melhores do que essas. Mais do que fazer sucesso, é bonito ser um sucesso. E isso não se reduz a uma dimensão apenas, mas à integralidade das experiências e da vida humana. Há excelentes pais que no trabalho são um fracasso, assim como excelentes profissionais que vivem tormentas em seus relacionamentos familiares. Quando lhes perguntar se estão realizados, talvez digam "em partes". Mas isso existe?

Sucesso é sentimento de realização, de felicidade, de estar "no caminho certo". É ver sonhos se realizando e outros surgindo. Numa longa caminhada sempre devemos estar preparados para encarar e superar possíveis adversidades. Uma caminhada de sucesso não é uma vida sem dificuldades ou sem problemas, porque essas também são situações importantes para fortalecer os propósitos e agregar sabedoria. Ralph Waldo Emerson – escritor, filósofo e poeta americano, falecido em 1882, nos deixou uma excelente definição de "sucesso":

Manual completo de treinamentos comportamentais

> *"Rir muito e com frequência; ganhar o respeito de pessoas inteligentes e o afeto das crianças; merecer a consideração de críticos honestos e suportar a traição de falsos amigos; apreciar a beleza, encontrar o melhor nos outros; deixar o mundo um pouco melhor; saber que ao menos uma vida respirou mais fácil porque você viveu. Isso é ter tido sucesso."*

Se for assim, sucesso é bem mais simples do que geralmente cremos. E perpassa as dimensões mais essenciais do ser humano, desde um sorriso espontâneo até uma conquista extraordinária. Mas é sempre um processo, um caminhar, onde primeiro é preciso soltar os "freios", desnudar-se das crenças limitadoras e abrir mão de tudo o que não permite ou dificulta caminhar, livre e conscientemente, na direção escolhida. Porque o sucesso também é uma escolha.

Melhoria contínua...

Eu tenho um amigo no Rio que usava, como complemento em sua assinatura, a frase: "buscando melhoria contínua". Essa expressão instiga e desafia à reflexão, e é um estímulo ao crescimento, à busca de maturidade. Não uma insatisfação, mas uma convicção de que é possível melhorar continuamente, e que a busca pela excelência no ser e no fazer não tem um fim, um ponto de chegada. Esse propósito se reveste de uma incansável busca: ser e fazer hoje melhor do que ontem, e amanhã melhor do que hoje.

Quando falamos em melhoria contínua estamos abordando uma questão que, a priori, deveria ser algo natural no ser humano: o próprio desenvolvimento – reconhecendo e trabalhando suas fragilidades e extraindo sempre mais de seus pontos fortes. Não há idade para concluir o processo de maturidade humana. E nem as condições externas, por mais adversas que sejam, justificam "parar no tempo". Quem abraça um processo pessoal de melhoria contínua revela o desejo, propósito ou compromisso de crescer humanamente. Independente da idade, essa busca se torna um estado de espírito, uma força motriz a partir de dentro.

Uma atitude imprescindível, quando se fala em melhoria contínua, é a humildade – grande desafio para muitos, e algo muito natural para outros. Ser humilde não significa se reduzir ou menosprezar, mas ser coerente com sua própria essência: reconhecer tanto as grandezas quanto as fraquezas. Essa atitude, quando cultivada diariamente, dá vigor na caminhada pessoal e profissional, e torna possível a realização, o sucesso, como afirma o já citado escritor Ralph W. Emerson: "Ser você mesmo em um mundo que está constantemente tentando fazer de você outra coisa é a maior realização". A isso também podemos chamar de autenticidade.

Atualmente, quando se fala em melhoria no desempenho, crescimento pessoal ou profissional, geralmente entra em cena um condicionamento psicológico de disputa, concorrência, de ser, ter ou fazer mais "do que o outro". Isso nos leva a conflitos desnecessários. O verdadeiro sucesso de uma pessoa não está em vencer os outros, mas em vencer, a cada dia, suas próprias fraquezas e limitações. Esse é o caminho para a excelência que tanto queremos. Em "O jogo interior do tênis", W. Timothy Gallwey, um dos precursores do *coaching*, aborda essa questão como fundamental para melhorar o próprio desempenho e ser vencedor. O pior adversário não está do outro lado da rede, mas em meu próprio interior. Superá-lo é um processo desafiador e profundamente realizador.

Quero usar aqui uma experiência esportiva pessoal que me deixou bastante convicto em relação a essa perfeita teoria de Gallwey. Gosto muito de jogar boliche, embora seja completamente amador. Meses atrás, eu e alguns primos fomos jogar em uma cancha na qual ainda não havíamos jogado. Jogamos em seis, mas a disputa ficou principalmente entre o Key, o Adilson e eu. Na primeira partida, Key venceu, eu fiquei em segundo com 125 pontos. Na segunda, Adilson venceu, eu fiquei novamente em segundo com 139 pontos. Era minha vez de vencer, mas novamente fiquei em segundo, agora com 152 pontos, e o Key venceu. Nesse momento também comemorei, pois percebi que minha pontuação era melhor a cada partida! Antes da quarta partida, pensei: posso perder pra eles, mas não posso perder pra mim mesmo! Com esse propósito fiz incríveis 202 pontos e, obviamente, venci.

Naquela programação, além da ótima companhia, o que me alegrou foi essa consciente experiência de superação pessoal, de "melhoria contínua". Mas, confesso, concentração e foco são fundamentais. É preciso observar atentamente a execução de cada pequeno gesto, porque no jogo (e na vida) há uma interessante relação entre causa e efeito. Em qualquer área em que há necessidades de melhoria, crescimento, mudança de comportamentos, desenvolvimento, o próprio sujeito deve ser o parâmetro de comparação, o referencial. É sempre injusta uma comparação interpessoal, não simplesmente, porque "cada ponto de vista é a vista de um ponto", mas porque cada pessoa é um mundo e suas circunstâncias. E o sucesso não passará de um sonho, enquanto o desejamos olhando para fora.

A partir de dentro...

Quando tenho oportunidade, em minhas palestras, com meus clientes em *coaching* ou em outras situações, sempre afirmo: qualquer mudança em você depende mais de você do que de qualquer outra pessoa, e exige verdadeira conscientização. Nada ou ninguém será capaz de mudar um detalhe em você, se você não estiver disposto a fazê-lo. Mas, se você estiver decidido, nada ou ninguém será capaz de impedir que mudanças fantásticas aconteçam em você. Podemos dizer, com isso, que o eixo diferencial sobre o qual se sustenta toda engrenagem de mudanças e transformações pessoais está na própria pessoa e não em outro lugar.

Pressões externas ou condicionamentos sociais, culturais, religiosos, familiares, etc., só exercem poder de mudança em uma pessoa por duas razões: porque ela compactua conscientemente – e nesse caso a mudança é uma busca; ou porque carece de esclarecimento e conscientização que lhe possibilitem autonomia no pensar e no agir – e essa é a pior forma de mudança, pois é uma imposição, não uma busca. Isso se confirma em inúmeras situações comuns à nossa volta. Quando uma mudança acontece a partir de dentro, mesmo que a conscientização seja um processo dinâmico na tríade "eu-outro-mundo", é provável que seja uma mudança mais autêntica e profunda. Por outro lado, quando a mudança é algo simplesmente circunstancial, uma determinação que gera uma aceitação, mas não uma busca pessoal, geralmente a conscientização é substituída por uma "lavagem cerebral". Nesse caso, mesmo que haja mudança, é provável que seja mais supérflua e vulnerável.

Autêntico desenvolvimento humano só existe quando há predisposição e autodisciplina. A primeira é força vital que cria coragem para tomar decisões e buscar algo. A segunda é a decisão de usar autoridade sobre si mesmo e perseverar na opção feita. A mais autêntica e produtiva autoridade é aquela que exercemos sobre nós mesmos, que nos faz tomar as rédeas da própria vida e empreender ações, atitudes e comportamentos novos a cada dia, trafegando por estradas que possibilitam a própria realização e dão pleno sentido à existência, independente dos caminhos que outros trilham ou indicam.

Quando afirmo que mudanças profundas e verdadeiras e, consequentemente, desenvolvimento pessoal e profissional, exigem convicção e firmeza do próprio sujeito, considero um princípio motriz muito importante: a liberdade pessoal! É sabido que essa questão é séria e decisória. Ao iniciar o processo de *coaching* com seu cliente, uma das primeiras atitudes do profissional *coach* é observar e descobrir, por meio de dinâmica própria, se há convicção, determinação e liberdade nas buscas do cliente. Justamente porque o *coaching* é uma metodologia que não visa "pseudo" mudanças e sim transformações efetivas e resultados extraordinários. Nesse sentido, o *coaching* é uma metodologia de dentro pra fora, e não inversamente. De fora vem a cooperação, a colaboração, o apoio, o desafio, o questionamento. Mas de dentro vem o impulso transformador e a força propulsora.

Continue sorrindo...

O sorriso é uma arma comprovadamente poderosa, um remédio natural que previne muitos males. Sabemos quanto isso é real. Nos tempos em que a tensão, o nervosismo, as exageradas preocupações, o estresse, tomavam conta da minha vida, no intuito de me ajudar alguém me deu de presente o livro "Não leve a vida tão a sério", de Hugh Prather. Ele nos mostra uma coisa muito simples: complicamos as coisas desnecessariamente. Destaco uma frase marcante do livro:

> "Os problemas nos atingem na medida da nossa preocupação. A chave para se alcançar a fluidez, o repouso e a liberdade interior não é a eliminação de todas as dificuldades externas, mas sim o desapego ao padrão de reação a essas dificuldades."

Quando ministro palestra em que o tema aborda questões dessa natureza, ou mesmo em alguns atendimentos personalizados, faço

Manual completo de treinamentos comportamentais

uma dinâmica. Lembre seus últimos conflitos, seja no trabalho, na família, nos relacionamentos, em qualquer situação, e responda: se tivesse encarado a situação diferente, com outra reação, com um pouco mais de paciência ou com menos precipitação, com mais bom humor, menos "armado", as consequências não seriam melhores? E por que, muitas vezes, depois de pequenos conflitos, que poderiam ser resolvidos de imediato, em vez de assumir atitudes melhores, assumimos comportamentos mesquinhos que só prejudicam as relações já conflituosas, gerando mais dissabores e sofrimentos?

A verdade é que agimos segundo nossas escolhas, de acordo com a própria maturidade. Mas geralmente a culpa recai sobre as circunstâncias ou aquilo sobre o que, supostamente, não temos controle. No fundo, sabemos que está em nós a possibilidade de crescimento, melhoria e amadurecimento. Essa escolha deve ser feita e sustentada. E aí, destaco duas atitudes que fazem muita diferença: otimismo e entusiasmo. Cito, novamente, R. W. Emerson: "nada de grandioso alguma vez foi alcançado sem entusiasmo!". Tanto esse impulso motivador (entusiasmo) quanto a capacidade de ver o lado bom e positivo das coisas (otimismo) são contagiantes e propulsores de experiências realizadoras.

Por fim, acredito que na essência humana existe o bem, o bom, o melhor. E a maturidade de alguém é proporcional à capacidade que tem de estar em sintonia, no seu pensar e no seu agir, com essa essência. E há ferramentas preciosas para abrir portas que nos permitem chegar à maturidade. Vou, aqui, indicar apenas uma: o sorriso! Porque sorrir é bem mais do que expressar alegria; é como um maravilhoso raio de sol que aparece, quando ainda estamos lamentando a tempestade. Quando uma amiga descreveu o que lhe parecia um problemão, me pedindo que lhe dissesse como agir, ela não esperava que minha resposta fosse: continue sorrindo! Uso essa expressão para dizer: não perca o otimismo, não deixe a tristeza abater, não perca tempo lamentando e nem gaste energia maquinando maldade, mas continue acreditando, vendo o lado bom da vida, com esperança, com fé e com amor.

Estimado leitor, experimente o sucesso como uma caminhada, onde os passos são melhorias contínuas impulsionadas a partir de dentro, e por maior que seja o desafio, nada impeça que você continue sorrindo, porque alegria é o mais simples e autêntico sinal de felicidade.

29

A dinâmica do aprendizado no comportamento humano
Aprendendo a aprender

Nossos comportamentos se originam das percepções das experiências que temos na vida, desde a infância até a idade adulta. Aprendemos como andar, como falar, como agir nas mais diversas circunstâncias da vida, mas, podemos adotar comportamentos que nos limitam na relação social pessoal, familiar, ou no trabalho sem que saibamos, e nos prejudicar em algum momento da nossa jornada. Independentemente da idade cronológica que possuímos, podemos mudar nosso comportamento e aprender a aprender

Keith Bacellar

Keith Bacellar

Master Coach Trainer, Practitioner em PNL Sistêmica, Hipnoterapeuta, Diretora Presidente da LLibertat Coaching, empresa focada em desenvolvimento humano e formação para equilíbrio físico e mental. Graduada em Medicina com Pós-Graduação em Cirurgia do Aparelho Digestivo e Medicina do Trabalho, com MBA em Gestão Empresarial. Consultora, Palestrante, Analista Comportamental, Hipnose Ericksoniana, Focusing Oriented Therapy e treinada em renomadas instituições nacionais e internacionais: PAHC - Sociedade Brasileira de Programação em Autoconhecimento e Comunicação, ECA - European Coaching Association (Alemanha/Suíça), GCC - Global Coaching Community (Alemanha), ICI - International IAC - International Association of Coaching, BCI - Behavioral Coaching Institute, IBC Coaching, Metaforum Internacional, ACT Institute - Accredited Certified Training. Experiência de mais de 28 anos no mercado corporativo da saúde, desenvolvida em conceituadas empresas da rede pública e privada com ampla experiência em Gestão Integrada da Saúde, Gestão de Riscos na Saúde Ocupacional e Assistencial, Consultoria Médica, Auditoria e Regulação Médica, Planejamento Organizacional, Gerenciamento de Custos Médicos, Programas Preventivos, Qualidade de Vida e Bem-Estar. Coautora do livro *Coaching Esportivo* pela Editora Ser Mais.

Contatos
www.llibertat.com.br
keith@llibertat.com.br
contato@llibertat.com.br

Keith Bacellar

Você já percebeu como nós interpretamos a realidade ao nosso redor? E como, parte do que fazemos e como agimos está relacionado com as experiências que temos durante toda uma vida? Quantas vezes você percebeu que havia feito escolhas que não estavam de acordo com seus objetivos iniciais?

Um dos grandes desafios da humanidade é descobrir como direcionar esforços para alcançar e realizar seus sonhos. Na infância nossos sonhos são totalmente possíveis para nós: queremos ser cientistas, astronautas, médicos, bombeiros, artistas, super-heróis e salvarmos o mundo com nossos superpoderes. Nada é impossível. Crescemos, e passamos a adotar comportamentos decorrentes de nossas experiências e, em algumas circunstâncias, podemos limitar nossas escolhas baseados no que chamamos de realidade. Vivemos e nos sentindo capazes ou incapazes de realizar grandes feitos. Passamos a acreditar e ter como verdadeiras, frases que ouvimos ou situações que vimos em nossa família, na escola, na mídia social. E, estas verdades passam a fazer parte de nossa identidade. Trata-se de conceitos estabelecidos na pirâmide Níveis Neurológicos. Resta a pergunta: Existe alguma possibilidade de mudança?

1. APRENDIZAGEM E COMPORTAMENTO

A aprendizagem é a capacidade original, progressiva e contínua que o ser humano tem de se adaptar ao meio ambiente, e acompanha o indivíduo ao longo de toda sua vida. A nossa percepção é criada através dos cinco sentidos que nós, seres humanos, dispomos para experimentarmos o mundo ao nosso redor. Visão, audição, tato, olfato e paladar compõem os cinco sentidos pelos quais nos guiamos e reagimos àquilo que percebemos. As experiências que vivemos e o impacto que elas nos trazem nos fazem crer que nossas impressões são o reflexo perfeito do que é a realidade. E esta realidade percebida, e não a objetiva, passa a ser o espelho reflexo de como entendemos a dinâmica do mundo e das pessoas que nele habitam. Quanto maior a distância entre a realidade percebida e a objetiva, maior a possibilidade de incompreensão, frustração e conflito.

O comportamento humano é produto de um interminável fluxo de percepções, sentimentos e pensamentos, tanto no plano consciente quanto no inconsciente (MLODINOW, 2012, p.23), e ao captarmos os dados fornecidos pelos nossos sentidos, de forma incompleta, nosso inconsciente atua completando o que está faltando e transporta essa percepção à nossa mente consciente. Como resultado, passamos a apresentar comportamentos aprendidos por meio de conexões estímulo-resposta herdadas, chamadas reflexos (WATSON, J.B). A aprendizagem ocorre como resultado da interatividade e do condicionamento clássico do indivíduo com o meio ambiente. Skinner, professor e pesquisador na Universidade de Minnesota, desenvolveu inúmeros estudos científicos sobre o comportamento. Para ele a aprendizagem concentra-se na capacidade de estimular ou reprimir comportamentos, desejáveis ou indesejáveis, portanto, podemos modificar comportamentos adquiridos utilizando ferramentas adequadas.

As ferramentas para mudanças comportamentais, encontradas tanto no *coaching* quanto na Programação Neurolinguística, se baseiam no *input* de novas informações que possam ter passado despercebidas pelo indivíduo no momento em que viveu a experiência, ou na ressignificação da mesma, logo estamos frente à aprendizagem por experimentação. Estes métodos de aprendizagem são corroborados pela Andragogia, que é a arte ou ciência que estuda as melhores práticas para orientar adultos a aprender, e baseia-se que a experiência é a fonte mais rica para a aprendizagem de adultos, que são motivados a aprender conforme vivenciam necessidades e interesses. O adulto, diferente da criança, necessita entender o porquê para aprender. O modelo andragógico baseia-se nos seguintes princípios:

1. Necessidade de saber (o porquê, o que, como): adultos precisam saber por que precisam aprender algo e qual o ganho que terão no processo.

2. Autoconceito do aprendiz (autônomo, autodirigido): adultos são responsáveis por suas decisões e por sua vida, portanto, querem ser vistos e tratados pelos outros como capazes de se autodirigir.

3. Papel das experiências (recursos, modelos mentais): para os adultos suas experiências são a base de seu aprendizado. As técnicas que aproveitam essa amplitude de diferenças individuais serão mais eficazes.

4. Prontidão para aprender (relacionado à vida, tarefas de desenvolvimento): os adultos ficam dispostos a aprender quando a ocasião exige algum tipo de aprendizagem relacionado a situações reais de seu dia a dia, e os torna mais capacitados.

5. Orientação para aprendizagem (centrado no problema, contextual): os adultos aprendem melhor quando os conceitos apresentados estão contextualizados para alguma aplicação e utilidade para executar tarefas ou resolver problemas.

6. Motivação (valor intrínseco, recompensa pessoal): adultos são mais motivados a aprender por valores intrínsecos: autoestima, qualidade de vida, desenvolvimento.

Se o que fazemos deve ter sentido para nós, se nossas experiências podem ter outro significado e auxiliar na condução de nossas vidas, nada mais efetivo do que experimentar o movimento de mudança através de treinamentos comportamentais para provocar transformações e maximizar os resultados.

2. ANÁLISE COMPORTAMENTAL

Uma pesquisa publicada em 2011 no Fórum Econômico Mundial com 5% das empresas com alto crescimento, que geram mais empregos e receitas que as outras 95%, demonstrou que o capital humano está entre os três recursos mais importantes para o crescimento, com índice médio de importância de 62%, portanto, o impacto que os indivíduos, grupos e estrutura têm sobre as organizações permite melhorar a eficácia organizacional. Na prática, os executivos precisam de desenvolver: habilidades técnicas, humanas e conceituais (ROBBINS, 2005, p.4).

O relacionamento interpessoal implica em um conjunto de normas comportamentais que orienta a relação social. Uma empresa funciona como um organismo vivo, no qual cada parte do sistema é importante para o funcionamento adequado do todo. Podemos utilizar ferramentas de avaliação baseadas em critérios tais como adaptação a mudanças, postura colaborativa, iniciativa e proatividade, foco e criatividade, visão sistêmica, inteligência emocional para entendermos quais pontos podem e devem ser trabalhados. Sendo uma empresa composta por pessoas, o comportamento organizacional apresentado, e não desejado, pode ser o resultado do adoecimento daquela organização. Como em um processo diagnóstico para encontrarmos a ferramenta ou o remédio mais eficaz, é fundamental entendermos a dinâmica da patologia para sermos assertivos na condução da terapêutica proposta. Cabe ao facilitador investigar cuidadosamente as causas.

3. MENSURANDO RESULTADOS

Para um treinamento comportamental atingir objetivos é necessário avaliar as expectativas sobre o que se espera modificar. O alinhamento inicial e a revisão sistemática são elementos fundamentais para evitar distorções, seja na contratação de um facilitador por uma empresa, seja na busca individual por um treinamento de mudança comportamental. Um roteiro para esta análise deve começar com o estabelecimento dos objetivos, de forma clara, baseados nas necessidades detectadas no levantamento das competências que se queira alcançar. Estas competências devem ser colocadas em um plano de treinamento para determinar "o que", ao final do treinamento, o participante deverá ser capaz de realizar. Uma vez estabelecidos os objetivos, o segundo

Manual completo de treinamentos comportamentais

passo é a escolha da empresa de treinamento comportamental cuja expertise deve ser respaldada por sua competência técnica e resultados. Recomendo fortemente que ao contratar um facilitador, seja realizada uma reunião de alinhamento junto a área de recursos humanos, para que detalhes da cultura da empresa possam ser ampliados, atingindo mais facilmente os objetivos.

Finalmente, podemos mensurar os resultados em treinamento comportamental trabalhando com os escores de avaliação de competência, ou seja, indicadores de resultados para podemos ter uma percepção de que o treinamento trouxe uma mudança efetiva. Segundo Donald Kirkpatrick, professor emérito da Universidade de Wisconsin, existem quatro avaliações para medir os resultados dos treinamentos:

1. Reação – avalia o grau de satisfação do participante durante o treinamento, com peso pequeno para avaliação dos resultados alcançados.
2. Aprendizagem – avalia o grau de conhecimento adquirido pelo participante durante o treinamento e pode ser feito através de testes teóricos e práticos. Apresenta peso um pouco maior para avaliação do investimento.
3. Comportamento – serve para medir as competências comportamentais do participante após o treinamento. Tem o mesmo peso que a avaliação da aprendizagem.
4. Resultados – mede o grau de desempenho/produtividade após o treinamento, medida através de indicadores sendo o ponto mais significativo do investimento. É uma estatística para avaliar o resultado das competências.

Vale ressaltar que muitos autores, e inclusive o próprio Kirkipatrick desde que estabeleceu o modelo original, se referem a um quinto elemento que é o ROI (Retorno sobre o Investimento), ou seja, a relação entre o dinheiro ganho ou perdido, através de um investimento, e o montante de dinheiro investido.

Muito se tem discutido a respeito da eficácia de treinamentos corporativos, e do quanto tempo a mudança é perpetuada após o término do mesmo. Empresários e gestores e se questionam se vale investir tempo e dinheiro para treinamentos, e, no momento de realizar a projeção orçamentária quando otimização de recursos é avaliada, este item pode ser motivo de discussão, sendo relegado a segundo plano. O pensamento é: "Um treinamento vale a pena"?

Quando me perguntam se vale a pena investir em treinamento comportamental, me reporto às técnicas do *coaching*, e como no processo em que as perguntas são ferramentas poderosas, pergunto ao meu interlocutor: "Para que você quer investir em pessoas? ". Pode parecer óbvio que a resposta seja ter melhores funcionários ou melhor resultado financeiro naquele departamento, ou ainda aumentar a produtividade, mas, o fundamento de um treinamento comportamental precede o objetivo inicial.

Pessoas melhores trazem melhores resultados porque são motivadas, exercem a imaginação e a criatividade no exercício da solução de problemas, sonham e têm prazer em fazer o que fazem porque retribuem as bênçãos da vida. Tudo que é criado no universo nos é dado para nosso aprendizado, sejam as pessoas da sua família, seja seu trabalho, sejam seus colegas e parceiros. Aprender faz parte da vida. Treinar faz parte da transformação. Avaliar e aprender novos comportamentos que possam levá-lo na direção de seus sonhos faz parte da vitória.

30

Atitude, disciplina, empoderamento e resiliência: pilares para potencializar pessoas e gerir negócios

Os pilares atitude, disciplina, empoderamento e resiliência - ADER, aqui apresentados, foram utilizados como esteios interligados para alavancar projetos pessoais. Pausas construtivas como parar e pensar, organizar os pensamentos e prosseguir com segurança – POP – foram agregadas a ferramenta que, aplicada com alunos, *coachees* e compartilhada com alguns amigos, recebeu *feedback* altamente positivo

Lafaete Eustáquio

Lafaete Eustáquio

Master Coach Mentor e *Trainer*. Diretor do espaço VOCATIONE de orientação profissional, *Coaching* e *mentoring*, em Brasília – DF. Formação *Trainer* e *Mentoring Training Certification* com Hendre Coetzee pelo Center for Advanced Coaching – CAC. *Master Coach, Business and Executive Coach, Professional & Self Coach* e Especialista em Linguagem Ericksoniana pelo Instituto Brasileiro de Coaching - IBC, com certificações internacionais. *Master Coach* de Carreira com especialização em Orientação e *Coaching* Vocacional pelo Instituto Maurício Sampaio de Coaching de Carreira. Analista/Consultor 360° e *Coaching Assessment*, treinamento no Programa de Formação Internacional *Business and Executive Coaching* – BEC. MBA Executivo em *Coaching* e MBA em Psicopedagogia Empresarial. Pós-graduado em Marketing e Gestão Estratégica, Literatura Brasileira, Linguística, Português Jurídico e Revisão de Texto com Didática do Ensino Superior. Especialista em Orientação Profissional, professor de redação oficial e orientador de conteúdo para TCC. Licenciado em Pedagogia e Jornalista Profissional (MTE 0011013/DF). Participou do treinamento O monge e o executivo, certificado por James Hunter, e do LifePlan - planejamento estratégico para a vida, sob a orientação direta de Tommy Nelson.

Contatos
lafaetes@hotmail.com / lafaetes@gmail.com

Lafaete Eustáquio

A fluidez dos tempos modernos, a busca instantânea por resultados pessoais e profissionais têm transbordado a memória das pessoas. Isso pode provocar a escassez de tempo, estafas e insucessos se não forem tomadas atitudes com foco e determinação.

A experiência de lidar com pessoas de várias esferas aliada às diversas formações acadêmicas, levou a criação de uma ferramenta que tem como base pilares importantes – atitude, disciplina, empoderamento e resiliência – ADER, que pode ajudar a todo ser humano, pessoal ou profissionalmente, a enxergar seu estado atual, projetar e alcançar o estado desejado.

Para uma melhor performance de aplicação é salutar que entendamos cada um dos pilares de forma específica.

Atitude – é uma decisão primordial. Toda decisão precisa de um primeiro passo e de intenção positiva. Tenha foco, insista na atitude mental positiva, invista no processo e busque conhecimento.

É preciso afugentar ideias supérfluas, evitar a procrastinação e redefinir uma nova maneira de olhar, potencializar sonhos. A atitude se revela quando pensamos, influenciarmos pessoas e/ou somos influenciados, ou seja, em todas as estações da vida ela se destaca pelo equilíbrio ou desequilíbrio.

Para toda atitude existe um acontecimento positivo ou negativo. A escolha é exclusivamente nossa. As atitudes positivas sempre influenciarão na materialização dos nossos sonhos.

Disciplina – ao tomarmos uma atitude positiva a favor do nosso sucesso temos que ter em mente que a disciplina é um fator essencial para que qualquer fonte de energia mantenha-se em conexão.

Em todas as atividades e em diferentes etapas, pessoas e organizações buscam conhecimentos e técnicas para a manutenção da disciplina que deve ser exercida com inteligência.

Disciplinarmente analisando, todas as vezes que estamos engajados em uma atividade, devemos exercitar o questionamento com perguntas poderosas em todo o percurso do processo.

Manual completo de treinamentos comportamentais

Pare e pense, organize os pensamentos e prossiga com segurança - POP. A rota para as conquistas deve ser percorrida a passos firmes e em base sólida.

Jamais devemos confundir disciplina com autoritarismo. Disciplina requer respeito, sintonia e equilíbrio nas relações. O autoritarismo compromete todos esses fatores.

A disciplina nos liberta e nos leva a viver de modo coerente com nossas próprias crenças e convicções.

Estudar sozinho seguindo um programa de estudos, aprender a comer, são exemplos de ritmos disciplinados, próximos de nós, que requer administração do tempo e da saúde.

Podemos entender a disciplina como uma conduta de vida para alcançar resultados com menos recursos e melhor aproveitamento de tempo. Isso pode evitar desgastes desnecessários e aumentar a qualidade existencial.

Empoderamento – significa uma ação arquitetada por indivíduos quando participam de espaços considerados palcos de decisões. Possibilita a aquisição da emancipação individual e também consciência coletiva. Desenvolve poder e dignidade a quem desejar a liberdade de decidir e controlar o seu próprio destino com responsabilidade e respeito ao outro.

Empoderamento pode se basear na delegação de poderes de decisão, autonomia e participação de funcionários na administração de empresas. A palavra empoderamento, empregada por autores da língua portuguesa, tem sua origem inglesa: *"empowerment"*. Pode ser individual ou coletivo. Individualmente, o fortalecimento do sentimento de poder e coletivamente pode ser o surgimento de oportunidades nas mudanças das estruturas da sociedade.

O processo de empoderamento implica no fortalecimento de uma organização como um todo, levando em conta o seu capital humano intelectual. É a capacidade de cada um regida com a maestria de uma liderança de excelência.

Resiliência – é manifestada quando superamos pressões e adversidades, seja no trabalho ou em outro segmento de nossas vidas. Nessa adversidade, podemos considerar, ainda, o sucesso repentino ou exagerado, e não apenas as perdas.

Se já tivermos a atitude com foco para uma nova caminhada na vida, se formos disciplinados para alcançar o empoderamento, a resiliência será a chave e o equilíbrio para a superação durante o percurso para a vitória.

Toda a adversidade ativa nossas emoções e nossas capacidades de enfrentar qualquer situação quando "gatilhos" emocionais são disparados.

As emoções são transitórias. Precisamos canalizá-las de forma positiva para que possamos convertê-las em estímulos para sobreviver a um mercado crescente e competitivo

Para sobreviver em um mercado crescente e competitivo, temos que conquistar resultados de excelência, empregando menos recursos. É um desafio trabalhar nesse paradoxo.

Um cenário moderno e desafiador como o atual exige de todo o escalão da empresa. Líderes e liderados têm que mostrar resiliência na responsabilidade de gerir e gerar resultados.

A pessoa resiliente não coloca o foco no problema e sim, na solução. Entende que nada na vida é permanente e que as adversidades proporcionam o nosso crescimento, satisfação e plenitude.

Percepção da aplicação da ferramenta ADER-POP

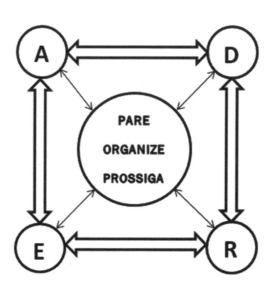

Manual completo de treinamentos comportamentais

Observando a figura, depois de entender cada um dos pilares – (A) atitude, (D)disciplina, (E)empoderamento, (R)resiliência –, podemos criar um cenário para elucidar a aplicação da ferramenta e alcançar sucesso em todos os segmentos desejados, seja no pessoal ou no profissional.

A partir da atitude com foco nos resultados e no empoderamento, devemos manter a disciplina e superar com resiliência. Os pilares (ADER) são interligados. Significa que devem andar juntos, em equilíbrio.

Imagine um carro com os pneus calibrados, se esvaziar ou retirar um dos pneus poderá parar ou dificultar o deslocamento ou simplesmente perder a direção, se estiver em movimento. Assim funciona a ferramenta ADER-POP, possibilita equilíbrio para que possamos sair do estado atual e alcançar o estado desejado. Em todo percurso encontramos os infortúnios e devemos superá-los com maestria.

Quando observarmos um ou mais de um dos esteios enfraquecidos, devemos - (P)parar e pensar, (O)organizar os pensamentos, (P) prosseguir com segurança – ativar o POP para buscar o equilíbrio dos pilares ADER.

Os pilares têm um centro de apoio para emergências ou para verificação do processo durante o percurso, o POP. Como se fosse uma "revisão" do carro. Assim podemos fechar o entendimento sobre o uso da ferramenta ADER-POP.

Sabendo que nenhuma adversidade é permanente, o equilíbrio dos pilares nos apresenta a possibilidade de deslocamento seguro rumo ao que almejamos com a certeza de sucesso.

A ferramenta ADER-POP pode ser experimentada em todas as atividades, épocas e circunstâncias da nossa vida. Desde a organização de um almoço com a família, de uma viagem, no planejamento da aquisição de bens móveis e imóveis e até na megaestruturação da oportunidade de crescimento de uma empresa. Basta que treinemos nosso comportamento dentro dos pilares (ADER) com a sabedoria de parar, organizar e prosseguir (POP) como manutenção do equilíbrio.

Referências

GALLWEY, W. Timothy. *The Inner Game – A essência do jogo interior*. São Paulo: NewBook, 2013.

MAXUEL, John C. *O Líder 360 - Como desenvolver seu poder de influencia a partir de qualquer ponto da estrutura corporativa*. RJ: Thomas Nelson Brasil, 1947.

MARQUES, Jose Roberto. *O Poder do Coaching – Ferramentas, Foco e Resultados*. Goiânia: IBC, 2013.

MARQUES, Jose Roberto. *Os Segredos do Coaching – Escrito por Master Coaches Sênior*. Goiânia: IBC, 2014.

MATTEU, Douglas de, OGATA, Massaru e SITA, Mauricio. *Treinamentos Comportamentais – Grandes especialistas ensinam como despertar o seu potencial criativo*. São Paulo: Ser Mais, 2013.

PERCIA, André e SITA, Mauricio. *Manual Completo de Coaching – Grandes especialistas apresentam estudos e métodos para a excelência na pratica de suas técnicas*. São Paulo: Ser Mais, 2011.

PERCIA, André, MATTEU, Douglas de, MARQUES, Jose Roberto e SITA, Mauricio. *Master Coaches – Técnicas e relatos de mestres do coaching*. São Paulo: Ser Mais, 2012.

PERCIA, André. Coaching, missão e superação – Desenvolvendo e despertando pessoas. São Paulo: Ser Mais, 2012.

31

A verdadeira relação entre o treinador e o ouvinte no treinamento comportamental

O objetivo deste artigo é, elevar a sua consciência com relação à importância do ouvir atentamente, reconhecer o padrão de comunicação e as reais expectativas do seu ouvinte, para então, comunicar-se bem e de forma a atingir o resultado esperado por ambos

Luciana Peroni

Luciana Peroni

Graduada em Direito e MBA em Gestão de Pessoas. *Practitioner* em PNL (Programação Neurolinguística), *Master Practitioner* e *Trainer* em PNL. Certificada em *Coaching* Executivo e Pessoal, e também em *Coaching* integrado com PNL. Formada em Técnicas de Apresentações Empresariais e em Tutora de Professores EaD. Já ministrou palestras, cursos e treinamentos sobre vários temas: PNL, *Coaching*, Comunicação Empresarial, Liderança, Trabalho em Equipe, Relacionamento com Cliente, Técnicas de Vendas, Motivacional, dentre outros, para empresas nacionais e estrangeiras, em todo território nacional. Foi professora de Pós-Graduação de ADM da FGV – Fundação Getulio Vargas, na disciplina: Comunicação Empresarial. É Gestora de Pessoas da empresa Melhor Grão – Café Espresso. Sócia-Diretora da empresa, Peroni Consultoria e Treinamento.

Contatos
www.lucianaperoni.com.br
luciana@lucianaperoni.com.br
www.facebook.com/lucianaperoni.br
Skype: lucianaperoni.br
(21) 4042-6904 / (24) 99855-6904

Luciana Peroni

Os treinamentos comportamentais têm sido muito procurados, não só pelas empresas, como por profissionais liberais, universidades e instituições religiosas, pois além do conhecimento técnico, é importante que as pessoas saibam se relacionar socialmente.

O treinamento comportamental surgiu nos Estados Unidos no ano de 1947, e para este método, os pensamentos e emoções influenciam diretamente no comportamento das pessoas. Ou seja, tudo aquilo que acreditamos se reflete direta ou indiretamente em nossos atos, que por sua vez geram outras consequências.

Existem diversos tipos de treinamento comportamental que ajudam, a desenvolver habilidades dentro da espera profissional e pessoal. Podemos citar: desenvolvimento de liderança, trabalho em equipe, como falar bem em público, comunicação e relacionamento interpessoal, dentre outros.

Mas para que todo e qualquer treinamento atinja o seu objetivo, muitos são os detalhes e cuidados que devem ser tomados, por parte do treinador. É preciso muito mais que saber o trabalho de cor e salteado, é preciso entendê-lo.

É importante ressaltar que, quem tem facilidade para expor suas ideias não necessariamente consegue se comunicar adequadamente, ou seja, persuadir, encantar e, principalmente convencer a plateia. A boa notícia é que não é necessário, em absoluto, ser desinibido (apesar de ajudar) para falar bem. Para se comunicar adequadamente em público é necessário conhecer as técnicas, os métodos e, principalmente, treinar muito. Trata-se de uma habilidade, resultado de esforço e dedicação.

Não importa o tipo de treinamento comportamental. O fato é que serão transmitidas para adultos e, portanto, passarão pelo filtro da interpretação e do julgamento de cada ouvinte.

Sendo assim, não tem jeito! Quem não tem os conceitos de comunicação claros na mente sofre muito mais risco de cometer equívocos que, dependendo do caso, podem ser desastrosos. A questão é: Será que um grande "treinador" se comunica necessariamente bem?

"O que falar", "por que falar", "para quem falar" e "como falar", estão relacionados à estratégia de uma boa comunicação. A performance cênica, ou seja, saber o gestual e as expressões adequadas é, certamente, o "tempero" que fará toda a diferença. Mas, que usada prioritariamente, não gera o resultado esperado. Logo, as estratégias da boa comunicação e a performance cênica devem andar de mãos dadas na trajetória do sucesso de um treinamento comportamental, bem como, de qualquer outro tipo de apresentação.

É importante lembrarmos que nós só seremos ouvidos se "merecermos", na perspectiva da plateia. Com base nessa afirmação, podemos refletir no que Artur da Távola fala sobre a arte de saber (ou não) ouvir de forma genial em um artigo intitulado "O difícil facilitário do verbo ouvir". A seguir, serão reproduzidas algumas dessas observações com breves comentários.

Manual completo de treinamentos comportamentais

1. *Em geral o receptor não ouve o que o outro fala. Ele ouve o que o outro não está dizendo.*

   O motivo de tal afirmação se dá, porque 93% da comunicação é não verbal.

2. *O receptor não ouve o que o outro fala. Ele ouve o que quer ouvir.*

   Na verdade, ele "ouve" a interpretação que faz do outro.

3. *O receptor não ouve o que o outro fala. Ele ouve o que já escutara antes e coloca o que o outro está falando naquilo que se acostumou a ouvir.*
4. *O receptor não ouve o que o outro fala. Ele ouve o que imagina que o outro ia falar.*
5. *Em uma discussão, em geral os discutidores não ouvem o que o outro está falando. Eles ouvem praticamente apenas o que estão pensando em dizer em seguida.*

   Geralmente, nesse caso, temos dois transmissores ao mesmo tempo e nenhum receptor.

6. *O receptor não ouve o que o outro fala. Ele ouve o que gostaria de ouvir que o outro dissesse.*

   O que ele está querendo dizer, é que a comunicação flui melhor por identificação. Entretanto, quando isso não ocorre, provavelmente tendemos a ouvir o que queremos.

7. *A pessoa não ouve o que o outro fala. Ela ouve o que está sentindo.*

   A melhor forma de alcançarmos fluidez na comunicação é por intermédio da aproximação emocional - da empatia e da identificação do transmissor com o receptor.

8. *A pessoa não ouve o que o outro fala. Ela ouve o que já pensava a respeito daquilo que o outro estava falando.*

   Trata-se do "mapa mental de cada um", da maneira como cada pessoa enxerga o mundo e os filtros por meio dos quais se relaciona com ele. Portanto, estamos cercados de paradigmas que são mais fáceis de serem confirmados do que o esforço de abrir o coração e a mente, e refletir sobre o que está sendo dito ao ponto de ressignificar conceitos que se refletem em atitudes.

9. *A pessoa não ouve o que a outra está falando. Ela retira da fala da outra apenas as partes que tenham a ver com ela e a emocionem, agradem ou magoem.*
10. *A pessoa não ouve o que a outra está falando. Ouve o que confirme ou rejeite seu próprio pensamento.*

Ela transforma o que a outra pessoa está falando, em objeto de concordância ou discordância.

11. *A pessoa não ouve o que a outra está falando. Ouve o que possa se adaptar ao impulso de amor, raiva ou ódio que já sentia pela outra.*

Ou seja, a audição poderia, nesse caso, ser interpretada como a procura de algo que reforce um sentimento por meio da linguagem, seja um sentimento previamente estabelecido, seja uma primeira percepção gerada pelo transmissor.

12. *A pessoa não ouve o que o outro fala. Ouve da fala apenas aqueles pontos que possam fazer sentido para as ideias e os pontos de vista que, no momento, estejam influenciando ou tocando-a mais diretamente.*

As informações são filtradas, sendo mais valorizadas aquelas que geram identificação ou interesse momentâneo.

Investimos esse tempo no assunto que se refere às características do ouvinte por motivo óbvio, o que nós falamos pouco importa. O que importa mesmo é como a nossa fala será interpretada por quem nos ouve. Portanto, falar o que o outro gostaria de ouvir ou ao menos da forma como ele gostaria de ouvir certamente nos colocará na frente no quesito identificação com os ouvintes.

Para dinamizar todo o processo da boa comunicação, dos treinamentos comportamentais e demais áreas de nossas vidas, usaremos uma ferramenta importantíssima chamada, PNL - programação neurolinguística.

O nome "programação neurolinguística" advém das três áreas que reúne:

P	**Programação**	- Como sequenciamos nossas ações para alcançarmos metas.
N	**Neurologia**	- A mente e como pensamos.
L	**Linguística**	- Como usamos a linguagem e como ela nos afeta.

Um dos pilares da PNL que estudaremos, é o _rapport_.

Segundo Joseph O'Connor, o _rapport_ é a qualidade de relacionamento que resulta em confiança e responsividade. Você consegue _rapport_ compreendendo e respeitando a maneira pela qual a outra pessoa vê o mundo. É como falar sua língua. O _rapport_ é essencial para a boa comunicação. Se existir _rapport_, os outros se sentirão reconhecidos e serão imediatamente mais responsivos. É possível construir _rapport_ em muitos níveis, mas todos envolvem dar atenção e respeitar a outra pessoa. O _rapport_ pode ser construído instantaneamente e, ao longo do tempo, evoluir para a confiança.

Como se constrói _rapport_?

- Tendo interesse genuíno em outra pessoa.
- Sendo curioso quanto a quem é e como pensa.
- Estando disposto a ver o mundo a partir do ponto de vista da outra pessoa.

Se tratando de _rapport_, compartilharei uma experiência, vivida quando fui contratada por uma grande empresa, para dar treinamento para líderes em todo território nacional.

Por decisão da contratante, o primeiro local escolhido para que eu e minha equipe (todos cariocas) déssemos treinamento, foi na cidade do Rio de Janeiro/RJ. Devo admitir que, tudo aconteceu, perfeitamente, conforme o planejado. Tínhamos feito todo o levantamento da necessidade do nosso cliente, do público (líderes) - formação acadêmica, tempo de empresa, cargo que exercem, se haveria diretores de alto escalão presentes, dentre outras informações. Visitamos o local previamente, checamos todos os recursos audiovisuais, estávamos vestidos de forma adequada para o evento, havíamos treinado todo o material que seria apresentado, para ajustarmos: tempo de apresentação, possíveis imprevistos...enfim! Tudo estava estrategicamente preparado, ensaiado, e ainda tínhamos a vantagem de estarmos "em casa", falando para um público, supostamente, com os mesmos costumes e cultura que a nossa. Se houve _rapport_? E como! Foi maravilhoso!

Segunda cidade - Salvador/BA. Ôxe! Minha segunda casa! Sou filha de carioca com baiano. Tudo perfeitamente planejado, estudado e ensaiado. Foi _rapport_ com azeite de dendê. Bom demais, também!

Daí pra frente, as coisas começaram a ficar mais desafiadoras.

E aqui cabe uma pergunta.

Mas se o contratante (empresa) era a mesma, e o perfil do público (líderes), também, bem como, o tema, tempo de apresentação, atividades...onde corríamos o risco de não estabelecermos _rapport_?

Posso garantir a vocês que muitas eram as possibilidades. É exatamente em cenários, bem parecidos com o relatado, que infelizmente, já presenciei muitos treinadores terem resultados expressivos em algumas regiões e outras não. Alguns, inclusive, nem voltaram a ser contratados.

Estamos tratando de treinamentos comportamentais, e é exatamente no aspecto comportamental que muitos treinadores, "pecam".

- Pela <u>vaidade</u> de terem sido contratados por grandes e "poderosas" empresas, e terem tido alguns resultados positivos, acreditam ter atingido o suprassumo. Isso é um perigo! *"Deve-se deixar a vaidade aos que não têm outra coisa para exibir"* (Honoré de Balzac).
- Pelo famoso e cruel - Piloto automático. Forma vulgar de definir o momento em que aquele que fala em público com frequência sobre o mesmo tema, perde a concentração na mensagem que está desenvolvendo e passa a pensar em outros assuntos. Isto é, a pessoa continua falando ali diante da plateia, mas só de corpo presente, pois seu pensamento se perde na reflexão de outros temas.
- E pelo mais polêmico de todos. Pela falta de respeito com a plateia.

Voltando a minha experiência...

No primeiro treinamento - Rio de Janeiro/RJ, eu estava na minha cidade natal. Para estabelecer *rapport* não precisei de tanta técnica, nem esforço. Afinal, nosso "sotaque" eram os mesmos, algumas referências, possivelmente usadas, como - o Cristo Redentor, Maracanã, Pão de Açúcar - era conhecida e valorizada por todos os presentes.

No segundo treinamento - Salvador/BA, eu pude estabelecer *rapport*, logo ao me apresentar, dizendo do orgulho de ter nas veias o sangue nordestino. Parte da minha história, minhas raízes estão naquele lugar!

E nas demais cidades, como fazer para estabelecer *rapport*?

- Respeitando ao próximo. Esta é a base para a construção de qualquer relacionamento sólido e equilibrado.
- Respeitando a diversidade cultural. Apesar do processo de globalização, que busca a mundialização do espaço geográfico - tentando, pelos meios de comunicação, criar uma sociedade homogênea - aspectos locais continuam fortemente presentes. A cultura é um desses aspectos. Várias comunidades continuam mantendo seus costumes e tradições (vestimenta, culinária, manifestações religiosas, entre outros aspectos).
- Considerando os princípios citados, cabe ao treinador: estudar, pesquisar, mergulhar com respeito e amor, no universo fantástico da diversidade cultural, em busca de atraí-los, gerando conexão, bom resultado e uma experiência ímpar, que não bastem em dois ou três dias de treinamento, mas para toda a vida.

Vamos a sete caminhos rápidos para se estabelecer o *rapport*!

1) Tenha interesse verdadeiro em saber o que é importante para a outra pessoa. Comece procurando entendê-la ao invés de querer que o entendam primeiro. Porque só existe, apenas um meio que alguém faça algo, este meio é, conseguir que a outra pessoa queira fazer.
2) Aprenda as palavras-chave, expressões favoritas de forma de falar que o outro usa e as insira, de forma sutil, na sua conversa.
3) Observe como o outro gosta de manipular a informação. Gosta de muitos detalhes ou de uma visão geral? Responda à informação na mesma proporção.
4) Respire em sincronia com o outro. Como ele está respirando? Profunda, superficialmente?
5) Atenção com as intenções da outra pessoa e seu objetivo oculto, mais do que com o que eles fazem ou dizem. Elas podem nem sempre estar certas, mas esperam que o coração esteja em paz. Ou seja, esteja atento ao "desejo não aparente" da pessoa.
6) Adote uma atitude similar a do outro em termos de linguagem corporal, gestos, tom e ritmo de voz. Como ela está sentada: pernas cruzadas ou descruzadas? Posição das mãos e braços: abertos ou fechados? Expressão facial: está animado, sorrindo ou com o rosto sério? Algum gesto em particular?
7) Respeite o tempo da outra pessoa, suas crenças, valores...Serão recursos importantíssimos!

Aceita um desafio?

Comece ainda hoje a estabelecer *rapport* com seus familiares, amigos da universidade, igreja, do trabalho, e por que não dizer, com pessoas que acabou de conhecer?! Não se surpreenda, entretanto, se todos passarem a te admirar ainda mais! Sucesso!

Referências

O'CONNOR, J.; *Manual de Programação Neurolinguística: PNL: um guia prático para alcançar os resultados que você quer*. 1 ed. Rio de Janeiro: Qualitymark Editora, 2003.

PEREIRA, N..; *Apresentações empresariais além da oratória: técnicas para se comunicar claramente e obter sucesso empresarial*. 1 ed. Rio de Janeiro: Elsevier, 2009.

WEISS, A.; *Palestrante de ouro: guia para um desempenho lucrativo e bem-sucedido*. 1 ed. Porto Alegre: Bookman, 2012.

READY, R,; BURTON, K.; *Programação neurolinguística para leigos: tornando tudo mais fácil!*. 1 ed. Rio de Janeiro: Alta Books, 2009.

32

Novas competências para o educador

O que seria do ser humano sem seus relacionamentos? Existe um enorme e poderoso propósito comum para todos nós: o relacionar-se. Isso é pouco para você? Você já se questionou o que seríamos sem uns aos outros? Aproveitemos a oportunidade para descobrir o quanto é possível transformarmos "aquele" relacionamento desafiador em uma prazerosa e harmoniosa troca de experiências e crescimento

Luciane Denardi

Luciane Denardi

Life Coach pela Sociedade Brasileira de Coaching, com MBA em RH. Graduada em Letras e Pedagogia, especialista em Interdisciplinaridade, pesquisou sobre Educação na Inglaterra, Japão e EUA. Idealizadora e mantenedora dos CEI Mundo Mágico e The Workshop Idiomas, hoje atua em Treinamentos através do Centro de Excelência Humana, sendo cadastrada como Instrutora no SENAI e SEBRAE. Desenvolveu o Treinamento "Novas Competências para o Educador do Século XXI", que serviu de inspiração para o presente trabalho.

Contatos
http://coaching-lumadenardi.webnode.pt/
lumadenardi@gmail.com

Luciane Denardi

O educador, quando deseja ampliar o resultado de seu desempenho, seja como professor, colega, ou simplesmente, mas não menos valoroso, como ser humano que vive em família, em sociedade, em grupos, se lança numa busca genial e engrandecedora de ideias e ações.

Essas ideias e ações estão adormecidas ou escondidas nos mais profundos e remotos cantinhos dentro de cada um. Sacudindo a poeira, remexendo em prateleiras da consciência e trazendo à luz o que está guardado – muitas vezes no inconsciente –, descobre-se o poder de controlar e mudar o resultado de seu trabalho e de seus relacionamentos, sejam quais forem estes trabalho e relacionamentos, independente do grau de dificuldade.

E quando é que um indivíduo – incluindo você, educador – se torna capaz de enfrentar sua realidade, desanuviar suas confusões, desmitificar suas crenças? Quando é que se torna possível você usar as habilidades geniais, que muitas vezes você ainda nem sabe que possui, a seu favor? Quando estes valorosos resultados vão aparecer e trazer a sensação do sucesso? Ah! O tão almejado sucesso, com todo o bem-estar, alegria e sensação de realização e poder! Eu lhe digo. Quando você assumir a liderança de seus pensamentos, atos e palavras.

Bem, e se você acredita que já usa a forma ideal de liderar a sua própria vida? Então, eu pergunto de onde vem aquele desgosto e insatisfação que atropelam você diariamente e que fazem você desistir de querer o melhor e se conformar com o resultado de cada dia? Começar o dia enfrentando leões e terminar engolindo sapos não faz ninguém ser bem-sucedido.

Tudo vai continuar se repetindo enquanto você permanecer tomando as mesmas atitudes. Se você quer continuar pensando, quer continuar analisando e continuar, inclusive, sugerindo o que os outros devem fazer, tudo vai continuar igual. Nada vai mudar. Como você vai obter novos resultados se não quer abrir mão do que faz?

Devemos ter coragem para novas atitudes, em vista de novos, geniais e grandiosos resultados. Que vivamos com excelência! Mas como?

No ambiente escolar, da mesma forma que em casa ou em qualquer outro trabalho, somos nocauteados por sensações e sentimentos de desarmonia, de conflito, de não-aceitação, de querer de outro modo... *"São tantas coisas ruins que acontecem, atrapalham, incomodam tanto, que se torna impossível ser feliz. É tanta gente pensando diferente, querendo ter razão, se achando o certo."* Justificam-se as pessoas.

Manual completo de treinamentos comportamentais

Pudera que não seja fácil! Você já parou para pensar nas diferentes idades das pessoas que se relacionam com você diariamente? Uma das causas de conflito mais frequentes acaba sendo, não a diferença de idade em si, mas a diferença na forma de pensar e agir de cada um. E essa diferença tem muito a ver com a cultura e costumes do momento, como cada geração é criada.

No passado, as gerações eram classificadas a cada 25 anos. Os comportamentos, características e o que era importante para cada geração tinha uma determinada velocidade de mudança. Só que a velocidade das mudanças mudou, e mudou tanto, que especialistas na área comportamental dizem que de 5 a 3 anos, nos dias de hoje, surge uma nova geração, com muitas novidades que a turma anterior nem sequer imaginava ter como aceitável.

Vamos entender um pouco mais sobre as diversas gerações, para compreender por que é tão frequente o desafio de estar em uma mesma situação com diferentes pessoas que enxergam as coisas de modos tão diversificados. Observe com atenção o comportamento comum a cada uma:

∞ **Geração Baby Boomers** – que traduzindo significa explosão de bebês que ocorreu logo após a Segunda Guerra Mundial – hoje tem mais de 55 anos. Gostam de estabilidade, valorizam a experiência. Foram os inventores da era "paz e amor"', e contemporâneos ao surgimento da tecnologia;

∞ **Geração X**, nascida nos meados dos anos 60, inclui os anos 70 e pode, num limite máximo, ser encontrada até os primeiros anos da década de 80, já faz uso da tecnologia, e no Brasil participaram das "Diretas Já" e o fim da Ditadura. Caracteriza-se pela resistência a mudanças e pela insegurança de perder espaço para a geração mais nova;

∞ **Geração Y** surgiu em seguida, meados dos anos 80, com a incrível capacidade de fazer várias coisas ao mesmo tempo, como ouvir música, passar mensagem, navegar na internet, e interagir com outras pessoas. O que, muitas vezes, chega a ofender indivíduos das gerações anteriores;

∞ **Geração Z**, formada pelos jovens da década de 90. Já vem conectada esta gente. E com características de individualismo, chegando a ser, de certa forma, antissociais. Imediatistas, o diálogo familiar e hábitos como sentar-se à mesa deixam de ter tanto valor

– pois acabam sendo uma "perda de tempo", atrasando os seus contatos virtuais.

Gente! Gente! E agora! Que geração vem a seguir? Caros educadores, lhes falo de um novo perfil, amplamente divulgado por estudiosos da área, os que conseguem conviver em harmonia com tantas mudanças, no meio do caos.

∞ **Geração FLUX!** A geração de indivíduos flexíveis, adaptáveis, preparados para o que der e vier! Encaram as novidades com tranquilidade. Desapegados, podem mudar seu porto seguro conforme a onda da evolução.

Há uma real necessidade de se preparar para formar pessoas diante de tanta diversidade, onde quem educa aprende com quem está para ser educado.

Será o perfil Flux – os adaptáveis que andam na onda – o perfil esperado dos alunos que estão em nossas salas de aula? Deverão meus próprios filhos, hoje com 12 e 10 anos, desenvolver essas características e serem maleáveis assim?

Bem, se não forem maleáveis e adaptáveis, vão sofrer, parece evidente. Não há mais espaço para a rigidez, para o "eu é que estou certo, eu é que sei"!

Então, meu caro educador, é hora de aprendermos a lidar com todos a fim de que possamos contribuir com a formação desses novos e incríveis seres – todos da mesma espécie, por incrível que pareça! É momento de aumentar o grau de entendimento de quem se é e aceitar o outro, com quem convivo. É possível, sim, chegar a excelência em relacionamentos interpessoais, no trabalho, em casa, com os amigos.

– *Como? O que fazer para que eu alcance isso?* – Você questiona intrigado e ansioso por uma mudança.

Para alcançar um excelente relacionamento interpessoal, o primeiro grande passo é o autoconhecimento. Conhecendo a si mesmo, sabendo dos seus valores, reconhecendo as suas crenças, você se torna seguro e capaz de analisar as situações a partir das emoções. Assume o controle dos seus atos e sofre menos pressão.

É aqui que o *coaching* entra na sua vida.

Coaching é um processo de realização de metas. Por meio de ferramentas aplicadas por um profissional formado em *coaching*

Manual completo de treinamentos comportamentais

– profissional este chamado *"coach"* –, o cliente – conhecido como *"coachee"* – é conduzido de forma a desenvolver e potencializar habilidades. Habilidades do próprio indivíduo, que já estão lá. Habilidades que aplicadas no dia a dia promovem um resultado igualmente potencializado, levando a uma sensação de realização, de feito, de conquista, de bem-estar, que é justamente o que chamamos de... sucesso.

De que forma se passa por um processo de *coaching*? O que acontece neste processo? Usam-se as ferramentas das quais falamos antes. Ferramentas que, quando bem aplicadas, proporcionam uma nova visão de si mesmo, com novos conceitos e plena liderança de sua vida! Com um maior entendimento de si mesmo e do outro o mundo inteiro muda, e para melhor!

Abracemos nossa missão com louvor, caro educador! Sejamos o capitão do nosso barco! Lideremos! Lideremos nossos pensamentos, nossas emoções e nossas atitudes!

Liderança é assumir a responsabilidade pela mudança necessária. E a mudança pode começar aqui.

Consideremos que, como educador, você já sabe o propósito do seu trabalho, seja você pai, mãe, tio, tia, avô, avó, professor, ou alguém que sabe que faz parte de um mundo onde todos estamos interligados e compartilhamos as consequências dos atos de cada um. E, além de saber o seu propósito, tem o entendimento que pode, e deve, melhorar a si mesmo para chegar a excelência, a fim de saborear o resultado. O que mudar, então?

A sugestão é desenvolver novas competências para superar e sair bem de situações difíceis envolvendo duas pessoas. Entre tantas ferramentas, aqui está uma que considero capaz de trazer resultados imediatos, se este for o desejo.

Vamos à prática. Sugiro que você pegue o necessário para fazer algumas anotações. Sente-se de modo confortável. Deixe sua cabeça em posição ereta. Respire tranquilamente, relaxando cada vez mais a cada expiração. Relaxe. Relaxe.

Agora, dirija seu pensamento para a pior situação, no pior cenário que você tem encontrado em sua vida, que tem lhe tirado o sono. Um daqueles momentos em que você não entende porque existiu o dia em que você conheceu esta pessoa que desperta tantos sentimentos ruins em você. Pode fechar os olhos se preferir, mas, antes, movimente-os levemente – somente os olhos, não a cabeça – para cima e para a esquerda. Esse movimento vai estimular a sua memória. Vai ajudar você a lembrar com mais facilidade.

Siga em frente e lembre-se do que acontece no momento do conflito. Como você entende este momento? É realmente importante que esta situação mude? Você realmente deseja que o relacionamento de vocês seja melhor neste aspecto?

Então, diga-me, como você quer que seja de agora em diante. Você deseja um relacionamento mais suave, mais produtivo, mais estável, agradável... Anote todas as formas que você gostaria de vivenciar com esta pessoa.

Voltando a forma como tem sido até hoje, o que você pensa quando está no meio do conflito? Se fosse descrever em apenas uma palavra o que você pensa, que palavra seria esta? Imperdoável? Inaceitável? Deprimente?

Enquanto a situação se desenrola, o que você sente? Se fosse descrever em uma palavra apenas o que você sente, que palavra seria esta? Raiva? Ódio? Rancor?

Repare nas suas atitudes, neste instante. O que você faz? Gestos, caretas? Fala alto ou se fecha? Você se submete ou se impõe? Se fosse descrever em apenas uma palavra o que você faz, que palavra seria esta?

Vamos um pouco mais longe, agora. Ainda na mesma situação em que você está em conflito com alguém, e cuja situação você quer muito que mude, perceba o que a pessoa envolvida pensa neste momento. Se fosse descrever em apenas uma palavra o que a pessoa envolvida pensa, que palavra seria esta?

A respeito do que ela sente. Que sentimento você acredita que ela tem enquanto o conflito acontece? Se fosse descrever em apenas uma palavra o que ela sente, que palavra seria esta?

E quanto às ações dela? O que ela fala? Ela gesticula? Se fecha? Se impõe? Faz caras e bocas? Olha com desdém? Se fosse descrever em apenas uma palavra o que ela faz, que palavra seria esta?

Quando acontece esta situação que tanto perturba você, tem mais alguém presente? Nas vezes em que houve, e se nunca houve, imagine se houvesse, o que esta terceira pessoa, que apenas assiste ao conflito, pensou a respeito do que estava vendo? Se fosse descrever em apenas uma palavra o que esta pessoa pensou, que palavra seria esta? Em uma só palavra, o que ela sentiu ao ver tamanha confusão? Que atitudes ela tomou?

Manual completo de treinamentos comportamentais

Bem, até agora foi um exercício e tanto, revivendo e refletindo a respeito do que ocorre durante o conflito. Então, é chegado a hora de se questionar o que realmente há para você aprender nesses momentos. Por que motivo aconteceu de fato o dia em que vocês entraram um na vida do outro? Que motivo maior está por trás disso? Qual é o grande propósito de você estar envolvido com esta pessoa? Entre tantas pessoas que existem ao nosso redor, justamente você e este alguém se cruzam... realmente com que grande propósito? O que você aprende? O que você ensina?

Relaxe, respire fundo e ouça seu coração. Quais são as respostas que o seu coração dá a você? Se você preferir, pergunte – em pensamento mesmo – para alguém que você admira muito, que você confia e ouça as respostas. O que essa pessoa faria em uma situação como esta? Você crê que esta pessoa sabe o que fazer. Ela dirá a você. Preste atenção! Pode ser que você ouça ideias como: pratique a aceitação, perdoe, aceite o amor, permita a alegria.

Tenho um convite para você! Que tal você lembrar de um dos momentos mais felizes e alegres de sua vida? Pode ser um presente que você ganhou, uma festa em que você se divertiu muito, um passeio, uma viagem, uma brincadeira. Você escolhe. Mas deve ser um super momento. Lembre-se como você se sentiu. Tome nota de seus sentimentos e perceba que, à medida que você lembra e anota, você também vai sentindo, neste exato instante, as mesmas sensações positivas. Alegria, satisfação, graça, diversão, entusiasmo...

Mantendo-se neste estado de bem-estar, e lembrando que você tem o firme propósito de melhorar o relacionamento, anote também os novos pensamentos que você quer ter, de agora em diante em relação à pessoa que se envolve em conflitos com você. O que ela tem de bom? O que de diferente você quer sentir em relação a esta pessoa? Que novos sentimentos você vai ter? E o que você vai fazer, que ainda não tenha feito, quando encontrar esta pessoa?

E então, imagine dez anos se passando. Você olha para traz e observa a nova história de vocês. Valeu a pena? Qual foi o aprendizado? Você pode fechar os olhos e visualizar vocês no futuro, com comportamentos adequados e que encham o seu coração de satisfação e bem-estar.

Desta forma encerramos o processo. Que a gratidão invada seu ser neste exato momento, assim como invade a mim.

Muita alegria neste dia.

33

Coaching e o processo de desenvolvimento do ser humano

O que seria do ser humano sem seus relacionamentos? Existe um enorme e poderoso propósito comum para todos nós: o relacionar-se. Isso é pouco para você? Você já se questionou o que seríamos sem uns aos outros? Aproveitemos a oportunidade para descobrir o quanto é possível transformarmos "aquele" relacionamento desafiador em uma prazerosa e harmoniosa troca de experiências e crescimento

Marcia Margarida De Zorzi Tartaro

Marcia Margarida De Zorzi Tartaro

Empresária, *Life*, *Executive*, *Business* e *Positive Coach Internacional*, certificada no processo de COACHING pela SOCIEDADE BRASILEIRA DE COACHING; Graduada em Administração pela Universidade de Passo Fundo - UPF (2013), CRA/RS 044363, Especialista em Gestão de Pessoas pela Universidade de Passo Fundo – UPF (2015).; Certificada em Relações Humanas e Comunicação Dale Carnegie – Brasil. Trabalha com os métodos exclusivos da SOCIEDADE BRASILEIRA DE COACHING de processos em *Coaching* Aplicado nas linhas de: *Coaching* de Vida; Liderança; Carreira; Recolocação profissional; *Coaching* para vestibulandos; Relacionamentos... Sócia proprietária da Empresa http://www.g-people.club e proprietária *Coach* no Escritório MDZTCoaching. Trabalho com Desenvolvimento de Gestão de Pessoas e Subsistemas de RH desenvolvendo projetos para: Recrutamento e Seleção; Integração, acompanhamento e desligamento; Desenvolvimento comportamental; Avaliação de Desempenho. Ministra PROCESSOS DE DESENVOLVIMENTO, palestras e *workshops* na área de desenvolvimento pessoal e profissional com foco no aumento de performance e desenvolvimento de competências. Possui três certificações em *Assessments* de liderança: Alpha®, DISC® e Wia.

Contatos
marciadezorzitartaro@yahoo.com.br
(54) 3361-4580
(54) 9141-2120

Marcia Margarida De Zorzi Tartaro

Para entender melhor o *coaching* como um processo é preciso conhecer sua premissa. Trata-se de uma importante ferramenta de apoio para a pessoa tornar-se quem realmente deseja ser. E, a partir daí, tomar mais consciência, ampliando seu potencial de escolhas e desenvolvendo novas capacidades para um melhor desempenho na vida.

O processo é dinâmico tanto no contexto pessoal como profissional, podendo ser abordado de forma segura. Seu objetivo é promover as mudanças desejadas e a solução dos problemas, além de melhores tomadas de decisões a partir da descoberta das potencialidades dos recursos internos. Segundo Krausz "O processo de *coaching*, quando adequadamente conduzido, pode ser comparado a uma enzima que provoca mudanças voltadas a si próprias, uma espécie de fermento do crescimento e da superação pessoal e profissional. Dessa forma, desencadeia e ativa a autodescoberta e o aproveitamento do potencial até então não utilizado."

O *life coaching*, ou seja, o *coaching* de vida de trabalha dentro da vida da pessoa desde os aspectos mais simples: a preparação para o dia do casamento, a apresentação do TCC ou uma palestra em que a pessoa esteja um pouco nervosa e não se sentindo completamente segura para fazer. Ele tem um aspecto mais generalista, diferente do *executive coaching* feito nas empresas ou para carreira, por isso pode entrar em qualquer área.

Como é o trabalho de um *coach*?

O *coaching* é um programa para quem quer fazer um plano de carreira. O trabalho de um *coach* basicamente leva à pessoa do ponto A para o ponto B.

No processo de *coaching* é analisado onde a pessoa quer chegar e trabalha-se com ele objetivos, sonhos, avaliando e desenvolvendo seus valores, competências e habilidades.

O processo de *coaching* faz com que a pessoa passe a enxergar cada desafio como uma oportunidade e transforme problemas em soluções. Para isso, o *coach* ajuda a potencializar seu talento, lapidando suas fraquezas e ampliando sua visão estratégica.

As técnicas utilizadas por um *coach* para orientar as pessoas?

Um profissional de *coach* usa técnicas e ferramentas já testadas e certificadas por institutos internacionais de *coaching*. Elas vão desde a parte comportamental até formações específicas para o executivo.

Além dessas ferramentas, um *coach* precisa conhecer muito de comportamento humano e temperamento humano e o mercado corporativo.

Não aprendemos que somos criadores, ao contrário, sempre acreditamos que são as circunstâncias externas que governam nossas vidas e assim dependemos do fator sorte, na genética, na conta bancária, na geografia, na classe social, e em muitos outros aspectos que compõem a nossa existência.

E assim vamos vivendo, sem nos saber criadores. E vamos criando uma vida que muitas vezes não nos agrada, um trabalho que não faz sentido, um corpo que não apreciamos, uma carreira que nos rouba energia e vamos nos tornando uma pessoa que não admiramos.

E o mais incrível é saber que a mesma energia que utilizamos para criarmos uma vida que nos desagrada, pode ser usada para criar uma vida admirável, que nos alegra que inspire e que contribui, mas para isso é de suma importância fazer os seguintes questionamentos:

1. O que eu gostaria de ser e não sou ainda?
2. O que eu gostaria de fazer e não fiz ainda?
3. O que eu quero ter e não tenho ainda?
4. O que eu quero ter e o que tenho que fazer em cada área da minha vida?

A vida passa... Decida... E viva a vida que você quer viver!

Na época presente, torna-se imprescindível atualizar de forma constante os mecanismos de comunicação e relacionamento com o próximo. É preciso desafiar a tendência para a acomodação dentro de um estilo próprio de repetir padrões de comportamento e crenças pessoais que definem o "nosso jeito de ser". Isso nem sempre está em consonância com o que o outro pensa dentro de uma mesma situação. Daí a importância do processo de *coaching* permitir que as pessoas possam expandir seus modelos mentais, encontrando formas mais saudáveis para atingir objetivos.

Na abordagem pela busca de novos recursos para uma melhor adaptação à vida está uma sutil mudança pessoal. É uma transformação que só pode ocorrer de forma individual, modificando comportamentos e sensações para um bem-estar e um estar bem no mundo. Aceitar essa transformação como um processo natural ou posicionar-se de forma contrária, é aspectos que vão desafiar constantemente o processo de *coaching*. No entanto, é inegável o auxílio dessa ferramenta em múltiplas áreas profissionais, como o autoconhecimento e formação integral do indivíduo que, transformando a si mesmo, melhora um pouco o mundo que o cerca. "Ajudar as pessoas a alcançar suas metas mais rapidamente do que seriam capazes sem a minha ajuda."

Escolhas

Todo dia, desde o segundo que despertamos, escolhemos o que desejamos fazer. Sim, você pode ter a obrigação de não faltar ao trabalho, mas você pode escolher desobedecer isso e continuar dormindo, ou levantar-se e começar mais um dia.

Todo dia escolhemos os sentimentos e se iremos deixar a nossa mente agir a nosso favor, ou nos boicotar e colocar para baixo através de pensamentos positivos ou negativos. Isso não é fácil, sei muito bem, mas é treino e força de vontade. Quando passamos por um momento de luto, de crise profissional, existencial torna-se mais difícil ser positivo, mas é possível. Não podemos eliminar por completo pensamentos negativos, o que podemos fazer é substituir esses pensamentos por afirmações positivas. "Eu não vou conseguir", pode virar: "eu vou dar o meu melhor e vou tentar conseguir realizar" isso é um pensamento realista e positivo, pois trocar pelo pensamento "eu vou conseguir" pode gerar ilusão, frustração, se é que você conseguirá substituir tão fortemente. É mais fácil acreditar que sim, tudo é possível e você dará o seu melhor para conseguir.

Hoje despertei cansada e um pouco triste. Mas escolhi levantar e fazer um café forte para acordar para esse novo dia que começara.

Depois de 2 aulas, tinha uma hora livre, poderia ter escolhido fazer o que quisesse. Mesmo sem ânimo, coloquei um fone e subi na esteira. Dei uma caminhada lenta mesmo, pois não estava no pique. Coloquei um set de Deep House do estilo que chamo "expansor de consciência", com pouco vocal, muitos instrumentos e melodia suave. Escolhi que queria relaxar a mente e fortalecer meu quociente positivo do cérebro. Sim, o cérebro precisa de treino assim como os músculos. Para exercitar o cérebro é preciso foco, e libertar-se de pensamentos sabotadores, negativos e preocupações sem cabimento. Comecei focando na minha passada da esteira, sentindo cada passo, então foquei na música, tentando identificar cada instrumento que surgia. Substitui sentimentos de cansaço e tristeza por sentimentos de gratidão por estar ouvindo um set maravilhoso e poder caminhar na esteira.

Tenho como missão de vida compartilhar meu conhecimento com as pessoas e espalhar positividade. Não é fácil estar bem sempre. Ninguém é feliz todos os dias, mas podemos escolher se queremos continuar com perturbações na cabeça e nos abater por isso, ou tomar atitudes, por menores que sejam como fiz hoje, uma simples caminhada. Posso garantir que mudou a energia do meu dia, tanto que fiz questão de vir compartilhar isso com vocês!

Somente focando em nós mesmos conseguiremos focar nas pessoas e nos assuntos que aparecerem ao longo do dia!

Motivação! O que move você?

Em tempos de inverno na cidade de Sarandi, minha tão amada cidade de nascença me depara sempre com as mesmas queixas, frio, gripes, dores de garganta, desânimo, etc..

Ontem mesmo, eu acordei um tanto quanto desmotivada para o dia, tinha sintomas de gripe e levantar as 5:45 da matina não é nada fácil, ainda mais em dia de chuva. Levantei, vesti a roupa, fiz meu café e dei aquela conferida no Insta, onde me deparo com fotos de atletas na beira da praia, de amigos de férias em lugares quentes, com pouca roupa e dias de muito sol.

Ao sair de casa, sou notificada que meu primeiro *coachee* acordou indisposto, com sintomas de amigdalite, mas eu já havia saído, então resolvi esperar pelo próximo na academia. O dia não havia começado muito bem.

Ao longo do dia, espirros, e mais queixas me fizeram ficar mais desmotivada sabendo que o inverno estava recém começando, e sendo assim teria todinho pela frente. Mas como poderia eu me desmotivar, não tenho esse direito, afinal sou a inspiração e motivação de meus *coachees*, é isso que eles esperam de mim. Esforcei-me o dia todo para melhorar meu humor e não transparecer que era um dia onde eu não estava 100%.

Manual completo de treinamentos comportamentais

À noite li um *post* de uma amiga que dizia ter perdido a motivação pelos treinos, que nesses dias frios encarar uma academia lotada após um dia intenso de trabalho não era nada agradável. Diante de todos estes acontecimentos e depois de uma boa noite de sono, acordei inspirada e muito motivada para compartilhar com vocês e tentar ajudar a não perderem o foco e a motivação.

Nem todos os dias são positivos, acontecimentos podem mudar drasticamente nosso humor e isso é normal. A rotina cansa qualquer pessoa, principalmente quando se tem frio e dor de garganta, por isso é necessário sempre buscar novas motivações.

Minha pergunta é: o que move você? Pare e pense em você agora! Analise sua vida, sua rotina e seus hábitos. Minha sugestão é uma matriz de gestão da mudança.

Liste todas as coisas que você:

- Faz e gosta de fazer;
- Não faz (ou não tem feito) e gostaria de fazer;
- Não faz e não gosta (mas deveria fazer);
- Faz e não gosta de fazer.

Repense em todas essas coisas, as que você faz e quer continuar fazendo, que não abre mão; as que você não faz e gosta, por que não faz mais, e como poderia voltar a fazer? As que você faz ou não faz e realmente não gosta, como poderia transformar ou eliminar de sua vida, ou já pensou em delegar para alguém? Seria possível? De que maneira? A partir de quando?

Faça um reajuste da sua rotina, das suas atividades, reinvente-se, mude ajuste, crie, apenas nunca desista de você mesmo, de seus reais objetivos, de tudo que te moveu até agora. Lembre-se dos motivos pelos quais começou e reajuste o foco quantas vezes forem necessárias.

Foco

Uma pesquisa conduzida por Howard Gardner, de Harvard se concentrou no "bom trabalho", uma mistura daquilo em que as pessoas são excelentes, do que as engaja e da sua ética – aquilo que acreditam ter importância.

Essas são vocações altamente absorventes: as pessoas amam o que fazem. Absorção total no que fazemos é bom, e o prazer é o marcador emocional para a entrega.

As pessoas raramente se entregam na vida cotidiana. Ao fazer amostragens aleatórias dos humores das pessoas, descobrimos que, na maior parte do tempo, elas estão ou estressadas ou entediadas, apenas com períodos ocasionais de entrega.

Somente cerca de 20% das pessoas têm momentos de entrega pelo menos uma vez por dia. Aproximadamente 15% das pessoas jamais entram em estado de entrega durante um dia típico.

Um segredo para se ter entrega na vida é alinhar o que fazemos com o que gostamos, como ocorre com aqueles felizardos cujos empregos lhes dão muito prazer. Pessoas de sucesso em qualquer área – os sortudos, de qualquer maneira – acertaram nessa combinação.

Marcia Margarida De Zorzi Tartaro

Além de uma mudança de carreira, há vários caminhos para a entrega. Um desses se abre quando encontramos uma atividade que desafia nossa capacidade ao máximo – uma demanda "apenas administrável" pelas nossas competências.

Outra porta de entrada se abre através daquilo por que somos apaixonados. A motivação nos faz fluir. De qualquer forma, o caminho final em comum é o foco total: são ambos os caminhos para ampliar a atenção. Não importa como se chega lá, um foco equilibrado dá a partida na entrega.

Existem muitas ferramentas para e encontrar o foco.

Comece fazendo uma breve avaliação sobre si mesmo.

Uma percepção de como está sua vida nos seguintes itens:

- Felicidade e plenitude;
- Equilíbrio emocional;
- Criatividade, *hobbies* e diversão;
- Saúde e disposição;
- Realização profissional;
- Recursos financeiros;
- Desenvolvimento intelectual;
- Relacionamento social;
- Relacionamento amoroso;
- Relacionamento familiar;
- Espiritualidade;
- Contribuição social.

Use a ferramenta de avaliação atual Roda da Vida para mensurar a percepção da sua vida.

DE 0-10 avalie-se em cada uma destas áreas.

No que você visualiza que precisa focar?

Acredita que focando nesta área, isso refletirá em quais outras áreas de sua vida? ?

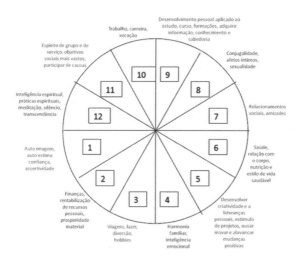

Para encontrarmos o foco principal, precisamos analisar se ele realmente é o que fará a diferença para evolução em geral.
Achado o Foco, estipule uma data na qual quer ter alcançado essa meta!

1. O que pode começar a fazer nesta semana em busca de sua meta?
2. Quais outras ações podem fazer nesta semana e ao longo das próximas em busca de sua meta?

Não perca o foco, crie plano de ações semanais com o foco na meta. Acredite em você!

Dicas de *coaching*: planejamento estratégico semanal

Acredito que como eu, a maioria das pessoas inicia a semana com muitos planos para suas rotinas, que vão desde planos pessoais, profissionais, sociais, financeiros, etc.

Passada a semana muitas vezes não "sobra tempo" para realizar tudo da maneira como gostaríamos.

Já sofri muito com isso, mas os estudos de *coaching* e trabalhando com isso mudaram muita coisa na minha vida.

Aqui vai minha primeira sugestão para uma melhor gestão do tempo e organização.

Defina 3 metas que são prioridades para a próxima semana;

Como você fará para cumprir? Pense num dia específico, horário e coloque isso na sua agenda;

Escolha alguma coisa que você anda deixando para trás para terminar de vez essa semana e desde já defina o dia exato que você vai resolver e qual maneira.

Pense em eliminar ou diminuir algo que esteja tomando muito seu tempo e não te acrescenta nada!

1. O que é?
2. Como pode fazer para mudar isso?
3. A partir de quando?
4. Pense em alguma atitude para potencializar sua semana, o que poder fazer para render mais?
5. Existe alguma tarefa que você possa delegar para alguém para não te sobrecarregar?
6. Pense em uma ação onde você é o foco. Algo que você vá fazer por você mesmo. O que será e quando?

Ao final da semana faça um *feedback* com você mesmo.

1. Conseguiu cumprir o que prometeu pra você mesmo?
2. Caso não, o que o impediu?
3. Como poderia fazer diferente na próxima semana?
4. No que você se daria os parabéns na semana que passou?
5. de 0-10 o quão orgulhoso de você mesmo?

Organize-se, acredite em você, foque no que é importante e realize!

34

Aproveite o seu tempo e garanta o seu sucesso!

Enquanto algumas pessoas gerenciam cada segundo do seu dia, outras não. Ter controle do seu tempo vai além de concluir tarefas e conquistar objetivos. O seu tempo está diretamente relacionado à sua felicidade

Mariana Boner
Lacombe

Mariana Boner Lacombe

Master Coach pelo Institute of Coaching Research e é certificada como *Coach* por Anthony Robbins. Sua especialização é empreendedorismo e lideranças de alta performance. É formada em Psicologia, pela Universidade de Brasília - UnB. Possui MBA em Gestão de Serviços e Atendimento a Clientes pela Fundação Getulio Vargas - FGV. É certificada como Conselheira de Administração pelo Instituto Brasileiro de Governança Corporativa - IBGC. É coautora dos livros "A Bíblia do Coaching" da Editora Kelps, e "Estratégias Empresariais", "Manual de Treinamentos Comportamentais" e "Empreendedorismo Total" da Editora Ser Mais. Atua fortemente em frentes sociais, propagando os princípios de sustentabilidade em todos seus empreendimentos. É sócia-fundadora da AME - Associação de Mulheres Empreendedoras e investidora anjo do Bliive, a maior rede de colaboração de tempo do mundo.

Contatos
www.marianalacombe.com
mariana@thetop.me
Skype: marianaboner

Mariana Boner Lacombe

> *"O tempo dura bastante para aqueles que sabem aproveitá-lo".*
> Leonardo Da Vinci

O tempo é o recurso mais democrático que existe. Toda e qualquer pessoa possui a mesma quantidade de tempo disponível. Todos nós, sem exceção, temos 24 horas, 1.440 minutos ou 86.400 segundos por dia. Por ano, temos 8.760 horas, 525.600 minutos e 31.536.000 segundos!

Então, por que há pessoas que dizem que não possuem tempo para nada e outras que não têm qualquer problema com isso? Incrivelmente, a resposta é bem simples: existem pessoas que entendem que o tempo é um recurso fundamental para garantir o seu sucesso. Enquanto algumas pessoas gerenciam cada segundo do seu dia, outras não. Ter controle do seu tempo vai além de concluir tarefas e conquistar objetivos. O seu tempo está diretamente relacionado à sua felicidade.

O tempo e a felicidade

Há uma correlação direta entre o uso do tempo e a percepção de felicidade que as pessoas possuem. Quando nos sentimos produtivos e fazemos o que gostamos, nos sentimos mais felizes e mais satisfeitos com nossas vidas, e consequentemente nos sentimos mais motivados para realizar mais.

O indicador FIB (Felicidade Interna Bruta) exemplifica claramente essa questão. O FIB é um indicador sistêmico criado em 1972 pelo Butão, um pequeno país do Himalaia. O conceito do FIB é uma nova forma de se avaliar o progresso de uma nação, incluindo a qualidade de vida das pessoas e a conservação do meio ambiente como medidores de progresso.

De acordo com o FIB, o uso do tempo é um dos pilares fundamentais para a qualidade de vida. O indicador avalia o equilíbrio do tempo dispendido para trânsito, trabalho, socialização com família e amigos, atividades educacionais, descanso, voluntariado, entre outros. Para tanto, uma das medidas adotadas por países que utilizam o FIB como indicador de crescimento da nação é a diminuição da jornada de trabalho para promoção do tempo livre e do lazer.

Sabendo que o tempo é imprescindível para sua felicidade e para o seu sucesso, por que deixamos o tempo passar e não realizamos muitas das nossas atividades que nos levarão aonde queremos estar? Para isso, precisamos entender a procrastinação, ou seja, o ato de deixar para fazer depois o que podemos fazer imediatamente.

O Antídoto da Produtividade: a Procrastinação

Deixar para depois o que se pode ou se deve fazer imediatamente é o ato de procrastinar. Todos nós, em algum momento da vida, nos vemos procrastinando com alguma coisa que devemos fazer. Pode ser uma conversa, uma demanda da empresa, o início de uma rotina de exercícios e dieta, uma mudança, etc. Sabemos que é importante concluirmos essa pendência, mas simplesmente não fazemos.

Isso ocorre porque, no momento em que deixamos de realizar alguma tarefa que não gostamos ou que será complexa, nós sentimos alívio e isso se torna uma recompensa imediata por não estar fazendo algo que não quer fazer. Porém, quanto mais você demora para iniciar uma tarefa que tem evitado, e na medida em que o prazo para concluí-la se aproxima, maior é o nível de estresse que você experimenta.

Além disso, quando decidimos procrastinar tarefas que devem ser cumpridas, temos mais trabalho do que simplesmente decidir fazê-las! Quando postergamos algo, temos que tomar mais decisões como, por exemplo, qual é o motivo de não querer concluir a tarefa, que desculpa deverá dar pela tarefa não estar concluída, como gerenciar as consequências da procrastinação, além de ter mais tarefas que se acumularão ao longo do tempo. Tudo isso, em médio prazo, será fonte de angústia e desgaste emocional.

Pessoas bem-sucedidas não pensam em curto prazo. Elas se programam para o futuro e tomam decisões que trarão os melhores benefícios para a sua vida como um todo, não apenas para um momento específico. Por isso, a procrastinação é algo que pessoas bem-sucedidas simplesmente não admitem. Elas utilizam o seu tempo de forma otimizada: não procrastinam com o que é realmente importante, delegam atividades que podem ser executadas por outras pessoas e eliminam o que não trará resultados para seu sucesso. "Nunca deixe para amanhã o que se pode fazer hoje" não é um mero ditado para pessoas bem-sucedidas. É uma lei!

Você deve estar se questionando como é possível fazer tudo que você tem que fazer imediatamente. Afinal, o tempo existe, mas ele passa. Quantas pessoas não gostariam de ter mais que 24 horas disponíveis durante um dia? Para isso, você pode aprender a seguir uma metodologia que te ajudará a gerir melhor o seu tempo para que você atinja todos os seus objetivos! Primeiramente, precisamos compreender um princípio importante para você ser assertivo com as escolhas do que deve fazer: a Lei de Pareto.

A Lei de Pareto

A Lei de Pareto, também conhecida como a Regra 80/20, diz que 80% das consequências decorrem de 20% das causas. Para a sua gestão do tempo, isso significa que 20% de suas tarefas vão proporcionar 80% dos resultados que você espera.

Se você possui uma lista de 10 tarefas para concluir, duas dessas tarefas serão mais valiosas do que todas as outras 8 combinadas.

Essas duas tarefas terão um maior potencial de consequências positivas para você do que as outras 8.

A regra pode variar em proporções de 90/10% a 70/30%, porém o mais importante a destacar é que são poucas tarefas diárias que realmente trarão os melhores resultados, e essas tarefas são as que procrastinamos mais.

Se a procrastinação é inevitável por não conseguirmos fazer tudo ao mesmo tempo, procrastine em 80% que você deve fazer e que trarão resultados mínimos para o seu objetivo, mas nunca procrastine as tarefas dentro do percentual de 20% que trarão os melhores resultados.

Como aproveitar o meu tempo?

Uma forma bastante útil e prática para organizar suas prioridades e não procrastinar a conclusão das tarefas mais importantes é seguir os quatro passos a seguir: defina objetivos claros, faça o levantamento de sua rotina atual e suas tarefas pendentes, classifique as tarefas de acordo com o Método ABCDE e reorganize o seu tempo.

1. Definição objetivos claros

Muitas pessoas desperdiçam o seu tempo porque não possuem um propósito para ele. Vivem cada dia por viver e, quando termina um dia, um mês ou um ano, se assustam como o tempo passou rápido e que dele nada foi produzido.

Para otimizar o seu tempo, você precisa ter objetivos! Qual é o motivo de você precisar otimizar o seu tempo? Que resultados você espera obter em um dia, um mês, um ano, uma vida? Para ter maior clareza, você pode utilizar a metodologia SMART para definição dos seus objetivos. Um objetivo deve ser específico, mensurável, alcançável, relevante e deve ter um prazo definido. Responder as perguntas abaixo vai ajudá-lo a definir cada um dos seus objetivos.

S (Specific)	Específico: o que exatamente você quer conquistar? O seu objetivo é concreto, detalhado, orientado e definido?
M (Measurable)	Mensurável: o seu objetivo pode ser observado e mensurado?
A (Achievable)	Alcançável: com esforço e dedicação consideráveis, o seu objetivo pode ser alcançado?
R (Relevant)	Relevante: o seu objetivo é importante e relevante para você ou para outras pessoas?
T (Time-bounded)	Em prazo definido: quando o seu objetivo será realizado? Quanto tempo você precisa para atingir o objetivo?

2. Levantamento das tarefas

Você também precisa ter consciência de tudo que já faz e do

ainda precisa fazer. Apenas o fato de você ter essa consciência já melhorará drasticamente a sua forma de perceber o tempo que você possui e como você deve utilizá-lo.

Para o levantamento de tarefas, você precisa conhecer a sua rotina atual e também todas as tarefas pendentes ou ausentes em sua rotina, que têm gerado impacto em sua produtividade.

Conheça a sua rotina atual

Escreva tudo o que você faz em um dia inteiro e quanto tempo você leva para concluir cada tarefa ou atividade. Lembre-se que seu dia tem 24 horas e que temos 7 dias por semana! Seja bastante detalhista no seu levantamento. Inicie o levantamento com o horário que você normalmente acorda e finalize com o horário que você dorme.

Caso você tenha rotinas muito diferentes em cada dia da semana, faça o levantamento por dia da semana. Também não se esqueça que o final de semana deve ser considerado para a gestão do seu tempo. Seja sincero com você mesmo sobre como seu tempo é utilizado. Se você não faz nada durante algum período do dia ou faz alguma coisa que não se sente bem, escreva no seu levantamento para trabalharmos nessa questão a seguir.

Tenha consciência do que está pendente ou ausente em sua rotina

Em seguida, faça um levantamento de tarefas e atividades que você precisa ou que gostaria de fazer. Levante todas as pendências que existem e tarefas que você sabe que são fundamentais para você atingir o seu objetivo.

3. Classifique suas tarefas: o Método ABCDE

O método ABCDE é uma das melhores formas de organizar as prioridades dentre todas as tarefas que você possui, visando sempre atingir o seu objetivo principal. Por meio desse método, você administra o seu tempo e foca no que realmente importa. Também é uma excelente forma de aprender a delegar e eliminar tarefas improdutivas que normalmente tomam a maior parte do tempo.

Aqui, você deverá classificar as tarefas como A, B, C, D ou E. A classificação se refere ao grau de importância e impacto de cada tarefa em seu objetivo final. Por meio dessa classificação, você saberá identificar quais tarefas serão prioritárias para atingir seus objetivos. Lembre-se que, de acordo com a Lei de Pareto, é necessário cumprir apenas 20% das suas tarefas para atingir 80% dos resultados que se espera!

Agora, você deverá buscar a sua rotina e sua lista de tarefas pendentes e colocar um A, B, C, D ou E ao lado de acordo com a classificação abaixo.

A	Prioridade Alta. Essas atividades são muito importantes e devem ser feitas imediatamente, pois trarão resultados positivos mais rápidos com base no seu objetivo. Procrastinar essas tarefas trará consequências sérias e o atingimento do seu objetivo fica bastante comprometido. Seu foco deve estar nas atividades A, ou seja, 20% das tarefas diárias que você possui. Para não deixar de cumpri-las, você pode criar uma subclassificação das tarefas A, definindo-as como A1, A2, A3 em diante, de acordo com a importância dessas tarefas. Isso significa que você deverá cumprir a tarefa A1 antes de iniciar qualquer outra!
B	Prioridade Média. Atividades muito importantes para atingir o objetivo final, porém não possuem tanta urgência como as atividades classificadas como A. São tarefas que você deve fazer e que, se procrastinadas, podem trazer algum inconveniente, mas não terão grande impacto nos seus resultados. Muitas dessas atividades podem ser delegadas. Se não puderem ser delegadas, como responder e-mails, realizar reuniões, ligar para amigos e parentes, elas devem ser realizadas em determinado horário e em pouco tempo.
C	Prioridade Baixa. Atividades que são agradáveis e que nos fazem bem, porém não possuem impacto direto no atingimento do objetivo final. Não precisam ser eliminadas, mas não podem assumir muito tempo disponível. Uma alternativa para as tarefas C é realizá-las como uma premiação pelo atingimento de um objetivo importante. Exemplos: você conseguiu ir à academia 5 vezes na semana às 6h00 da manhã, e por isso decide que dormirá até mais tarde no final de semana. Ou você entregou todas as pendências do trabalho e com isso teve resultados importantes para sua equipe, e por isso decide ir a um jantar com amigos.
D	Para Delegar. São atividades que não podem ser eliminadas porque possuem impacto no objetivo final, porém podem ser realizadas por outra pessoa. A ideia é você delegar a maior quantidade possível de tarefas que podem ser executadas por outras pessoas, para que você possa dedicar seu tempo às tarefas classificadas como A. É muito importante atentar-se para não delegar tarefas A, tampouco não acompanhar adequadamente as tarefas delegadas para outras pessoas. O descumprimento dessas tarefas pode trazer consequências negativas em algum momento, portanto delegue com responsabilidade e consciência.
E	Para Eliminar. São atividades que não possuem nenhum impacto no objetivo final e que não agregam nada à sua rotina. Não é necessário delegar a ninguém, portanto devem ser eliminadas da rotina. Muitas vezes, essas tarefas são hábitos antigos que podem ter trazido algum resultado no passado, mas hoje são apenas uma perda de tempo. Eliminar tarefas de uma rotina pode parecer bastante agradável, mas muitas vezes são um grande desafio. Televisão, internet, jogos, redes sociais e dormir mais do que necessário são exemplos de atividades que podem ser eliminadas ou drasticamente reduzidas se possuem impacto negativo na sua gestão do tempo e se prejudicam o seu sucesso e seus resultados.

Manual completo de treinamentos comportamentais

4. Reorganização do tempo

Ao passar pelas etapas anteriores da gestão do seu tempo, você já possui algo que não perderá mais: consciência! Você conhece o seu objetivo, sua rotina, suas tarefas pendentes e o que é mais importante para o seu sucesso.

Agora você pode reorganizar a forma como utiliza o seu tempo de forma assertiva e inteligente. Você pode utilizar ferramentas para a organização, como por exemplo uma agenda física ou softwares e aplicativos de gestão de agenda.

- A principal premissa na reorganização do tempo é priorizar as tarefas A. Garanta que elas serão cumpridas ao longo do dia e que não podem ser procrastinadas em nenhuma hipótese. Caso elas não consigam ser concluídas em um dia, inicie a rotina do dia seguinte com as tarefas A em mente.
- Imediatamente, elimine as tarefas E. Decida por apaga-las da sua rotina. Lembre-se que elas são um desperdício do seu valioso tempo e que elas não te levarão a lugar algum.
- Organize a delegação das tarefas D. Se você tiver muitas tarefas a delegar e elas possuem impacto no seu objetivo, defina um período em sua agenda para acompanhamento das tarefas e considere o acompanhamento como prioridade A. Você precisará de menos tempo para acompanhar diversas tarefas do que o tempo que levaria para executá-las sozinho.
- Organize o restante de sua agenda com base nas tarefas B. Lembre-se que elas têm impacto no seu sucesso. Dentre as tarefas B, estão atividades que você deve cumprir. São deveres, logo possuem importância para você.
- Por fim, não deixe de levar em conta as tarefas C. Reserve algum tempo para elas, especialmente ao merecer uma comemoração pelas novas conquistas que você terá ao otimizar o seu tempo! Aproveite o tempo dispendido para atividades que te dão prazer e bem-estar.

A partir de agora, você tem em suas mãos uma metodologia utilizada pelas pessoas mais bem-sucedidas do mundo para aumentar a sua performance e conquistar os seus maiores objetivos. Decida otimizar o seu tempo e garanta o seu sucesso!

35

A abrangência dos treinamentos comportamentais corporativos

Todas as fases que passamos em nossas vidas nos ajudam na formação da visão de mundo. Experiências e mais os fatores culturais, educação familiar e convívio social vão formando o caráter e as convicções de cada indivíduo

Marisa Fernandes

Marisa Fernandes

Profissional com mais de 18 anos de experiência na área de RH, iniciou sua carreira em Recursos Humanos na DHL, onde atuou por mais de 6 anos como Gerente Nacional de RH. Logo depois assumiu a Diretoria de RH e Qualidade para a América Latina na CEVA, onde trabalhou por 9 anos. Foi Diretora de RH do Grupo TPV por 2,5 anos. Atualmente é Diretora de RH no Dia %. Profissional focada no atendimento das necessidades dos funcionários de acordo com o interesse e possibilidade da empresa em atender estas demandas por meio dos processos e seus medidores. Investimento em treinamentos necessários (motivacional, liderança, *workshops*, etc). Carreira em Y, Plano de Carreira, Comunicação Interna, Análise de benefícios, entre outros subprocessos fazem parte do escopo de trabalho desta profissional. Formada em Letras – Português/Inglês, pós-graduada em RH pela UNIP e MBA em Gestão Empresarial pela BSP.

Contato
mferalm@yahoo.com.br

Cada vez mais o mercado de trabalho tem reconhecido que não basta apenas ter funcionários que se destaquem em seus campos de atuação, mas que é necessário mantê-los motivados e garantir seu bem-estar em um ambiente de trabalho de qualidade. Mais que isso, a gestão de pessoas também deve se preocupar em alinhar os objetivos dos colaboradores aos da empresa.

Para tal, é possível usar treinamentos comportamentais. Este tipo de treinamento consiste em preparar os colaboradores da corporação para pensar e agir de acordo com os valores, missão e visão que ela tem. Uma análise é feita para determinar o perfil comportamental de cada profissional e destacar as competências que precisam ser trabalhadas.

Treinamentos comportamentais melhoram o desempenho dos colaboradores, potencializando resultados e impulsionando o alcance de metas. Tantos benefícios refletem diretamente no crescimento da empresa: quanto melhor for o ambiente de trabalho e mais empenhados estiverem os profissionais, melhor será o desempenho.

Nós seres humanos passamos por diversas fases em nossas vidas, e todas as experiências que vamos adquirindo no decorrer do tempo formam nossa visão de mundo. Estas experiências aliadas a fatores culturais, educação familiar e convívio social vão formando o caráter e as convicções de cada indivíduo.

Dessa premissa podemos concluir que muitos dos medos, bloqueios, ansiedades e transtornos provêm de experiências desagradáveis que foram presenciadas em alguns momentos de nossa existência. Assim, quanto mais o tempo passa, mais enraizados ficam esses bloqueios, e com isso, diversos setores de nossa vida são afetados consideravelmente.

Diversas vezes, um pequeno medo esconde grandes problemas, é por isso que não podemos negligenciar determinadas situações e sempre procurar apoio profissional. Visando solucionar estas questões surgem os treinamentos comportamentais.

Entendendo o treinamento comportamental

Vale a pena entender o motivo do surgimento do treinamento comportamental, suas funções e fases.

O treinamento comportamental surgiu nos Estados Unidos em 1947 e para este método, os pensamentos e emoções tiveram uma grande influência diretamente no comportamento das pessoas. Os estudos foram feitos sob a ótica de que tudo aquilo que acreditamos se reflete direta ou indiretamente em nossos atos, que por sua vez geram outras consequências.

Manual completo de treinamentos comportamentais

Com o passar dos anos esse estudo foi levado até o ambiente corporativo e ficou comprovado que parte das limitações e entraves de uma empresa estão relacionadas ao comportamento geral dos colaboradores, que entram em conflito e/ou indefinições muitas das vezes.

Após estas conclusões foram criados treinamentos específicos que visam superar estas limitações e trabalhar as barreiras de cada indivíduo. No âmbito das organizações são criados treinamentos em grupo, com o apoio do setor de Recursos Humanos para que a empresa possa crescer de mãos dadas com seus funcionários, seguindo para um objetivo comum, mas exigindo de cada indivíduo que coloque seu ponto de vista. A mescla de opiniões é um material bastante rico para qualquer empresa, basta saber canalizar essas ideias a fim de obter o resultado positivo para a empresa.

Tipos de treinamentos comportamentais

Diversas são as habilidades que precisam ser desenvolvidas dentro da esfera empresarial. Hoje, as empresas em fase de constante expansão primam por competências que englobam desenvoltura profissional. Existem diversos tipos de treinamento comportamental, estes são os mais procurados:

Liderança na prática – O líder em mim/ Desenvolvimento de liderança
Muitas pessoas têm equipes, mas não têm a sensibilidade de conduzi-los a um objetivo em comum, ou até mesmo a evitar conflitos internos, entre outros aspectos;

Como falar bem em público
Muito importante aprender como falar em público. Muitas pessoas têm dificuldade de se expressar quando se deparam na frente de um público que quer te ouvir. Existem técnicas de apresentação para que você tenha uma desenvoltura tranquila.

Administração do tempo
Algumas pessoas se perdem em ações, focando em coisas que nem precisariam estar envolvidas.

Comunicação eficaz e relacionamento Interpessoal
Saber se comunicar com transparência e clareza é o maior desafio nas organizações. A comunicação nem sempre flui bem, não passa credibilidade, etc. Por isso é importantíssimo desenvolver esse "*gap*" nos gestores para que os funcionários se sintam respeitados.

Como dar e receber *feedback*
Dar *feedback* é uma das coisas mais importantes que podemos fazer como líderes, porque é por meio dele que podemos ajudar alguém a se desenvolver. Ao mesmo tempo, é uma das tarefas mais difíceis porque, infelizmente, temos o costume de enxergá-lo como uma crítica – e não gostamos de criticar os outros, muito menos de ser criticados.

Motivação pessoal e profissional
Fazer com que o funcionário esteja motivado é sinônimo de sucesso nas organizações.

> *Motivação = desempenho, boa performance*

Em todos os tempos, a motivação pessoal ocupou e ocupa um papel muito importante na vida de todos os seres humanos. Ela faz parte de nossa vida diária. Tanto em nossa vida particular quanto em nossa vida profissional, a motivação tem um papel fundamental. Se uma pessoa está motivada, ela se anima a fazer muitas coisas que vão beneficiá-la.

O relacionamento com a família, com os amigos prospera. Os dias ficam melhores, as dificuldades são mais facilmente resolvidas.

Enfim, a pessoa motivada fica inspirada. Vale a pena lembrar que, quando nos referimos à motivação, estamos falando da motivação para coisas que nos farão bem e não da motivação que nos prejudica.

Quase todas as pessoas, com raras exceções, gostam de estar e de ser motivadas a progredir em todos os campos da vida, pois isso significa estarem dispostas a realizar atividades que lhes trarão prazer, benefício e bem-estar.

Como construir equipes vencedoras
Vivemos uma época em que o individualismo e o egoísmo falam mais alto do que tudo, onde o ético se confunde com "o bobo". Para triunfar nessa aldeia de competidores globais, uma boa alternativa é atrair gente séria e talentosa capaz de ajudá-lo a transformar fatores críticos em oportunidades.

Pessoas de mente oxigenada que desde cedo percebem que ser vencedor hoje, não significa que você vai reinar pelo resto da vida pois eterno é tudo aquilo que dura uma fração de segundo, mas com tamanha intensidade, que se petrifica, e nenhuma força jamais o resgata. Não é porque você conquistou grandes triunfos que ficará imune ao fracasso. Gente leal que curte a vitória sem se deixar contaminar pelo vírus da vaidade, que está sempre em busca de desafios grandiosos. Gente que percebe que elevar a visão para novos patamares é a única forma de enxergar novos horizontes.

Manual completo de treinamentos comportamentais

Mas como encontrar essas pessoas? Como agir para que elas juntas se tornem uma equipe de vencedores? Como garantir seu engajamento na organização assegurando o desenvolvimento de produtos e serviços otimizados? Essas e muitas outras são respostas que todos desejamos obter. A minha experiência de mais de 18 anos em RH me dá a segurança de revelar cinco pontos como sendo os mais importantes para montar equipes vencedoras e triunfar.

São eles:

1) **Encontre as pessoas certas** – defina o perfil ideal do colaborador para a sua empresa e não espere precisar de alguém melhor preparado para só então buscá-lo. Você deve recorrer a todas as oportunidades para identificar talentos. Quanto mais você procurar, maiores serão as suas chances de encontrar;

2) **Contrate com cautela** – desenvolva técnicas aprimoradas de entrevista e não abra mão de conversar com o candidato, caso ele fique ligado a você. Procure identificar se ele possui as qualidades que você definiu quando pensou em contratá-lo.
Não confie somente em sua experiência empírica, recorra a métodos científicos de contratação. Aplique testes baseados em livros, exercícios, apostilas e artigos sobre a empresa, cujas respostas ajude-o a entender os valores, a missão e a visão organizacional, facilitando assim, desde o início, a sua interação com a organização. Agindo assim você estará menos vulnerável a falhas de contratação;

3) **Treine com maestria** – muitas vezes as pessoas são contratadas sem saber exatamente o que a empresa espera dela e o que ela poderá esperar da organização. Você precisa dizer o que e como ela deve fazer as suas tarefas. Se você não diz ao novo contratado o que e como fazer, ele acabará agindo da sua maneira. Você deve iniciar o treinamento em duas frentes: responsabilidade e comportamento. A responsabilidade diz basicamente o que fazer e o comportamento de como fazer as coisas funcionarem;

4) **Lidere com entusiasmo** – Atue como um verdadeiro *coach* do tipo encorajador de pessoas e facilitador de processos, visando em última instância desenvolver a performance e o crescimento profissional do colaborador. Assim você abrirá espaço para que ele cresça e contribuirá fortemente para a otimização dos resultados organizacionais.

5) **Demita imediatamente** – se não obtiver sucesso com o candidato, não fique dando tempo ao tempo: demita-o imediatamente sem remorso.

Mas lembre-se: para alcançar e manter-se no topo, você precisará ser o melhor em cada tópico acima.

É óbvio que esses pontos são importantes, mas não excluem as decepções de contratação, pessoas que falam bem, prometem, se vendem da melhor maneira possível, falam aquilo que você quer ouvir e no dia a dia nada daquilo é real...

Paralelo aos treinamentos acima demonstrados temos atualmente uma ferramenta poderosa e eficaz no treinamento comportamental que é o *coaching*. O processo de *coaching* auxilia o profissional a desenvolver outros comportamentos com base em técnicas de motivação e estabelecimento de metas. Por meio do *coaching* é possível treinar pessoas e grupos, além de desenvolver ações que visam despertar o pleno potencial que há em cada um de nós.

O *coaching* foi pensado para dar suporte a empresas e instituições que desejam romper com programações e atitudes dos colaboradores e que limitam os seus resultados.

Uma excelente dica é a leitura do livro *"Coaching de Carreira – Construindo Profissionais de Sucesso"* do *Master Coach* e Presidente do IBC José Roberto Marques em parceria com o economista Edson Carli. Neste livro somos provocados a todo instante para que por meio de um processo de reflexão possamos obter as respostas que estão dentro de nós.

Também como forma eficiente de treinar os colaboradores para adotarem o comportamento desejado pela empresa é usar os cursos de formação em *coaching* que a Academia Brasileira de Coaching (ABRACOACHING) oferece e ajuda a transformar sua empresa em um caso de sucesso!

Sendo assim, podemos concluir que o *coaching* é um excelente treinamento comportamental e um grande aliado nesta caminhada de autodescoberta e superação dos bloqueios e limitações do passado e especialmente para o alcance de alta performance.

A ideia popular de que "sou desse jeito, nunca vou mudar" não tem nenhuma base científica e é uma impressão totalmente errônea. Ela vem do fato de não nos lembrarmos do processo de aprendizagem do nosso comportamento atual, pois boa parte dele ocorre nos primeiros anos da infância; o processo de "modelagem" da psique continua na vida adulta, mas utiliza mecanismos tão inconscientes que não nos damos conta deles.

O treinamento comportamental é um grande aliado do ser humano no alcance de seus objetivos. É uma ferramenta capaz de mudar crenças e, a partir delas, ajudá-lo a mudar a forma como age diante de inúmeras situações do cotidiano. São inúmeros os métodos aplicados para que o resultado almejado seja apresentado, os treinadores lançam mão de técnicas de *coaching*, PNL, da Psicologia contemporânea, de *mentoring*, entre outras. Ao ler as inúmeras dicas do livro, terá acesso a um conteúdo poderoso que poderá mudar sua vida, pessoal e profissionalmente.

Juntamente com os treinamentos uma ferramenta valiosa são os jogos empresariais. Os jogos de empresas, primeiramente utilizados em universidades americanas na década de 50, tem se mostrado, a partir da década de 80, como uma alternativa didática altamente viável e muito utilizada no ensino superior brasileiro. Tal método, fortemente caracterizado pela aprendizagem vivencial, apresenta diversos elementos que complementam as técnicas de ensino tradicional. O caráter lúdico dos jogos somado ao ambiente fortemente participativo e centrado no educando, proporciona uma possibilidade de aprendizagem satisfatória e efetiva.

Objetivos dos jogos de empresas

Os objetivos mais comuns para a utilização dos jogos de empresas:

1. **Treinamento:** desenvolver nos participantes a habilidade de tomar decisões através do exercício e experiências num ambiente simulado, tão parecido quanto possível ao ambiente no qual as mesmas terão que ser realmente desempenhadas.
2. **Didático:** transmitir conhecimentos específicos (conhecimentos, técnicas e instrumentos) do campo da Administração de Empresas de um modo prático e experimental.
3. **Pesquisa:** utilizar o cenário propiciado pelo jogo de empresas como um laboratório para: descobrir soluções para problemas empresariais; esclarecer e testar aspectos da Teoria Econômica; pesquisar aspectos da Teoria da Administração e investigar o comportamento individual e grupal em condições de tomada de decisões sob pressão de tempo e incerteza. As três mais importantes áreas de pesquisa através deste mecanismo, determinadas pelo número de publicações são:

    a. Práticas que estimulam aumentos de performance;
    b. A efetividade dos jogos de empresas e
    c. O que jogos de empresas ensinam.

36

Desmitificando o *feedback* – Uma nova metodologia para essa poderosa ferramenta

Poucos conhecem o poder e a importância do *feedback* dentro do mundo corporativo. Quase sempre mal conduzido, o *feedback* recebe uma conotação negativa, tanto por parte de quem o aplica quanto de quem o recebe. Por isso, poucos avanços são feitos nas avaliações. Este texto visa quebrar um pouco esse paradigma, mostrar os benefícios de um *feedback* bem conduzido e explicar como atingir esse objetivo

Mauricio Vieira

Mauricio Vieira

Natural de São Paulo, possui mais de 20 anos de experiência como profissional, coordenando projetos e pessoas em grandes bancos e multinacionais. MBA em Gestão de Pessoas pela FGV, começou sua carreira na Electronic Data Systems (GM). Atuou também no Citibank e, por mais de dez anos, foi coordenador de sistemas no Itaú-Unibanco, tendo exercido papel-chave na transição de sistemas na migração dos dois bancos e participado da criação da superintendência de sustentação de sistemas. Foi durante essa época que desenvolveu sua aptidão de capacitar e motivar equipes. Atualmente é *coach* formado pelo ICI – Integrated Coaching Institute, atuando em processos de *Coaching Executivo* e *Life Coaching*. Em 2014, funda a Pacto RH, empresa especializada em consultoria organizacional, *coaching*, palestras e treinamentos, e passa a dedicar-se integralmente a ela desde 2014. Atualmente é professor de disciplina de liderança e de Gestão de Pessoas do curso de Pós-graduação Pós ADM da Fundação Getulio Vargas.

Contatos
www.pactorh.com.br
contato@pactorh.com.br
fb.com/pactorh
(11) 4997-3235

O *feedback* (como você o conhece)

Hoje em dia é comum as pessoas falarem sobre *feedback*. Sempre ouvimos frases como "preciso do seu *feedback* sobre esse assunto" ou "meu líder não me dá um *feedback* claro".
O termo *feedback* acabou sendo usado de forma corriqueira sob o contexto de ser uma simples conversa para falar de algo negativo. Normalmente é utilizado para mostrar para a pessoa o que ela fez de errado, sem apontar as ações e atitudes. Com isso, a mensagem que fica é que o *feedback* serve apenas para apontar os erros de alguém e não para corrigir ou modificar suas atitudes e comportamento.

Por isso, precisamos desmitificar que a prática do *feedback* está sempre associada a uma bronca ou crítica e trazer técnicas importantes para que o *feedback* seja efetivo.

Não é difícil encontrar pessoas que emitem um parecer pobre ou até mesmo sua própria opinião enquanto acreditam prover um *feedback* válido. Líderes que, em vez de utilizarem seu conhecimento para desenvolver e motivar suas equipes, fazem mal uso dessa excepcional ferramenta, trazendo consequências desastrosas para todos.

E qual seria a razão desse mau uso? Despreparo? Não saber lidar com as resistências da equipe? Não importa o motivo. O certo é que eles deveriam mapear os *gaps* técnicos e comportamentais de seus liderados e demonstrar com exemplos claros tais pontos. Um *feedback* mal conduzido pode minar a carreira de um profissional e proporcionar um grande impacto negativo na vida dessa pessoa.

Acredito que você já passou por uma situação semelhante. Deve ter recebido um *feedback* muito desagradável com o qual você não concordava ou não recebeu nenhum retorno quando você esperava ter recebido. Talvez você mesmo possa ter emitido *feedback*s para alguém sem sequer pensar no que estava falando. Fazendo isso, você provavelmente atingiu a moral e a autoestima dessa pessoa de forma negativa e desnecessária, afetando não apenas sua vida pessoal mas, também, comprometendo os resultados de sua equipe.

Isso pode ter acontecido com você, assim como aconteceu comigo. Eu fui vítima de *feedbacks* mal conduzidos também e isso foi determinante no rumo da minha carreira.

Isso tudo me motivou a me empenhar e estudar mais sobre o assunto. Dediquei-me a estudar de todas as formas e a me especializar na arte do *feedback*. Juntei esse período de estudos com minha experiência para condensar meu próprio conhecimento, forjando, assim, o que mais tarde viraria minha própria metodologia de trabalho, destinada a auxiliar todos os profissionais que necessitam conduzir *feedbacks*.

O *feedback* (como ele realmente é)

Literalmente traduzido como "retroalimentação", o *feedback* é uma técnica que consiste em fornecer dados para que a outra parte possa ter consciência dos seus atos e, a partir disso, estabelecer planos de ação para melhorar, aperfeiçoar ou desenvolver determinado comportamento.

O objetivo do *feedback* é muito simples: todos os profissionais precisam – e devem – saber se estão indo bem. Mas não se deixe enganar pela simplicidade do conceito, o *feedback* vai muito além de falar se ficou bom ou ruim.

Por que o *feedback* é tão importante?

O *feedback* nos direciona para o ponto mais importante do crescimento: o autoconhecimento.

A retroalimentação das ações realizadas, reconhecimento por uma tarefa bem executada e correção de eventuais desvios são atributos de todos os níveis de liderança. Sua prática é necessária para reforçar os comportamentos adequados, promover o desenvolvimento contínuo e nortear a equipe na busca de melhores resultados e alto desempenho.

Não existe uma regra exata ou normas de como um *feedback* deve ser conduzido. É por isso que muitos *feedbacks* são mal executados. Por isso, existem boas práticas e metodologias de como dar um *feedback* efetivo e assertivo, muitas das quais eu ensino em meus treinamentos e em meu livro "Feedback passo a passo".

A receita do fracasso de um *feedback*

Realizando pesquisas com outros líderes e gestores, coletei dados suficientes para identificar os principais fatores que determinavam o fracasso de um *feedback*.

São eles:

Despreparo dos líderes: a incapacidade da pessoa de conduzir o processo de forma lógica, de conversar de forma adequada, de saber avaliar os dados e posicionar o liderado a respeito dos mesmos. Pessoas que julgam, que acabam rotulando o liderado de alguma coisa. Aqui se encaixam também líderes que não estão presentes no cotidiano de sua equipe e não têm a convivência necessária para fornecer um *feedback* adequado. O verdadeiro líder precisa estar atento, vivenciar e observar o que passa em seu ambiente de trabalho e com seus liderados. Ele precisa dar – e ser – um exemplo para a equipe.

Resistência de quem recebe o *feedback*: é comum o liderado se sentir julgado e rotulado. Isso o faz ficar acuado ou na defensiva, o que dificulta todo o processo. Isso pode ocorrer por inúmeros motivos e é de responsabilidade do líder saber conduzir a conversa de forma a evitar que esse tipo de situação ocorra.

Falta de perguntas assertivas: há uma dificuldade em formular perguntas que levem o liderado a refletir sobre tal comportamento e a propor um plano de ação de melhoria. Muitas vezes, uma pequena mudança na pergunta lançada ao liderado pode fazê-lo simplesmente responder sim ou se questionar sobre o que ele está fazendo, de fato.

Não ir direto ao assunto: muitos líderes começam a falar sobre várias coisas desconexas de forma confusa, fazendo com o que o liderado tenha de interpretar tudo o que está sendo dito, dividindo sua atenção e fazendo-o correr o risco de não captar a mensagem correta.

Falta de percepção se o funcionário entendeu o recado: Muitos líderes terminam o *feedback* com a sensação que a mensagem foi transmitida com sucesso e o liderado entendeu o recado mas, muitas vezes, isso não é verdade. E é comum também o líder sair do *feedback* sem a certeza de que o liderado compreendeu o que foi dito. Essa falta de percepção é motivada por alguns fatores como a incapacidade do líder de conduzir a conversa, não dando espaço para seu liderado opinar ou dar um retorno do que está sendo dito. Dessa forma, todo o processo de *feedback* foi em vão.

A presença de apenas um desses fatores em um *feedback* já é o bastante para minar todo o processo.

Baseado nesses levantamentos e em meus anos de experiência conduzindo *feedbacks*, realizando pesquisas e estudos a respeito, acabei desenvolvendo uma metodologia própria que aborda todos os tópicos necessários para uma perfeita execução de um *feedback*, desde sua preparação até o fim do processo.

O método PACTO

Com o passar dos anos, fui aprimorando minha forma de trabalhar, realizando diversos cursos e trabalhando com grandes profissionais. Todo esse esforço culminou na criação do método PACTO, que é o que eu emprego e dissemino através de meu livro e treinamentos.

O nome PACTO é a sigla para os cinco passos fundamentais de um *feedback*: Preparação, Ação, Compromisso, Término e Outros Pontos Importantes.

P – Preparação

A preparação de um *feedback* é, muitas vezes, desprezada e isso torna-se um grande erro. Um *feedback* que começa mal preparado está propenso a erros, julgamentos, subjetividades, parcialidades, interrupções e distrações. Se o líder não se preparar, ele vai cometer esses deslizes.

Além de uma série de questões operacionais e técnicas sobre o local e hora da reunião, há fatores ainda mais importantes para serem levados em consideração antes do *feedback*.

Em primeiro lugar, o líder precisa saber qual é o objetivo desse *feedback*. O que ele pretende passar para o liderado? Qual sua expectativa ao terminar o processo?

A partir daí, é necessário levantar todos os dados que vão dar suporte ao *feedback*, a respeito das atitudes e ações em uma determinada situação. Isso é importantíssimo para não apenas saber o que dizer e esperar do liderado mas, principalmente, para fugir do julgamento que, como já disse acima, destrói qualquer *feedback*. É preciso, antes, já ter os dados em mãos e, em alguns casos, é até interessante pedir uma terceira opinião para outros gestores ou pessoas que podem contribuir com um novo ponto de vista, seja para reforçar ou fazê-lo rever sua visão.

É sempre bom já pensar em como falar e no que vai ser dito. E, mais importante, saber falar a partir de fatos e não fazendo julgamentos sobre a pessoa. Usando exemplos, seu *feedback* fica mais rico e assertivo. Julgando, ele passa a ser subjetivo, aberto a interpretações, o que é péssimo. Quanto maior a capacidade do líder de não julgar, melhor será seu *feedback*.

A – Ação

O momento do *feedback* em si, frente a frente com a pessoa. Existe uma série de dicas valiosas que, quando bem executadas, garantem a fluidez do processo.

Uma delas é começando com um quebra-gelo, puxando um assunto qualquer, iniciando com um bate-papo informal, para ambas as partes relaxarem. Apenas evite temas polêmicos.

Antes de iniciar, estabeleçam as regras do jogo. Explique como você prefere conduzir a conversa, se é falando sem interrupções e abrindo para perguntas depois ou se é permitindo que a pessoa te interrompa quando necessário, por exemplo. É importante que ambos sigam essas regras para que o processo não seja prejudicado.

Ir direto ao assunto é outra prática muito importante. Se o líder começa o *feedback* falando de vários assuntos, sem seguir uma linha de raciocínio lógica e assuntos desconectados, o liderado vai se sentir perdido. Com isso, ele vai ficar tenso e a comunicação entre as duas partes vai ficar mais difícil. É fundamental que a primeira coisa a ser feita é explicar à pessoa o motivo de ela estar ali e sobre o que será falado. A partir disso, a pessoa já sabe o que a espera, vai poder se preparar e vai ficar mais solta, facilitando o processo.

Como dito acima, use e abuse de dados e fatos. Evite falar que a pessoa está fazendo algo sem uma opinião embasada. Fundamente-se sempre em números e registros. Agora, a forma como você vai fazer isso é que vai determinar o sucesso do *feedback*. É aí que entra todo seu conhecimento e jogo de cintura, pois você vai ter de saber avaliar como a pessoa está recebendo essas informações e como ela vai reagir. Há uma série de dicas que eu ensino no livro e no meu treinamento de *feedback* a como superar as dificuldades nesses momentos.

Tão importante quanto tudo o que foi passado para o liderado é garantir que ele entendeu a mensagem. Se você falou por uma hora sem parar e não teve a sensibilidade de perceber se a pessoa estava atenta, o tempo todo foi jogado no lixo. Perceba se a pessoa entendeu o que foi dito e peça para que ela faça um resumo da mensagem que foi passada.

C – Compromisso

É fundamental terminar com um plano de ação porque, sem ele, todo o processo não terá passado de um bate papo entre amigos. Isso demonstra para o liderado que a conversa não foi apenas mais um puxão de orelha, mas sim que ele será avaliado desde então e que seu comportamento determinará seu próprio futuro nas próximas interações.

É preciso que o liderado saia do *feedback* tendo entendido o recado, com consciência de seus atos, se responsabilizando e comprometendo a atuar em planos de ação que contribuirão para modificar suas atitudes.

T – Término

O momento não só do encerramento do processo mas também a oportunidade de se fazer uma aliança com o liderado e de fazer com que ele saia da sala com a sensação de que seu líder está empenhado em ajudá-lo a se desenvolver profissionalmente.

A melhor forma de conseguir isso é pedindo o *feedback* do *feedback*. Esse processo é inestimável não só para o liderado mas, principalmente, para o líder pois é a partir desse *feedback* que ele vai identificar suas virtudes e fraquezas para poder se corrigir e melhorar a cada processo.

Peça para o liderado falar três pontos positivos e três pontos negativos a respeito do *feedback* que ele acabou de receber. Isso vai fazê-lo pensar a respeito e processar melhor a informação. Aproveite o momento também para fazer outras perguntas que possam enriquecer a sua autoanálise.

Por fim, despeça-se e agradeça à pessoa – sempre. Após isso, faça o registro do *feedback* e o processo se encerra.

O – Outros pontos importantes

Aqui abordo diversos tópicos recorrentes em perguntas que recebo frequentemente. Ofereço diversos debates sobre assuntos diversos que enriquecem todo o universo relacionado ao *feedback*. Ofereço também dicas sobre estilos de *feedback*, assuntos de *feedback*, comunicação e liderança, resistência à mudança, atenção psicológica, etc.

Em meu livro e treinamento, você encontra todo o conteúdo completo sobre o método PACTO aqui mencionado.

O que é um bom *feedback*

Agora que você já sabe a estrutura básica de um bom *feedback*, vamos lembrar os resultados desejados e que o classificam como bem-sucedido.

O bom *feedback*:

- Foi bem preparado
- É rico e assertivo
- Não julga e nem rotula seu liderado
- Faz o liderado refletir
- Foi compreendido
- Gerou um compromisso e um plano de ação
- Termina com as duas partes satisfeitas

E você? Já sabe o que precisa para conseguir chegar nesse resultado? Só depende de você.

37

Transformar e potencializar as competências dos jovens líderes

Num momento onde as mudanças são cada vez mais aceleradas, o futuro do mundo depende de decisões rápidas e acertadas e de líderes capazes de assumir a responsabilidade delas em benefício de todos. A hora é de transformar e desenvolver novos modelos de liderança, buscando incrementar competências de maneira direta e eficaz para motivar e estimular novos modelos comportamentais, de aprendizagem e de alinhamento profissional e pessoal, promovendo assim, uma maior qualidade de vida em todos os setores

Nadia Gargiulo

Nadia Gargiulo

Empresária e Diretora de RH há mais de 30 anos. Gestora e motivadora na área de Vendas, com foco no processo de formação de jovens líderes, no desenvolvimento de competências, usando metodologias diferenciadas, inspirando a inovação nas equipes, visando eficácia, alcance de metas e resultados. Formação: Sociedade Brasileira de Coaching, *Executive Coaching*, *Personal & Personal Coaching*, *Practitioner* em Programação Neurolinguística, Eneagrama, *Life Plan*, Hipnose Ericksoniana, Terapia Breve – Luiz Gasparetto, Treinamentos exclusivos e reconhecidos internacionalmente com Tony Robbins, Robert Dilts, Tommy Nelson, Claudio Lara, entre outros.

Contatos
http://nadiagargiulocoach.wix.com
http://nadiagargiuloexecutivecoach.blogspot.com.br/
nadiagargiulo.coach@gmail.com
(11) 95948-6141

Nadia Gargiulo

Esta é uma época onde a busca pelo sucesso tanto financeiro, profissional, como pelo destaque pessoal e bem-estar social, impulsiona o ser humano a fazer novas descobertas e o estabelecimento de novos limites e objetivos. Para isso, é preciso lançarmos mão de ferramentas eficazes, baseadas em metodologias cientificamente validadas e pautadas em princípios éticos, resultando na transformação de vidas, despertando suas habilidades, ampliando seus horizontes, dando-lhes novas opções de escolha do caminho a seguir em sua jornada.

Neste processo, você cresce como indivíduo e contribui para o crescimento do outro. Isto é gratificante e um substancial alimento para a própria alma!

Uso minha experiência pessoal como Norte para impulsionar meu aprendizado e estimular a motivação e transposição de obstáculos, transformando-os em oportunidades de amadurecimento, crescimento e experiência também para meus clientes. O primeiro passo, é definir objetivos e propósitos de vida, tendo como base, seus valores pessoais. Com tanta informação disponível, às vezes ficamos confusos e não conseguimos decidir que direção tomar e nem como descobrir nossos próprios valores. É muito "barulho"! Além disso, falta de conhecimentos específicos, dificuldades múltiplas e a carência de recursos financeiros impedem muitos jovens talentosos de seguirem em direção à realização de seus sonhos, e da descoberta de suas verdadeiras vocações.

Integridade, Ética, Honestidade e Respeito são valores fundamentais para o desenvolvimento de uma Consciência Maior e a noção de Responsabilidade por suas escolhas e atos, levam à transformação não só do indivíduo em si, como da sociedade circundante. O processo de aprendizado é contínuo e infinito...

Com a intenção de deixar um legado, o processo de autodescobrimento torna-se mais fácil e seus valores pessoais ficam mais claros, o que nos levará ao próximo passo: a determinação de seu propósito de vida. Qualquer pessoa comum pode realizar coisas extraordinárias, apenas mudando alguma circunstância e poderá modificar o curso de sua vida e tornar-se uma figura de transição positiva. A falta de um propósito sólido traz a indisciplina e a falta de foco e a perda do entusiasmo. Procurar a ajuda de um profissional bem preparado pode lavar o indivíduo mais rapidamente em direção à realização de seus sonhos e metas. É o momento de reconstrução, de renovação de sua força interior. É uma ferramenta valiosa na própria reinvenção, incrementando seus dons e uma nova maneira de reconectar-se com seu sistema interior e acreditar em si mesmo. É o impulso na direção certa! É a resposta para as questões básicas: o quê, como, quando, onde, por que, quem, e quanto tempo. Talvez seja o estopim para a compreensão de processo de mudança. Pode ser um reforço pessoal que motivará toda uma equipe e as mudanças em série para atingir um bem comum.

O que é *Coaching*? - É uma ferramenta que permite a ativação das redes de cooperação que facilita a circulação do capital humano (intelectual, emocional e energético) dentro das organizações (empresas, escolas e grupos sociais). É um instrumento fabuloso para lidar com a adversidade que auxilia na superação de obstáculos, visão de futuro e elaboração de um plano de ação. *Coaching* é uma estrutura baseada no compromisso e na responsabilidade que ajuda manter a disciplina e a determinação, como também permite o redirecionamento sempre que for necessário.

Como reconhecer um bom *coach*?

- É um excelente ouvinte.
- Coloca o foco na intenção do cliente e prioriza a ação.
- Lida com a realidade de forma lúcida e possui energia e disposição para fazer as alterações necessárias.
- É comprometido com o cliente, permitindo a ele tomar suas próprias decisões, sem competir.
- É analítico, mas não emite julgamento de valores.
- Como reconhecer um bom cliente?
- É aquele que tem ciência de seus talentos e potencial e também de suas limitações.
- Sabe quais são seus objetivos, ou reconhece quando necessita de ajuda para tal.
- É determinado a obter resultados.

- Está disposto a aprender sempre.
- Está disposto a desenvolver um espírito crítico.
- Após planejar cuidadosamente, está disposto a agir.

Todos nós, em um momento ou outro, nos sentimos perdidos ou descontentes com o rumo de alguns eventos pessoais ou profissionais. Nem sempre conseguimos ter uma visão clara para podermos engajar um plano de ação. Quando se encontrar nessa posição, procure um profissional adequado.

- Pense grande!
- Fale pouco de seus planos pessoais!
- Procure orientação!
- Planeje bem!
- Tome atitudes!
- Ame tudo o que fizer!
- Sorria sem falsidade!
- Trabalhe duro!
- Faça algo de graça!
- Pague à vista, pague em dinheiro!
- Seja gentil!

38

Treinamento de habilidades sociais: uma estratégia para as demandas do mercado de trabalho

Para que seja possível vivenciar os múltiplos papéis, ou demandas sociais de cada sistema, se faz necessário um repertório de habilidades

Ney Laerte

Ney Laerte

Diretor Executivo da Escola de Negócios: "Motivando Carreira"; Gestor de Educação Universitária UnisulVirtual - Polo Passo Fundo - RS e Diretor da Escola CONSTRUTEC / FRANCHISING. Ney Laerte aborda os seguintes temas em seus seminários, palestras e treinamentos nas áreas: Liderança, Gestão, Motivação e Pessoas, através dos seguintes temas: Filosofia nos Negócios, Psicanálise nos Negócios, Liderança Moral, Cultura da Paz nas Organizações, e Motivando a Natureza Humana. Realiza palestras e treinamentos na área empresarial, educacional, construção civil e no terceiro setor, em diversos regiões do Brasil. Escreve artigos, periódicos e através de suas entrevistas, esclarece temas de desenvolvimento humano e social. É coautor dos livros: *Manual Completo de Treinamentos Comportamentais e Planejamento Estratégico*, lançados pela Editora Ser Mais.

Contatos
www.motivandocarreira.com.br
neylaerte-coaching@hotmail.com
(54) 3622-0436 / 54-3622-0437

Introdução

Mercado de trabalho.
O que são competências profissionais?
O que é HS?
Sim, as HS podem ser treinadas! Treinamento de Habilidades sociais, modelo cognitivo-comportamental.

O treinamento das habilidades sociais é uma das técnicas da terapia comportamental muito utilizada.

2 Habilidades sociais

As bases para o constructo das habilidades sociais tiveram seu desenvolvimento por volta das décadas de 60 e 70. Hoje é uma área muito pesquisada e estudada pela psicologia, principalmente pela orientação cognitiva (CABALLO, 1996).

Torna-se difícil definir as habilidades sociais, pois estas dependem de variáveis culturais, socioeconômicas, pessoais, de idade, de gênero, etc. Podem ser compreendidas como comportamentos que expressam sentimentos, atitudes, opiniões, ou direitos de forma adequada e eficaz, respeitando o comportamento dos demais, com intuito de resolver problemas ou evitar o surgimento de problemas futuros. As habilidades sociais são aprendidas e podem ser desenvolvidas ao longo da vida (CABALLO, 2003).

Todo sujeito desempenha diferentes papéis de acordo com os vários contextos em que é inserido no meio social. Pode-se dizer então, que participa de vários sistemas. A família é o primeiro sistema social, e a partir dela, o sujeito passa a ser incluído em vários outros sistemas, em conformidade com os seus arranjos vivenciais, como por exemplo, o sistema acadêmico e o sistema laboral.

Para que seja possível vivenciar os múltiplos papéis, ou demandas sociais de cada sistema, se faz necessário um repertório de habilidades. De acordo com Del Prette e Del Prette (2010a), para lidar com as demandas sociais, é preciso das habilidades de decodificar sinais sociais mais explícitos ou sutis, selecioná-los, aperfeiçoá-los, e escolher a sua emissão ou não. Além do mais, uma resposta competente é aquela que cada sujeito avalia apropriada para situações específicas, visando alcançar seus objetivos, pois não existe uma única maneira correta de se comportar (CABALLO, 1996).

Quando os sujeitos não conseguem adequar-se aos produtos de vida em sociedade, podem sofrer reações de vários tipos, como ansiedade, isolamento, dificuldade de iniciar ou manter relacionamentos, prejuízos no trabalho e etc. Conforme Del Prette e Del Prette (2010a), a leitura social envolve a capacidade de atenção aos sinais que o ambiente emite, controle das emoções em situações de complexidade, controle da impulsividade e análise dos próprios desempenhos e também do desempenho dos outros, bem como suas consequências.

As classes de comportamentos interpessoais propostas por Caballo (1996) como constructo das habilidades sociais que são emitidos diante de fatores situacionais são os seguintes: 1) iniciar e manter conversações; 2) falar em público; 3) expressões de amor, agrado e afeto; 4) defesa dos próprios direitos; 5) pedir favores; 6) recusar pedidos; 7) cumprir deveres ou fazer obrigações; 8) aceitar elogios; 9) expressar opiniões pessoais, mesmo que discordantes; 10) expressão de incômodo; 11) pedir desculpas; 12) pedido de mudança; 13) aceitar críticas.

Quanto ao componente da competência social, destaca-se a assertividade. Esta é aplicada ao enfrentamento de situações que possuem risco de consequências negativas, sendo necessário autocontrole ou expressão adequada dos sentimentos negativos despertados pela ação do outro (DEL PRETTE; DEL PRETTE, 2010a). Comportamentos assertivos trazem aos indivíduos mais consequências positivas do que negativas. No âmbito de seu mundo privado, ocorre a valorização do seu "eu", no âmbito externo, ocorre a solução de problemas, limites e deveres (SILVA, 2004).

2.1 Habilidades sociais no cenário atual do mercado de trabalho

As mudanças que surgem devido aos processos de globalização promovem novas demandas no cenário organizacional. Dessa forma, as empresas devem demonstrar o quanto podem ser flexíveis, criativas e com um capital humano habilidoso socialmente, capaz de dar conta das exigências de um mercado cada vez mais competitivo.

A capacidade de interagir socialmente é um grande diferencial, revelando que não basta um bom grau de titulação, é necessário que as pessoas saibam lidar de forma assertiva consigo e com os outros. O mercado de trabalho mais restrito e competitivo, passa a valorizar, além das competências técnicas, motoras e administrativas, também as habilidades de interação (MENKES, 2011).

Muitas são as classes de habilidades sociais importantes para o trabalho, Pereira, Del Prette e Del Prette (2009), destacam que estudo realizado com trabalhadores com e sem deficiência física e seus supervisores, as subclasses consideradas relevantes na perspectiva destes são as seguintes: se colocar no lugar do outro, elogiar o colega, ofertar ajuda, admitir erros, aceitar críticas, lidar com gozações, dar sugestões, falar em público, solicitar mudança de comportamento, participar e encerrar conversação.

Déficits nas habilidades sociais podem propiciar prejuízos aos indivíduos no meio laboral, desde o desemprego, baixa produtividade, sofrimento em situações que necessitam de exposição pública e até mesmo patologias, como o estresse no trabalho. O Treinamento de Habilidades Sociais pode ser considerado importante ferramenta dentro das empresas, visto que quanto melhor for o circuito de interação, maior a produção e os resultados.

3 Treinamento de habilidades sociais

As habilidades sociais são um fator de proteção no desenvolvimento humano, podem ser desenvolvidas em qualquer momento da vida através da interação em contextos sociais naturais, como no relacionamento com os pais, filhos, irmãos, amigos, cônjuges, colegas de trabalho, ou através de treinamentos formais (MURTA, 2005).

As diversas formas de treinamento foram se diversificando e se tornando mais complexas nas empresas de acordo com o surgimento de diferentes necessidades. Em um momento inicial, o treinamento tinha por objetivo ensinar conhecimentos de ordem prática, hoje possui um significado diferente que evolui junto com as mudanças na natureza e na forma do trabalho e das organizações (ROSSETTI, 2004).

As novas exigências de relações interpessoais objetivam superar os resultados desastrosos dos conflitos agravantes da sociedade atual e também estabelecer relações baseadas no respeito aos direitos em um modelo de convivência harmoniosa. Neste sentido, os programas de THS podem alinhar esforços para esta mudança cultural, favorecendo o desenvolvimento socioemocional através de comportamentos e sentimentos de amizade, empatia, solidariedade e valores importantes para a qualidade de vida (DEL PRETTE; DEL PRETTE, 2010b).

O THS é um modelo originalmente criado para o uso na prática clínica, com pacientes que possuíam alguma psicopatologia ou que apresentavam sofrimento em suas relações interpessoais, porém devido aos seus resultados, esta estratégia vem se expandindo, atingindo outros cenários, destinando-se para outros públicos de idades variadas, como os estudantes universitários ou de ensino regular, professores e também para os trabalhadores. De acordo com Vicente Caballo (1996), o THS através de um contorno sistemático adere um enfoque comportamental de aquisição, pois ocorre a aprendizagem de um novo repertório de respostas.

O desenvolvimento do THS implica em quatro elementos estruturados. O primeiro é o treinamento de habilidades, qual ensina-se comportamentos específicos para serem integrados no repertório dos sujeitos de acordo com o seu contexto e especificidades. O segundo é a redução da ansiedade em situações sociais consideradas problemas. O terceiro elemento é a reestruturação cognitiva, que pretende modificar valores, crenças e atitudes. Por fim, aplica-se o treinamento em situações problemas, este elemento que não ocorre de forma sistemática, nele os participantes avaliam respostas potenciais que possam alcançar objetivos e impulsionar a comunicação interpessoal (CABALLO, 1996).

A aquisição de comportamentos assertivos evidenciam transformações nos seguintes componentes: 1) olhar, 2) expressão facial, 3) gestos, 4) postura, 5) orientação, 6) distância/ contato físico, 7) volume da voz, 8) entonação, 9) fluência, 10) tempo da fala e 11) conteúdo da fala.

Considerações finais

O THS pode ser um investimento no capital humano das organizações, afinal as HS podem ser aprendidas.

Referências

CABALLO, V. E. *Manual de avaliação e treinamento das habilidades sociais*. São Paulo: Santos Editora, 2003.

CABALLO, V. E. *Manual de técnicas de terapia e modificação do comportamento*. São Paulo: Santos, 1996a.

DEL PRETTE, Almir; DEL PRETTE, Zilda A. P. *Psicologia das relações interpessoais: vivências para o trabalho em grupo*. 8.ed. Rio de Janeiro: Vozes, 2010a.

_____ *Habilidades sociais e análise do comportamento. Perspectivas em análise do comportamento*. V. 1, n. 2, 104-115, 2010b.

MENKES, Camila. *Novas demandas do contexto profissional: as habilidades sociais profissionais. Psicologia em destaque*. V. 1, n. 1, 71-74, 2011.

MURTA, Sheila G. *Aplicação do Treinamento de Habilidades sociais: análise da produção nacional. Psicologia: Reflexão e Crítica*. V. 18, n. 2, 283-291, 2005.

PEREIRA, Camila S.; DEL PRETTE, Almir; DEL PRETTE, Zilda A. P. *Habilidades sociais de trabalhadores com e sem deficiência física. Psicologia: teoria e pesquisa*. V. 25, n. 3, 339-346, 2009.

ROSSETTI, Fabrizia. *Treinamento comportamental: concepções dos trabalhadores, gerentes de RH e consultores*. Dissertação de mestrado. Paraná: Universidade Federal do Paraná, 2004.

SILVA, Cesar A. T. *Habilidades sociais em fusão de organizações: uma estratégia preventiva do estresse*. Dissertação de mestrado. São Bernardo do Campo: Universidade Metodista de São Paulo, 2004.

39

Conflito de gerações e a síndrome do impostor

No texto, o autor propõe uma intrigante discussão sobre o convívio entre as diferentes gerações dentro das organizações. Para os gestores modernos, esta é uma leitura indispensável. Para os que lidam com os recursos humanos e os valores intangíveis de uma empresa, o texto tornar-se uma leitura obrigatória. Questionador, o artigo debate, sem rodeios, os efeitos da falta de uma comunicação eficiente entre as Gerações X, Y e *Boomers* e o resultado para os negócios da empresa

Octávio Nunes

Octávio Nunes

Jornalista formado pela Universidade Católica de Campinas (PUCAMP), com MBA em Economia e Gestão pela Fundação Getulio Vargas (FGV). Com experiência de 30 anos em comunicação, é palestrante profissional e Prof. de Comunicação Corporativa do MBA de Relações Governamentais da Fundação Getulio Vargas (FGV)- Brasília. Trabalhou como repórter nas TVs Globo, Bandeirantes e Record, da qual foi correspondente em Brasília cobrindo política e economia. Mais recentemente, certificou-se pelo *Brain-based Coach,* do Neuro Leadership Group pela Fellipelli. Atualmente, faz mestrado em Liderança Horizontal da IMO Brasil e desenvolve palestras comportamentais. Também é especialista em mídia *training*. Além disso, soma muitos anos de experiência em comunicação corporativa e relações institucionais, atuando como diretor em empresas multinacionais. Hoje, é diretor de Comunicação Institucional da Associação da Indústria Farmacêutica de Pesquisa-Interfarma.

Contatos
www.octavionunes.com.br
octavio.nunes07@gmail.com
octavio.nunes@s100.com.br
(11) 99303-2586
(11) 2367-8151

Otcávio Nunes

Imagine alguém usando um fone de ouvido manejando, ao mesmo tempo, vários equipamentos de comunicação móvel. É provável que esta imagem remeta à figura típica do adolescente integrante de uma geração altamente tecnológica que vive praticamente isolada, apartada do mundo, num gueto virtual como se fosse um homem das cavernas moderno.

Agora, pense no mundo em 2020 quando, de acordo com estimativas, a população mundial estará totalmente conectada. No Brasil, um celular é ativado a cada segundo. E em apenas sete anos, a internet estará acessível até mesmo nos lugares mais remotos do planeta onde ainda faltarão infraestrutura e os serviços públicos essenciais.

Alguma coisa está fora da ordem. Nunca o homem teve tantos meios de comunicação à disposição. O fenômeno social dos processos comunicacionais modernos pressupõe a evolução dos meios, a capacidade de dominar as novas tecnologias, o poder de aumentar a velocidade da comunicação em escala global e de mudar os padrões de influência, ética e transparência da sociedade seja na comunicação interpessoal, de grupos ou de massa.

O admirável mundo novo virtual criou um fenômeno extraordinário: o "empoderamento" do cidadão por meio das redes sociais. O tal *empowerment*, do inglês, produz consciência, mobilização, promove a luta pelos direitos civis e transforma o mais simples dos cidadãos em um sujeito poderoso, senhor de todas as coisas. Isso se nota na sua capacidade de retratar em fotos, vídeos e nas redes sociais o cotidiano da cidade ao mesmo tempo em que denuncia as mazelas da sociedade por meios de flagrantes da vida real. A vida ficou imediata e transparente, não necessariamente mais responsável.

Por outro lado, a chamada Era da Informação não tem assegurado eficiência e qualidade ao conteúdo das mensagens e, ao contrário do que se poderia supor, a comunicação virtual criou um outro fenômeno dos novos tempos: o empobrecimento das relações humanas.

As pessoas estão se comunicando cada vez menos, pois passaram a viver nos tais guetos virtuais desconectadas da realidade.

A falta de diálogo e interação, a ausência da relação interpessoal e, principalmente, a ausência da troca de experiências entre as pessoas, impõem um distanciamento seja no convívio social, dentro das organizações.

Conflito de gerações

Os modelos de comportamentos sociais se reproduzem no ambiente de negócio, ainda que em menor escala. Se tais comportamentos envolvem pessoas de idades diferentes, nascidas em épocas distintas, eis, então, um desafio a ser enfrentado nas empresas por seus líderes e gestores.

Hoje, pelo menos três gerações diferentes coexistem dentro das empresas: os *Baby Boomers*, nascidos entre as décadas de 40 e 50; a Geração X, que surgiu entre os anos 60 e 80 e, a Geração Y, nascida depois da década de 80.

Especialistas acreditavam que o convívio entre as gerações seria algo gerenciável, mas hoje estão revendo certos conceitos com base em estudos recentes que revelam um silencioso conflito entre pessoas de idades diferentes dentro das empresas.

A falta de entendimento entre executivos gerada pelo singelo fato de que pertencem a gerações distintas, afeta o clima organizacional e tem trazido prejuízos econômicos e financeiros para as corporações.

Os dados abaixo retratam bem o cenário atualmente encontrado dentro das empresas.

- As empresas perdem até cinco horas por semana tentando administrar conflitos de entre pessoas de idades diferentes
- 12% em perda de produtividade causada por conflitos entre gerações.
- 39,78% dos desentendimentos envolvem pessoas com até 34 anos.
- 79,99% é a porcentagem das organizações que não possuem programas ou estratégias específicas para lidar com problemas multigerenciais.

(Fonte: ASTD Workforce Development Community /VitalSmarts)

Inúmeros são os fatores que levam a um desentendimento profissional. A influência do meio ou a falta de empatia entre duas pessoas, por exemplo. Mas, o conflito de gerações envolve crenças pessoais, valores, princípios, formação educacional e cultural, experiência, histórico de vida e o perfil de cada pessoa.

Os integrantes da Geração *Baby Boomers* ou mesmo os da Geração X, têm uma visão quase caricata da Geração Y: seriam criaturas elementais do mundo virtual que vivem num universo paralelo, com leis próprias, princípios, filosofia de vida e objetivos bem definidos. Por isso mesmo, seriam ambiciosos por definição e avessos a regras de comportamento.

Em princípio, os mais experientes não estão equivocados na avaliação, pois trata-se de uma percepção que gera um julgamento de valor. Da mesma forma, os jovens sentem-se à vontade para fazer um julgamento sobre os mais velhos baseados naquilo que sentem ou percebem. Para eles, aqueles que compõem as gerações *Baby Boomers* seriam conservadores e pouco afeitos à tecnologia, o que poderia, de pronto, estabelecer um abismo entre eles.

A geração X é a que mais se aproxima dos Y, por ser um pouco mais jovem. Mesmo assim, é vista como pessoas que não gostam muito de se arriscar e são apegadas a títulos e cargos.

Especialistas defendem que os mais experientes é que devem liderar processos para tentar aproximar e diminuir as diferenças, entender o que afasta e o que aproxima o jovem. Entretanto, alguns gestores afirmam que de todos os problemas o maior está na ambição dos jovens da Geração Y. As soluções podem estar- entre outras- em programas como *"Job Rotation"*, uma oportunidade de permitir o rápido e consistente desenvolvimento profissional dos jovens, mas veja este diálogo travado entre um presidente de uma empresa multinacional e um dos seus *trainees*.

— Com licença! Posso falar com você?

— Sim, claro, entre.

— Vou direto ao assunto: já estou na empresa há seis meses, já 'rodei' todos os departamentos e todas as áreas e estou pronto para ser gerente.

Síndrome do Impostor

Sentir-se preparado é diferente de estar preparado, de fato. O presidente não tinha a mesma percepção a respeito daquele jovem.

Portanto, seria um risco simplesmente promovê-lo a gerente com base no desejo daquele *trainee*.

Alinhar as expectativas e cumprir rigorosamente as etapas preparam o jovem para uma carreira sólida e sustentável. Caso contrário, corre-se o risco de potencializar, aquilo que vem sendo chamado pelos especialistas de Síndrome do Impostor, um mal que afeta pessoas altamente competitivas que tiveram, por alguma razão, uma rápida ou meteórica ascensão na carreira e que vivem se questionando se, de fato, merecem a posição que ocupam. Segundo um estudo divulgado pela Universidade Dominicana da Califórnia, nos Estados Unidos, conduzido pela psicóloga Gail Matthews, este mal atinge 70% dos executivos das empresas, a maioria na casa dos 20 aos 40 anos.

A Síndrome do Impostor ocorre em pessoas perfeccionistas "que se medem por altos padrões e, se não os atingem, perdem a confiança", de acordo com outro estudioso do assunto, o professor Hugh Kearns, pesquisador da Universidade de Manchester, no Reino Unido.

Muitos profissionais chegam precocemente a uma posição de destaque, sem ter vivenciado um caso de sucesso e, principalmente, não ter experimentado o fracasso. Para os especialistas, a sensação de fraude nasce de um desequilíbrio entre a responsabilidade e o cargo que assumem.

O mapa das diferenças

Independentemente do perfil de cada um, o fato é que os *Baby Boomers*, e as Gerações X e Y são grupos distintos no conteúdo e na forma. Buscar a sintonia fina entre profissionais que nasceram em épocas diferentes torna-se um desafio de dimensões olímpicas para os gestores.

Criar um mapa das diferenças pode ser um bom começo. A empresa precisa saber onde estão os representantes de cada geração; em que estágio da carreira se encontram; quantos são X, quanto são Y e quanto são *Boomers*. Criar a cultura de uma comunicação efetiva, eficaz, sem ruídos entre as diferentes gerações dentro da empresa, começa por esse mapeamento. Se a empresa não sabe quem são, quanto são, onde estão, que posição ocupam na empresa e qual a contribuição que cada um pode dar à organização, não tem como cada um sair do seu "gueto".

Com características tão distintas, há uma natural dificuldade de fazer com que esses grupos trabalhem em equipe, formem um time com propósitos e objetivos comuns. Mas isso não é impossível de ser solucionado. Parte disso chama-se cultura de comunicação: um processo longo para ser construído, mas que deve ser duradouro, permanente.

A outra parte refere-se a um conceito que vem se disseminando entre as empresas mais atentas a condutas de clareza e transparência nas suas ações. Chama-se: responsabilização, do inglês *accountability*. É mais do que responsabilidade. É sentir-se parte do processo de construção e sustentabilidade dos negócios da empresa.

A organização também tem sua responsabilidade corporativa.

Ela tem muito o que comunicar:

- **A estratégia:** a missão, os valores e a visão da empresa.
- **Posicionamento:** como atua no mercado, como age e o que pensa.
- **Reconhecimento:** como a empresa quer ser percebida.
- **A gestão e seus atributos de ética:** a confiabilidade de seus produtos e serviços, como trata seus colaboradores, fornecedores e terceiros e o público, hoje, cada vez mais atento e empoderado.

Mosaico de alinhamento

No final das contas, o que está em jogo é o negócio: os resultados da empresa, sua marca e sua reputação. A cultura de comunicação eficaz leva em conta mais do que a responsabilização e a responsabilidade da organização. Deve considerar o que chamamos de Mosaico de Alinhamento em Comunicação (MAC), uma forma de identificar diálogos conflitantes entre os pares, falta de sintonia da equipe, ruídos de comunicação, individualidades e desrespeito às diferenças na hora de desenvolver um projeto ou uma ação específica.

Modelos de treinamentos comportamentais como *mentoring*, *coaching* e treinamentos técnicos são formas consagradas e consistentes para ajudar a empresa a tirar o que cada grupo, cada geração pode oferecer de melhor à organização e à sua própria carreira e desenvolvimento profissional.

Se as empresas não desenvolverem estratégias ou programas específicos para manejar os conflitos entre as gerações, certamente continuarão perdendo produtividade e tendo outros prejuízos, estes, do ponto de vista dos valores intangíveis, aqueles que não se pode mensurar.

Trata-se, na verdade, de uma grande oportunidade. A melhor forma de sensibilizar especialmente o jovem, de fazer com que ele se sinta parte do processo, é comunicar-se com eficiência; de forma colaborativa, interativa, que dê espaço para a criatividade e a inovação; que gere *insight* para promover mudanças.

O contrário disso gera resultados previsíveis: as empresas viverão uma crise de lideranças com profissionais cada vez mais jovens liderando projetos e equipes, sem preparo, sem vivência, ambiciosos e sem a capacidade de contribuir verdadeiramente para o resultado e para o crescimento sustentável da empresa.

40

TreinaMente: um conceito de treinamento comportamental

O conceito TreinaMente parte do princípio que é preciso despertar emoções positivas, tocando o coração das pessoas. O participante ao vivenciar sentimentos de acolhimento tem a oportunidade de adquirir novos conhecimentos, conceitos e até mesmo regras a serem seguidas. E compreender como sua experiência é relevante, importante e faz a diferença. Assim é possível desenvolver novos comportamentos

Paula Prata

Paula Prata

Fundadora e CEO da TreinaMente, empresa que desenvolve e aplica treinamentos comportamentais. É jornalista formada pela Universidade Católica de Santos e especializada em Gestão de Pessoas pela FGV. Cursou ISO 10015 Diretrizes para Treinamento pela Universidade São Judas, Educação para Tolerância pela USP e Gestão Estratégica com Neurociência pela T´Ai. Trabalha desde 1997 com treinamentos, sendo desde 2002 como facilitadora. Implementou departamento de treinamento e desenvolveu estratégias de aplicação com foco comportamental em empresa prestadora de serviço na área de saúde. Desenvolveu por volta de 26 mil pessoas em varejo, indústria, comércio e prestadoras de serviços em companhias como MTP Software, Oncoprod, Construtora Living, Ferramentaria Damp, Rede Banorte, Hope, Dunlop Pneus, GM/Chevrolet, Petróleo Ipiranga, O Boticário, Unilever, Land Rover, Whirlpool, Helbor, Dicico, Ibope, Panasonic, Mapfre Vera Cruz, Castrol, Indiana Seguros, ABTG, Abigraf, Sindigraf.

Contatos
www.treinamente.com.br
contato@treinamente.com.br
www.paulaprata.com.br
falecom@paulaprata.com.br
(11) 99152-0478

Paula Prata

Dentre as diversas obrigações cotidianas, muitas vezes é preciso abrir espaço para doar-se aos outros, oferecendo um produto raro, portanto caro, que é o tempo. Eventualmente remanejo a agenda, redistribuo as prioridades e contribuo para o dia de alguém. Sendo assim, por algumas vezes tornei-me a motorista da vez, dispondo-me levar minha cunhada Cláudia, gestante da Gabriela, do interior de SP às suas consultas médicas na capital.

Foi assim que conheci a Clínica Dr. José Bento, ginecologista e obstetra. Logo ao entrarmos não foi preciso dizer que havia hora marcada, tampouco o nome da paciente. A equipe da recepção prontamente deu as boas-vindas chamando-a pelo nome, convidando-nos a sentar e perguntando se gostaríamos de tomar um café, *capuccino* ou chá. Dentro de instantes seríamos chamadas à consulta.

Aquele atendimento despertou meu interesse uma vez que, por motivos profissionais, costumo estar atenta à postura das pessoas (coisa de quem trabalha com treinamento, rs). Logo pensei: "Puxa, que legal! Um atendimento simples, objetivo e eficiente, do jeito que deve ser. Ah, como um bom treinamento comportamental faz a diferença. Com certeza essa equipe é muito bem treinada".

A partir de então fiquei mais concentrada em todas as etapas do atendimento e nas pessoas envolvidas, incluindo o próprio Dr. José Bento. Não deu outra: simpatia, carinho, absoluta consideração, foco na paciente e em sua acompanhante por todos os envolvidos. Confesso que saí de lá pensativa: "Será que foi sorte minha presenciar um dia em que todos estão de bem com a vida?" Afinal de contas não é comum conhecer empresas onde todos os colaboradores entendem sua real importância no processo de atendimento ao cliente. Mais que isso, que o praticam com naturalidade.

Porém, como tivemos que retornar várias vezes para acompanhar o crescimento da Gabi, pude constatar que o clima organizacional era o mesmo. O carisma, a gentileza, a doçura e o profissionalismo do comportamento do médico — gestor da empresa — estavam presentes também na atitude de todos os colaboradores, desde a moça do café, atendentes, auxiliares, enfermeiras até os demais médicos. A cada ida à clínica meu grau de atenção aos detalhes aumentava. Observava cada colaborador que passava por nós e como se relacionava com os demais pacientes e acompanhantes. O nível de excelência permanecia alto.

Com minha veia de curiosa e jornalista, aproveitei uma oportunidade e comentei com o Dr. José Bento sobre minhas observações a respeito de sua clínica e indaguei:

— Me parece que todos têm paixão por trabalhar aqui. O engajamento e a naturalidade com que tratam as pessoas são notáveis. Qual a principal causa que o senhor considera para o excelente atendimento em sua clínica?

— Personalidade! Respondeu com segurança de quem buscou a palavra mais adequada à resposta.

Ele explicou que sua personalidade como líder e gestor da empresa influencia diretamente no engajamento de todos. Comentou "a clínica funciona como uma grande família, onde todos participam integralmente. Quando, por exemplo, alguma paciente com dificuldades para engravidar nos procura e através do tratamento engravida, eu fico super feliz e conto para todos da equipe que me acompanham, os quais vibram juntos! Quando acontece algo triste e fico chateado, também compartilho, demonstrando minha preocupação. Trato todos da equipe de forma muito próxima".

Além dessa comunicação transparente, cotidiana e informal, há reuniões periódicas de alinhamento, treinamentos comportamentais e muita integração. Sempre há festas de confraternização e campanhas como a da Caminhada da Saúde da Mulher no mês de março, em comemoração ao Dia Internacional da Mulher. "Os funcionários participam espontaneamente, inclusive na preparação dos eventos. Todos ficam muito empolgados, é gratificante".

O que essa história nos mostra é que treinar postura, comportamento e atitudes adequadas aos valores da empresa é primordial. Por outro lado, demonstra que o treinamento comportamental é parte de um processo ainda maior, que engloba, entre outros fatores, a gestão de pessoas, o clima organizacional e a liderança.

Portanto, o treinamento comportamental deveria estar presente até mesmo em treinamentos técnicos. Explico: é preciso primeiramente despertar o interesse do participante em <u>querer fazer</u> o que deve ser feito e isso é <u>atitude</u>, é <u>comportamento</u>. Essa vontade em querer fazer somente é despertada quando a pessoa percebe os <u>benefícios</u> que trará em sua vida, seja pessoal ou profissional. Ao entender que determinada tarefa faz sentido em sua vida, ela passa a querer fazer. Ou seja, uma coisa puxa a outra.

Neste caso o facilitador do treinamento deve despertar o interesse do participante através de emoções positivas, onde ele possa sentir-se emocionalmente o mais confortável possível, confiando no instrutor. Costumamos dizer que esse é o momento de "ganhar o público".

Muitas vezes somos surpreendidos por situações inesperadas criadas pelas emoções dos participantes. Por isso é preciso estar muito bem preparado, sabendo com maestria qual o objetivo a ser alcançado com o treinamento. Sendo assim é possível readequar a forma de aplicação do conteúdo focando o aprendizado de um determinado indivíduo ou da turma toda.

Em uma das diversas turmas de treinamento sobre Trabalho em Equipe que ministrei ao Ibope, logo no início tive uma dessas surpresas. Como a turma era formada por pessoas de vários departamentos e setores, muitas pessoas não se conheciam e, portanto, haviam de se apresentar. Tarefa simples: bastava dizer o nome, função e expectativa sobre o tema. Nem precisavam se levantar, era jogo rápido. Ao chegar a vez de uma jovem senhora, ela não conseguiu nem dizer o nome. Emocionada, começou a chorar. Perguntei como poderia ajudá-la e se porventura não quisesse se apresentar, tudo bem. Não era o caso. Ela pediu para esperar, buscou fôlego, mas demorou a encontrar o equilíbrio emocional. Ela queria falar, mas não conseguia. Os outros participantes ficaram em silêncio sem saber o que fazer, fiz um leve sinal com a mão e disse: "tudo bem fulana, fique à vontade. Fale no seu tempo, nós aguardaremos. Quando você sentir-se melhor, nós lhe escutaremos." E assim foi.

Não havia clima para ignorar a emoção daquela pessoa e continuar a apresentação dos demais. Além de desumano, iria contra tudo o que trabalharíamos naquele dia em um treinamento comportamental. Todos estavam influenciados por aquela emoção, era preciso dissipar o mal-estar e trazer conforto novamente. Assim que ela conseguiu falar o próprio nome e função, desatou um breve desabafo, pedindo desculpas. Estava passando por um momento pessoal delicado com o recente falecimento do pai. Pronto, agora ela estava melhor, até mesmo com um leve sorriso no rosto. O clima na sala retomou a leveza.

Manual completo de treinamentos comportamentais

O treinamento transcorreu como planejado e foi uma das melhores turmas, pois a oportunidade que todos tiveram em colocar em prática o respeito aos sentimentos e ao tempo do outro, foi aproveitado durante o dia nas atividades que tratavam – também – disso.

Outra maneira que utilizamos para treinar a mente dos participantes utilizando esse conceito de iniciar pela emoção até chegar à razão é através de atividades lúdicas e totalmente participativas, desenvolvidas por nós, como a Fábrica de Fantasias, a Gincana de Natal e a atividade com Esculturas em Areia. Esta última a TreinaMente é pioneira e aplica com exclusividade no Brasil em parceria com Gisele Prata Real, renomada artista plástica internacional (e com muito orgulho minha prima) especialista em Escultura em Areia. Utilizamos esta arte para desenvolver pessoas em vários aspectos profissionais, como:

- Trabalho em equipe
- Competição X cooperação
- Atingimento de metas
- Planejamento
- Administração do tempo
- Visão holística
- Comunicação
- Relacionamento interpessoal
- Integração
- Criatividade
- Sentimento de pertencimento
- Liderança
- Foco no resultado
- Flexibilidade
- Negociação

Ao mostrarmos fotos e vídeos dos trabalhos realizados por Gisele pelo mundo, com esculturas que podem ultrapassar os 10 metros de altura, os participantes imaginam que não serão capazes de fazer sequer um pequeno castelo de areia. O desafio é lançado. Todos, literalmente, colocam a mão na massa – de areia, rs. O resultado é fabuloso.

Paula Prata

Olhos brilhando, sorrisos nos rostos, gente vibrando, pura emoção de satisfação e realização. No encerramento da atividade refletimos se o resultado final atingiu o objetivo esperado, o qual foi pautado no levantamento das necessidades de treinamento (LNT). Fechamos assim o ciclo do treinamento comportamental, que se inicia na emoção e termina na razão, fixando-se na memória.

Conclusão

- O treinamento comportamental terá maior aderência se os líderes e gestores apoiarem e integrarem-se como participantes do evento (quando for indispensável). O investimento na capacitação somente terá retorno se houver um comprometimento dos líderes com a sua aplicação prática no dia a dia da empresa chegando ao resultado esperado.

- Há empresários que têm dificuldades em enxergar valor no investimento em pessoas. Para que isso aconteça é fundamental que haja um alinhamento entre RH e diretoria. A visão do RH sobre a importância do desenvolvimento de pessoas deve ser transmitida aos dirigentes para que possam ter profunda absorção dessa relevante estratégia para o futuro da empresa.

- Investir em treinamento comportamental é essencial para capacitar profissionais que gerem resultados positivos. Esse tipo de capacitação tem como foco tocar o coração das pessoas (emoção) para que sintam o benefício de adaptar-se, mudar de atitude, tornando-se uma pessoa melhor para si e aos outros.

- O foco principal de um treinamento comportamental sempre deve ser o desenvolvimento do ser humano. Tendo isso claro, o conteúdo é que se adapta ao perfil dos participantes e à realidade da empresa. O tempo definido para trabalhar os temas deve ser readequado durante a aplicação, de acordo com a necessidade de cada turma, respeitando a velocidade e dificuldade no aprendizado. Lembre-se: as pessoas são diferentes, portanto a flexibilidade em adaptar o tempo é indispensável.

Manual completo de treinamentos comportamentais

- Ao contratar um profissional para realizar treinamentos comportamentais em sua empresa, procure por aquele que é apaixonado pelo que faz. Somente os que têm amor no coração conseguem sensibilizar outro coração com leveza e precisão. Conte conosco.

41

O *coach* e o sucesso no treinamento comportamental pelo estudo dos estilos preferenciais de comportamento

"O indivíduo deve atentar-se inicialmente ao autoconhecimento, em seguida precisará ampliar sua percepção e começar a entender quais os reais motivos que levam as outras pessoas a agirem como agem e, por final, permitir que esses dois universos atuem de forma sinérgica e harmoniosa, minimizando as situações de conflito e a partir desse contexto poderem ampliar a produtividade em ambientes corporativos"

Prof. Roberto De Oliveira

Prof. Roberto De Oliveira

Palestrante. Coautor do livro *Programados para Vencer com Coaching* pela Editora Kelps. Organizador do Conacon – Congresso Nacional de Coaching. Pós-Graduando com MBA em *Coaching* e Gestão Empresarial - FEFESP. *Professional Master Coach* ICI. *Professional Executive Coach* ICI. *Professional Leader Coach Corporate Coach* U. *Advanced Executive Coaching* - Martin Shervington. *Professional Coach* Certification ICI. *Professional* DISC Certification. *Professional ASSES Certification. Professional SixSeconds* Certification. Pós-Graduado em Gerente de Cidade - FAAP. Pós-Graduado em Treinamento Desportivo - USP. Graduado em Educação Física - UNIFMU. Empreendedor Digital da Ciência e do Conhecimento.

Contatos
www.saggazprodutora.com.br
doctorcoach@hotmail.com
www.facebook.com/RobertoDeOliveiraDoctorCoach
(11) 97178-7828

Prof. Roberto De Oliveira

> *"A lei de ouro do comportamento é a tolerância mútua, já que nunca pensaremos todos da mesma maneira, já que nunca veremos senão uma parte da verdade e sob ângulos diversos."*
>
> Mahatma Gandhi

Os treinamentos comportamentais corporativos nos cenários sociais e profissionais, repletos de situações favoráveis ao desequilíbrio emocional, despontam com a finalidade de trabalhar as mudanças de atitudes, despertar a consciência nos empregados sobre as vantagens e a necessidade das referidas alterações, visando à maximização dos resultados e a melhoria do inter-relacionamento. Os temas abordados nesses treinamentos são difundidos para fora da empresa por meio das mudanças comportamentais dos seus funcionários,

Os treinamentos podem ser classificados em quatro tipos: desenvolvimento de atitudes ou comportamentais, informações, desenvolvimento de habilidades e desenvolvimento de conceitos. Devem obedecer às mesmas etapas de todo e qualquer treinamento para obter os resultados desejados, etapas estas que devem seguir uma cronologia composta de quatro fases:

- **Diagnóstica ou levantamento das necessidades de treinamento** - momento no qual são identificadas as lacunas que impedem o alcance das metas e que, por isso, devem ser resolvidas ou reduzidas ao máximo;
- **Configuração** - etapa em que o programa do treinamento é composto para atender às necessidades diagnosticadas;
- **Implementação** - aplicação efetiva do que foi desenhado;
- **Avaliação** dos resultados das ações que foram desenhadas e implementadas.

Pessoas constroem de forma pessoal seus valores, princípios e crenças por meio de distintas experiências de vida e estas contribuirão decisivamente para a constituição do seu estilo comportamental. O desafio das organizações é conseguir alocar tais pessoas tendo como referência esse estilo, para que possam potencializar seus talentos, habilidades e capacidades.

Manual completo de treinamentos comportamentais

Seja o indivíduo um líder ou colaborador, a hipótese a considerar é a de que, quando colocado num ambiente adequado ao seu perfil, ele progredirá profissionalmente, tornando-se e permanecendo motivado e criativo frente a quaisquer desafios. Esses pontos - somados a aspectos como formação acadêmica, conhecimentos gerais e específicos, experiências profissionais, inteligência emocional, maturidade e a incorporação da cultura organizacional, - poderão fazer com que obtenham grandes e sólidos resultados com retorno para a sua organização, minimizando seu estresse mesmo diante de pessoas com perfis comportamentais diferentes do seu, agregando valor aos processos de formação e manutenção de equipes de alto desempenho. Caso contrário, poderão, inclusive, tornar-se uma desagradável demanda para a organização da qual faz parte, incorrendo em perdas irreparáveis de talentos pelos fenômenos da alta rotatividade, acomodação, insatisfação pessoal e profissional, bem como em constantes conflitos.

Surgido em 1947 nos Estados Unidos, o treinamento comportamental leva em conta que pensamentos, emoções e aquilo em que acreditamos refletem direta ou indiretamente em todos os nossos atos e geram outras consequências, sendo que parte dos entraves nas organizações está relacionada ao comportamento de seus colaboradores.

Estudos foram conduzidos com base nas variáveis comportamentais, características pessoais e ambientais. Recentemente as teorias foram constituídas com a preocupação de uma notória categorização, especificação e tipificação dos temperamentos com resultados observáveis dos estilos de comportamentos.

Os temperamentos sempre foram estudados ao longo da história humana com o propósito de discutir o que realmente constitui as diferenças entre as pessoas. Aliadas às experiências pessoais de cada um, estão as condições econômicas, educacionais e de convívio social, formando assim as diferentes personalidades e convicções de cada indivíduo, sendo inadmissível a ideia de que um grupo possa ser tratado homogeneamente. E cada cultura, ao seu tempo, contribuiu de forma sólida para a estruturação das teorias como a conhecemos.

Então vamos entender um pouco mais de cada um dos estilos preferenciais de comportamento, com auxílio de algumas pistas observáveis.

Dominantes

São indivíduos que gostam do poder e prestígio, gostam de estar no controle, possuem facilidade em criar alternativas, são racionais, competitivos, autoritários, objetivos, diretos, assertivos, impacientes, focados na ação e em resultados. Tomam decisões rapidamente, assumem responsabilidades. São visionários, altamente criativos, de caráter e personalidade fortes, altamente independentes, irritadiços, correm qualquer risco. Individualistas e egocêntricos, apresentam fala áspera, não entregam, não concluem. São impacientes com pessoas mais lentas. São péssimos ouvintes, pois somente se importam com eles mesmos. Seu tom de voz é alto e/ou sua fala rápida, têm seu foco em ter e em coisas. Seu maior medo é o de falhar, o que não os impede de prosseguir. Se uma pergunta pudesse identificá-los, esta seria: O que eu ganho com isso?

Apresentadores

São indivíduos com perfil persuasivo, amistosos e otimistas, enérgicos, comunicativos e emocionais. Entusiasmados, buscam popularidade e reconhecimento. São afetivos, curiosos, vagos e tendem a ser dispersos. Buscam a aprovação e aceitação dentro dos grupos, possuem grande dificuldade no controle do tempo e nas finanças pessoais, aversão a controle e prazos, baixa concentração e foco, dificuldade em guardar segredos, comunicação extremamente envolvente e convincente. Motivam os demais, contudo não executam. Não entregam, são bons vendedores de ideias, discutem por muito tempo e por várias vezes sem objetividade. Muito empáticos e intuitivos com pessoas, são a alegria das festas. Péssimos ouvintes, pois não silenciam sua cabeça, têm tom de voz alto e/ou fala rápida, com foco em ser e em pessoas. Temem a solidão. Se uma pergunta pudesse identificá-los, seria: quantas pessoas irão à festa?

Diplomatas

São indivíduos que adotam uma postura mais previsível. Altamente emocionais, deliberados, organizados, persistentes, amigáveis, gentis, sutis, compreensivos. São defensores de pessoas, receptivos, honestos, criativos, leais, apreciam sinceridade. Modestos, conservadores, moderados e reservados, consistentes. São fáceis de lidar, sofrem demasiadamente com pressões e com mudanças. Podem ser questionadores. Serenos e calmos, têm dificuldade em buscar novos conhecimentos e em delegar, possuem muito problema com a procrastinação. São excelentes ouvintes quando se trata de ajudar pessoas. Seu tom de voz é baixo e/ou sua fala, moderada ou lenta, têm foco em ser aceitos pelas pessoas. Temem a rejeição. Se uma pergunta pudesse identificá-los, seria: o que todos ganharão com isso?

Estrategistas

Indivíduos detalhistas, lógicos, perfeccionistas, confiantes quando passam a conhecer os fatos. Altamente sistemáticos, assumem riscos calculados. Focados em regras e procedimentos, planejadores, buscam a exatidão e atingir resultados com perfeição. Evitam confronto interpessoal, tem postura defensiva e expressão contida. São críticos, não dão a devida atenção a prazos em detrimento a obtenção de melhor qualidade. Receiam estar em ambientes emocionais e em ações não racionais. Têm baixa inteligência emocional, questionam pela lógica, falam apenas o necessário e não se envolvem em conversas informais. Tendem a observar a distância para preservar sua privacidade. São bons ouvintes porque querem ouvir as informações que lhes darão segurança. Seu tom de voz é baixo e/ou sua fala, moderada ou lenta, focados em ter segurança e em processos. Receiam não entregar com qualidade. Temem conflitos. Uma pergunta que pudesse identificá-los: poderia detalhar-me tudo novamente, para que eu possa anotar?

Todos possuímos os quatro tipos de perfis em escalas e dosagens diferentes, observando que sofremos também grande influência de nosso perfil secundário. Outro fato interessante é que pessoas ao longo de suas vidas, diante de fatores como aprendizagem, necessidades pessoais ou profissionais, enfrentamento de problemas, ganho de maturidade, entre outros, podem migrar de um perfil para outro.

Assim, fica claro que pela percepção e entendimento das categorizações e distinções dos perfis comportamentais, o treinamento comportamental poderá ser planejado de forma a potencializar as estratégias de abordagem e dos resultados, de acordo com as fortalezas ou fraquezas, atitudes de entrega ou procrastinações apresentadas na tipificação de cada perfil.

Os treinamentos têm, portanto, a função de superar essas limitações e desenvolver as habilidades necessárias na esfera empresarial, a exemplo do desenvolvimento para liderança, administração de tempo, comunicação e relacionamento interpessoal, motivação pessoal, etc. E uma ferramenta muito poderosa e eficaz é o *coaching*, que auxilia profissionais a compreender e desenvolver atitudes baseadas na motivação e estabelecimento de metas, sendo possível com esta metodologia treinar grupos e pessoas, além de despertar o potencial de cada indivíduo, rompendo programações mentais e pensamentos que limitam os seus resultados.

Para o *coach* moderno, as ferramentas *assessment* de avaliação do estilo preferencial de comportamento, como base para a aplicação de um programa eficaz do treinamento comportamental, pode ser reconhecida como uma estratégia importante para o sucesso dessa empreitada, pois por meio de seus resultados podem se desenvolver de forma rápida e segura canais primordiais para o desenvolvimento de todo processo, como o aprimoramento e domínio de uma comunicação mais profunda e sofisticada, domínio de suas emoções, um nível ótimo de confiança, uma maior e melhor conexão de ideias, melhora do sentimento de parceria e primordialmente o *rapport*.

Quando competentemente conduzidos, treinamentos comportamentais produzem profundos impactos no comportamento e produtividade, sendo, portanto, essencial buscar referências de empresas que já ultrapassaram e o utilizaram com sucesso e obter propostas detalhadas de trabalho antes de iniciar o processo.

Nesse sentido, é notória a sinergia e complemento entre a metodologia *coaching* e o estudo dos estilos de preferências de comportamento para aplicação de um programa eficaz de treinamento comportamental, sendo uma das mais efetivas soluções para obtenção da transformação pessoal e do sucesso profissional atitudes e ações que respeitam tudo e todos a sua volta, amplificam e dinamizam a produtividade e o rendimento, agigantam e tornam mais duradouros os relacionamentos, atuando diretamente na boa qualidade de vida e cultura organizacional, simples contudo, indispensável.

42

O poder dos arquétipos

Existe uma sabedoria de milhares de anos, que responde às nossas perguntas mais pertinentes, tais como: de onde viemos, para onde vamos, quem somos nós, para que estamos aqui? Em todas as culturas e civilizações nos deparamos com práticas e rituais conceituados no domínio dos arquétipos. A árvore é um desses. Aprender com os arquétipos é agregar sabedoria ao conhecimento, valor à informação

Ray di Castro

Ray di Castro

Graduada em Filosofia e pós-graduada em docência do ensino superior. Palestrante de física quântica e treinadora empresarial. Formação para jogos para empresa. Dinâmicas expressivas e arteterapia. *Coach* Ontológico pela New Field Net Works. Faz parte da associação Brasil com S. Sócia do Núcleo Psy Change-Núcleo de transformação integral.

Contatos
raydicastro@gmail.com
Facebook:raaydcastro
(61) 9170-4993

Ray di Castro

A árvore do desejo

Existe uma sabedoria de milhares de anos, que responde às nossas perguntas mais pertinentes, tais como: de onde viemos, para onde vamos, quem somos nós, para que estamos aqui? Em todas as culturas e civilizações nos deparamos com práticas e rituais conceituados no domínio dos arquétipos. A árvore é um desses. Aprender com os arquétipos é agregar sabedoria ao conhecimento, valor à informação. O próprio Darwin a usou para explicar como as espécies evoluíram através dos tempos. Tão complexa é a árvore da vida de Darwin, que ainda não se levantou do chão. Faltam conexões, o "galho perdido". A árvore representa uma unidade sistêmica dentro da complexidade da vida, tanto que ela é usada como organograma para apresentações poderosas. Há árvores da vida, árvore evolutiva, árvore genealógica, marketing multinível (em forma de árvore invertida), diagrama Voronoi (criações matemáticas) e por que não, a árvore do desejo.

A árvore do desejo é uma jornada arquetípica em dez semanas, com um encontro semanal de duas horas, começando no Vazio (desejo) e terminando no mundo real da manifestação (resultado). Pode ser aplicado individualmente ou em grupo. No processo, que usa todas as ferramentas do *coaching*, o indivíduo toma consciência do seu universo interior, suas crenças, seus medos, seus desafios. É recomendado o uso de um diário durante a semana para registrar as sincronicidades, os sonhos e os eventos. O caráter de transformação envolve tanto o *coach* como o *coachee*, Usando a mesma arquitetura da árvore da vida cabalística, o jogo corre dentro e fora, interno e externo, objetivo e subjetivo. Faz-se necessário um mapa da árvore da vida, com as dez "sefiras", que representam dez domínios da existência humana.

A árvore do desejo – o processo
Material: Um mapa da árvore da vida 1m por 0,70 cm (pode ser baixado da internet)
Um quadro branco para anotações e desenhos
Um caderno para cada participante
Uma caneta para cada participante
Cadeiras para sentar e música para meditação
Duração de duas horas.

1ª. SEMANA: KETHER - Palavra-chave – coroa – a vontade de Deus.
Comece agora mesmo. Pare e pense: qual o seu maior desejo? Faça um pedido agora. Se ficar confuso faça uma lista de tudo que quer muito na sua vida. Depois circule três desejos. Feche os olhos, respire fundo ao repetir essas três possibilidades. Tente determinar qual deles o faz sentir que é o mais poderoso, o mais emocionante desafio de sua vida. Este é o seu desejo. Escreva-o. Comece sua jornada pela árvore do de-

sejo. A coroa nos ensina a dar significado ao nosso desejo, um propósito sagrado, como se fosse a vontade de Deus. Leia seu desejo em voz alta, memorize-o... Como o seu desejo é algo sagrado e divino, envolve todo o seu ser: seu corpo, sua mente e seu espírito. Seu desejo tem cor, tem número, tem forma, tem localização. Tem cheiro. Você o vai moldando, até ele chegar à forma da manifestação, como uma gravidez, que começa na concepção até chegar a um bebê perfeito. Durante a semana, verificar as sincronicidades baseadas nas correspondências a seguir, anotar também os sonhos e os eventos correlatos. A cor dessa esfera é branca, o número é um, pois é a própria unidade. Parte do corpo: topo da cabeça. Nome sagrado; Eheyeh (eu sou o que sou). Finalizar com uma meditação de três minutos com música,

2ª. SEMANA: CHOCHMA - Palavra-chave – sabedoria.
A sabedoria está além do tempo e do espaço, funciona como relâmpago, *flashes*, também chamada de Intuição. Tudo que você colocar neste lado da árvore infla e cresce. É hora de fazer uma investigação profunda do desejo. Por que isso é importante para mim? Estou preparado para as mudanças que esse desejo trará para minha vida? Estou disposto a abrir mão de circunstâncias para criar espaço para novas coisas que esse desejo trará? Exemplo: se desejo casar-me, estou disposto a aceitar uma nova família, os parentes do parceiro, estou disposto a renunciar a coisas que fazia individualmente em prol de uma vida partilhada. Na sabedoria ocorre a primeira identificação. Para onde vou. Quem sou eu. Surge o nosso senso de EU como ser distinto. No lado direito do cérebro está o assento da Sabedoria Esta etapa é pontilhada de muitas perguntas para legitimar o desejo e a identidade de cada *coachee*. Durante a semana, observar as sincronicidades, os sonhos e eventos relevantes. Correspondências da 2ª esfera: Cor: cinza ou prata; número: dois; planeta símbolo: todo o zodíaco; parte do corpo: cérebro lado direito; mito e personalidade; Gandalf, o Mago; nome sagrado: Yod Hey Vav Hey (é, foi e será). Encerrar com meditação e música.

3ª SEMANA: BINAH - Palavra-chave – entendimento.
Elegido e cristalizado, o desejo agora busca conhecimento. Aqui, trata-se de conhecimento técnico e de conteúdo. A pergunta agora é: O que preciso saber sobre isso? Talvez a roda das ferramentas, um círculo de oito partes com as habilidades necessárias ao meu projeto, seja útil para levantar todas as questões que envolvem a realização do desejo. O entendimento funciona como uma máquina operadora. Deus criou o mundo com "faça-se", "haja luz", "separe-se". O todo poderoso usou comandos, gatilhos, linguagens, ferramentas, e atitudes. Não criou com o pensamento simplesmente. Saturno, o planeta símbolo dessa esfera, é o senhor do tempo. É necessário, nessa etapa, harmonizar-se com o tempo e espaço. Ao plantar uma semente, é preciso dar tempo para que possa germinar e crescer, e espaço para que possa desenvolver-se.

Se não soubermos esperar, corremos o risco de abandonar nosso projeto antes que a semente desabroche e surja uma bela árvore. Conceitos de disciplina, paciência, equilíbrio e confiança, serão desenvolvidos neste módulo. Nesta semana, além de se atentar às sincronicidades, deve-se prestar atenção aos sonhos e escrever os *insights* no diário. Observar as correspondências: cor desta esfera: Índigo; mito e personalidade: a grande mãe; planeta símbolo: saturno; parte do corpo: cérebro esquerdo; número: três; dia da semana: sábado; nome sagrado Elohim (o aspecto criador de deus). Encerrar com meditação e música.

4ª SEMANA: CHESED - Palavra-chave – misericórdia.

Esta é a semana do êxtase intoxicante. Também chamada de misericórdia, é a mais dramática e poderosa força de expansão que jamais conhecemos. Tudo que colocar aqui, neste espaço, vai crescer e inflar. Esta semana você precisa exonerar alguém. E quando acontecer, perdoe completamente. Perdoe-se também por seus defeitos, seus fracassos e qualquer coisa que tenha falhado. Você pode se sentir sentimentalmente tocado, propenso a lágrimas, cheio de *insigths*. Troque uma nota de cem reais, coloque no bolso e distribua. A energia da misericórdia vai colocar no seu caminho quem precisa ser ajudado. Não julgue, não discrimine e não questione. Sua missão, esta semana, é praticar generosidade. Compaixão contagia. Não se esqueça de anotar no diário as experiências e os sinais que as sincronicidades revelaram.

Correspondências: cor desta esfera: azul; planeta símbolo: Júpiter; mito e personalidade: Dalai Lama (o buda da compaixão) número da esfera: quatro; dia da semana: quinta-feira; parte do corpo: ombro direito; nome sagrado: el (deus supremo). Encerrar com meditação e música.

5ª SEMANA: GUEBURAH - Palavra-chave – força.

Essa esfera é boa ou ruim? Depende. Funciona como força restritiva, freio que equilibra a incondicionalidade da misericórdia. Todos nós precisamos de breques. A força é uma espada afiada dos dois lados com a capacidade de cortar o que não é necessário em nossas vidas, e não é útil ao nosso desejo. Pegue seus maus hábitos e corte-os. Se quer emagrecer, corte os excessos de alimentação, se quer dinheiro, corte os gastos. Corte, corte, corte. O planeta símbolo desta esfera é Marte, também conhecido como deus da guerra. Tire proveito da energia de Marte para aumentar sua força, determinação e produtividade. Movimente seu corpo com corrida, yoga, artes marciais, danças etc. Faça estratégias que deixariam Sun Tzu, o autor da famosa obra *"A arte da guerra"*, morto de inveja e defenda seu desejo contra ataques de qualquer natureza. Proteja-o. Entoe o nome sagrado toda vez que necessitar de força, proteção, coragem. Não se esqueça de anotar no diário. Quando tiver necessidade de demonstrar força, use a cor vermelha. O vermelho, a cor do sangue, tem grande impacto nas reações visuais. Coloca os sentidos em estado de alerta, compele à ação rápida e eficaz.

Correspondências dessa esfera: cor vermelha; planeta marte, número cinco, terça feira, o coração, o mito de Moisés, o líder do deserto. Nome sagrado: Elohim Gibor. (o deus da força que cria heróis) Encerrar a sessão com meditação e música.

6ª SEMANA: TIFERET - Palavras-chave – força – beleza – equilíbrio – amor.
Nesta semana, pratique visualização criativa, aja como se fosse, imagine que o seu desejo já se realizou, sobretudo sinta. Sinta a emoção do sonho realizado. O seu desejo deve se encaixar nos atributos da beleza, equilíbrio e amor. Não há amor sem sacrifício. O que você está disposto a sacrificar em prol do seu desejo? Há uma história bastante conhecida de um rei que precisava encontrar a essência da verdade universal. Havia um prêmio bastante valioso para quem conseguisse responder a este enigma. Após várias apresentações fracassadas, chegou um candidato e disse que tinha descoberto a essência da verdade universal: "Não existe almoço grátis", disse ao rei... É isso, se respondeu o rei, você acertou. Merece o prêmio *master*, casar-se com a princesa. E você? Você já sabe o preço do seu desejo? Quanto vai lhe custar? E já levantou todos os seus recursos para viabilizar a sua manifestação? O planeta símbolo da beleza é o sol. Com sua luz amarelo dourado, o sol semeia beleza e equilíbrio pelo planeta e por nossas vidas. Não há vida sem sol. Sol é luz e luz é amor, portanto amor é luz. Essa afirmação é científica. Os fótons, partículas de luz, são agregadores, diferente dos elétrons, que se repelem. Um fóton atrai outro fóton, outro fóton, até chegar a bilhões e bilhões de fótons. Daí o termo "iluminação" que se refere a pessoas que desenvolveram extrema amorosidade. Simples assim. Escreva no seu diário seis parágrafos descrevendo seu desejo realizado. Observe as sincronicidades e os sonhos. Tudo é sinal. Use esta semana para desvendar a beleza de tudo. Correspondências dessa esfera: cor amarela e dourado, o Sol como planeta símbolo, apesar de ser uma estrela; número seis, domingo, coração, Mito Jesus de Nazaré, nome sagrado: Yod Hey Vav Eloha Va Daat (Deus da Sabedoria e do Entendimento). Esse mantra opera como um poderoso acionador da criatividade. Encerra com meditação e música.

7ª SEMANA: NETZACH - Palavra-chave – vitória.
Esta esfera funciona como uma máquina de replicar. Medidas práticas, mecânicas, o ovo fertilizado duplicando células sem parar. A própria evolução biológica. É a vitória da persistência, do hábito que leva ao alcance da meta. Mesmo que pareça ridículo, repita e replique os comportamentos que levarão a resultados favoráveis a seu desejo. A repetição hipnótica está em todas as culturas e tribos. A música eletrônica nada mais é do que a imitação hipnótica do tambor xamânico, que também imita as batidas do coração do mundo animal, a pulsação da vida. Batidas subjacentes, tambores e festas, são elementos da vitória. O transe hipnótico é um domínio fértil para milagres, curas e experiências místi-

cas. Xamãs também lançam mão da energia da Vitória para fazer curas e viagens entre mundos. Escolha um comportamento que vai adiantar o seu desejo e o repita muitas vezes, como uma pulsação hipnótica. Qual é o seu transe, sua meditação ativa? Dança, pintura, escrita criativa? Esporte, música? Esta semana, transforme esse processo numa grande diversão, busque prazer como uma criança. Na semana anterior, você vislumbrou seu desejo realizado. Nesta semana, os comportamentos repetitivos devem ser direcionados ao aprimoramento dos detalhes do seu desejo realizado Correspondências desta esfera: cor verde, planeta Vênus; número 7; parte do corpo, quadril direito; mito: os xamãs, os orixás; dia da semana: sexta-feira; nome sagrado: Yod Hey Vav Hey Tzevaot (o exército do deus da sabedoria). Encerrar com meditação e música.

8ª SEMANA: HOD - Palavras-chave – esplendor – comunicação.
Eu comunico, portanto existo. Isso é esplendoroso. A criação física de qualquer coisa passa pela comunicação. Esplendor equivale a brilho e luminosidade. Boa comunicação traz brilho para nossas vidas. Comunicação dificilmente se faz em linha reta, na maioria das vezes, exige concessões e atalhos, forjar, moldar e consolidar desejos em ações físicas, é atribuição do esplendor. O que você diz sobre o seu desejo? Você se queixa ou faz afirmações positivas sobre o que você quer mais. Mercúrio é o planeta símbolo dessa esfera. É conhecido na mitologia antiga como o mensageiro. Ele pega suas afirmações sobre si mesmo e as transporta para a realidade potencial. Criar afirmações positivas sobre você mesmo pode parecer fantasioso, mas é assim que se torna seu próprio profeta. A linguagem cria a realidade. O poder da mente sobre a matéria vai realizar o trabalho. Localize o laranja em sua vida. Há laranja na sua casa? No seu guarda-roupa? Pesquise sobre essa cor. Laranja é a cor do esplendor. Esta semana, busque de maneira eficaz comunicar-se com pessoas que possa ajudá-lo a realizar seu desejo. Mercúrio é veloz, tem asas nos pés, apresse-se. Identifique todos os obstáculos e os remova com a energia da força, esfera número cinco. Converse com seu desejo, faça perguntas e aguarde as respostas. Correspondências dessa esfera: cor: laranja; planeta símbolo: Mercúrio, o mensageiro; mito e personalidade: Hermes, Thot e Maomé; número: oito; dia da semana: quarta-feira; nome sagrado: Elohim Tzevaot (o deus do entendimento). Encerre a sessão com meditação e música.

9ª SEMANA YESOD - Palavra-chave – fundamento (a base que sustenta tudo).
Aqui, nesta Esfera, todas as energias se misturam. É o delta onde todas as experiências se juntam. Com frequência, empreitadas de todos os tipos esbarram aqui, na soleira da manifestação. O medo de mudança aniquila todo o trabalho duro que veio antes. Esta Esfera verifica se estamos preparados para abrir mão de qualquer coisa que impeça nosso progresso espiritual. Não permita que sua mente

sabote o processo. Dê chance ao seu desejo. A energia do sexo e da morte está em Fundamento. O êxtase sexual é também conhecido como "pequena morte". Dois parceiros morrem como indivíduos e renascem como um casal. Fundamento é sexualidade, intimidade, morte e transformação – a aniquilação intensa do EU, a favor de NÓS. Se possível, faça dessa semana uma aventura sexy. Está se permitindo confiar? Como você está decifrando as sincronicidades? A Lua, planeta símbolo de Fundamento lembra-nos a inexorabilidade da mudança, enquanto ela flutua no céu. Não deixe de anotar no diário os sonhos e as sincronicidades propiciadas. Correspondências desta esfera: cor púrpura; planeta símbolo: Lua; mito e personalidade: Osíris: número: nove, (o número da fusão de todos os arquétipos); Dia da semana: segunda-feira; nome sagrado: Shaddai El Chai (o Deus vivo). Encerrar a sessão com meditação e música.

10ª. SEMANA: MALKHUT - Palavra-chave: o reino, a experiência, o mundo real.

Finalmente, chegamos no reino. O reino contém nosso universo físico, nossa casa, nosso corpo, nossa família, nosso trabalho, nossas cidades, nossos bens, e nossos sonhos e desejos também. Toda a nossa existência material. O reino é o receptáculo de todos os arquétipos, de tudo; o que existe. Você plantou sementes de transformação que poderão germinar a qualquer momento, trazendo frutos para muitas gerações. Esta semana o universo irá trazer muitos presentes. No reino, seu desejo se realiza. Ele tomou alguma forma, talvez você ainda não o reconheça. Muitas pessoas descobrem que o desejo se modifica ao longo do caminho. Como qualquer ferramenta, a árvore do desejo requer prática. Se você percorrer todas as esferas novamente, novas transformações ocorrerão. Se você ainda não realizou completamente o seu desejo como idealizou, não desista. A semente que você plantou pode levar mais tempo para germinar, depende de tempo, solo, condições favoráveis, mas logo que surgirem os elementos necessários, ela desabrochará. Avalie sua jornada, aprecie as suas realizações. Permita que todas as energias arquetípicas o guiem rumo aos seus objetivos. Formule um novo desejo e boa viagem. Avalie as sincronicidades, os sinais, as respostas que o Universo lhe deu. Entoe o mantra Adonai Há-áretz muitas vezes. Quando terminar sente-se em silêncio por alguns momentos, contemple tudo que experimentou em sua jornada pela Árvore do Desejo e, lentamente, retorne ao aqui agora. Correspondências desta esfera: Cor: verde-oliva, vermelho, preto e azul; planeta símbolo: a própria Terra; número: dez; dia da semana: todos os dias. Nome sagrado: Adonai Há-áretz (deus da terra). Encerre essa sessão com uma celebração, música, gastronomia e vinho. Celebre. Celebre. Celebre. Agradeça ao universo por tudo que vivenciou, por tudo que aprendeu.

43

Ponte de aceleração de resultados

Durante uma sessão de *coaching*, toda atenção do *coach* deve estar voltada ao progresso adequado do processo. É preciso conduzir o *coachee* em uma experiência de transformação positiva e impulsionadora, para realizar ações que vão fazer com que avance em direção à sua meta, evidenciando os recursos disponíveis para a transposição de qualquer barreira que possa aparecer. Sabendo trabalhar técnicas de comunicação efetiva e treinamento comportamental que atuam sobre sua linguagem corporal, é possível alcançar o Sucesso desejado

Renata Frank

Renata Frank

Empresária, *Master Coach*, Consultora, Palestrante, Treinadora, Colunista e Escritora, fundou e dirige a VirtuArte Informática atuando desde 1997 na área de Qualidade, Excelência em Gestão e Melhoria Contínua de Processos de TI. Também fundou e dirige a Integralidade Desenvolvimento Humano & Corporativo exercendo sua missão de vida: apoiar o ser humano em alcançar sua integralidade. Formada em Análise de Sistemas e especialista em Melhoria de Processos e Qualidade de TI, possui MBA em Gestão Empresarial e *Coaching*. É membro da Sociedade Latino Americana de Coaching com reconhecimento pela IAC, Certified Practitioner PNL pela Master Solution Institute com reconhecimento da ABNLP, integrante do Time de Conhecimento do Mural do Coach, *Trainer* do Programa Atuação Coaching e Afiliada à Rede Brasileira de Coaching. Acumula mais de dez mil horas em consultorias, treinamentos, palestras, *workshops*, *mentoring* e *coaching*. É coautora dos Livros "A Arte da Guerra – Desperte o Sun Tzu que está dentro de você" e "O Mapa da Vida – Você na rota do sucesso pessoal e profissional com ferramentas de Coaching e Mentoring", ambos pela Editora Ser Mais.

Contatos
www.renatafrank.com.br | contato@renatafrank.com.br
www.integralidade.com.br | renata@integralidade.com.br

Renata Frank

Para ser bem-sucedido como *coach*, como em qualquer outra profissão, é preciso ter vocação, propósito e visão do seu papel dentro do contexto em que estará inserido. Esta profissão ainda não é regulamentada no Brasil. É extremamente desafiadora e produz comprovadamente grande impacto na vida das pessoas e das organizações. A responsabilidade é grande e o compromisso com o resultado do cliente deve ser constante.

O *coach* deve utilizar técnicas e ferramentas para transformação de estado, através do desenvolvimento de competências comportamentais. A formação e perfil comportamental do *coach* é crucial para o resultado do processo ser satisfatório para todos os envolvidos.

O mercado de formação de *coaches* está aquecido. É comum encontrar profissionais que apenas buscavam alcançar os seus objetivos e realizar mudança em seu estado indesejado que foram orientados a se tornar *coach*, ao invés de orientados a passar pelo *coaching*.

O resultado final do processo é gerado pelo forte engajamento e comprometimento do *coachee* (cliente) com seu processo de transformação, e é de sua responsabilidade as decisões tomadas ao longo do processo. É preciso definir claramente as metas do processo de *coaching* (mensurável, específica, temporal, alcançável e significativa). Se o processo não for conduzido adequadamente pelo *coach*, o resultado pode ser uma experiência negativa para o cliente.

Na busca constante pelo aprimoramento profissional me mantenho em constante aprendizado e sempre busco conhecer técnicas e ferramentas que comprovadamente podem trazer benefícios aos meus clientes.

Sem a pretensão de apresentar algo exclusivamente de minha autoria, quero demonstrar como é possível um *coach* combinar a aplicação de ferramentas e técnicas para provocar a aceleração no alcance de resultados dos clientes.

Você poderá aplicar este conhecimento em sessões com seus clientes, ou mesmo observar e aplicar em seu próprio desenvolvimento comportamental.

Premissas

Para o bom andamento do processo de *coaching* é importante que sejam consideradas algumas premissas, elementares em qualquer formação em *coaching*:

- Você respeitará as técnicas: o *coaching* não é novo e existem pesquisas e experiências que comprovam a eficácia do proces-

Manual completo de treinamentos comportamentais

so. Não "invente moda". Respeite as técnicas que têm objetivos específicos de apoiar o cliente em sair do estado indesejado para o estado desejado, promovendo o empoderamento do indivíduo que passa a ter conhecimento de suas habilidades e recursos, se colocando em ação para atingir seus objetivos.
- Você não julgará ou fará qualquer orientação: ser *coach* é diferente de ser mentor ou consultor. A sua forma de resolver e agir nem sempre é a ideal para seu cliente. Você age em função de suas experiências e como interpreta a relação com o mundo a sua volta. O seu cliente traz experiências próprias.
- Você será congruente com seus valores: caso a situação a ser tratada com seu *coachee* vá de encontro com seus valores pessoais e profissionais, seja coerente com sua essência e recomende que seu cliente seja atendido por outro profissional de sua confiança. Não esqueça que não há julgamento. Nem você nem seu cliente estão errados, apenas não possuem alinhamento de valores e isto pode ser muito complicado em uma relação de confiança, como é o processo de *coaching*.
- Você não pode salvar a todos: O *coaching* é indicado para pessoas saudáveis. Se estiver diante de cliente que apresenta diagnóstico ou indicação de distúrbios psicológicos, ou não pode ser responsabilizado pelas suas decisões, deve ser encaminhado a profissional habilitado para tal atendimento. Para identificar tais situações, não siga somente sua intuição. Estude.
- Você promoverá descobertas: A base do *coaching* é a psicologia positiva e o resultado deve ser agradável e motivador para o cliente. Seu *coachee* nunca deve sair de uma sessão tendo o sentimento de derrota.

Técnicas

Existem muitas técnicas (ou ferramentas) que podem ser utilizadas no processo de *coaching*. Toda formação ensina um conjunto destinado às modalidades *coaching* de vida, *coaching* de carreira, *coaching* organizacional, e suas derivações.

Também é possível encontrar um vasto material nos livros e Internet. São originadas na psicologia, neurociência, disciplinas de gestão estratégica, gestão de tempo, comunicação etc.

Vou descrever as que são essenciais no meu trabalho e que estão presentes em <u>todas</u> as minhas sessões. Não descarto as demais ferramentas pois entendo o valor de sua aplicação, mas é preciso lembrar que são dependentes do contexto e objetivo proposto. As descritas a seguir formam o que eu denomino Ponte de Aceleração de Resultados.

Rapport

Utilizada para criar sintonia entre o *coach* e o *coachee*, a origem do nome é francesa e significa harmonia, afinidade, concordância baseada em confiança mútua. Trata-se de uma das técnicas mais importantes (se não a mais importante) e necessária para a comunicação efetiva. Estar em estado de *rapport* com seu cliente é muito importante para que obtenha um resultado positivo nesta comunicação, tanto verbal como não verbal, mas requer alguns cuidados.

Alguns profissionais tentam usar esta técnica com o objetivo de manipular o cliente, o que é extremamente negativo. Normalmente executam a técnica se limitando a sincronização de gestos e reuso de palavras do cliente, mas vai muito além disso, pois engloba a escuta ativa, empatia, atenção aos detalhes, entendimento do ritmo e perfil comportamental do outro. O cérebro de qualquer pessoa reconhece esta tentativa de manipulação e a confiança é imediatamente perdida.

> *"Rapport é a capacidade de entrar no mundo de alguém, fazê-lo sentir que você o entende e que vocês têm um forte laço em comum. É a capacidade de ir totalmente do seu mapa do mundo para o mapa do mundo dele. É a essência da comunicação bem-sucedida."*
> Anthony Robbins

GROW

Em seu livro *Coaching para performance*, Sir John Whitmore descreve a técnica GROW como um modelo para estruturação de sessões de *coaching*. Basicamente é a estrutura de conversa mais simples e objetiva para direcionamento de resultados. As etapas desta técnica são:

G (*Goal*): estabelecendo a meta a ser alcançada e saber onde o seu cliente quer chegar, de forma que o processo possa ser mensurado e avaliado em relação ao seu progresso.

R (*Reality*): entendendo o estado atual, a realidade em que se encontra o cliente, quais os passos já executados que deram ou não resultados, e o que está impedindo o cliente de evoluir.

O (*Options*): buscando novas ações que podem ser executadas para que o objetivo seja alcançado. Este é o primeiro momento que pode gerar um desconforto em seu *coachee* em relação ao processo, pois é aqui que realizamos as perguntas que o fazem pensar em alternativas que não pensou até agora. Quanto mais alternativas, melhor.

W (*What, When, Who*): definindo o plano de ação e comprometimento com o resultado, onde são delineados prazos e responsabilidades condizentes com a meta a ser alcançada. O comprometimento do cliente deve ser integral.

Para utilizar basta praticar. Pense em perguntas que se encaixam no objetivo do estágio da conversa, controlando o tempo da sessão e esteja atento às respostas, pois pode acontecer do *coachee* levar a você a necessidade de retomar estágios anteriores. Alguns, quando percebem um *insight*, acabam respondendo um estágio e já gerando respostas para questões que ainda nem foram verbalizadas, avançando sozinhos para o próximo estágio.

Análise da linguagem não verbal

Não basta saber perguntar, estabelecer metas e planos de ação e ouvir o cliente, se não souber interpretar os sinais não verbais emitidos durante o processo. Apesar da aplicação adequada da técnica de *rapport* oferecer subsídios para avaliar como está a comunicação entre os envolvidos, entender e saber interpretar a linguagem corporal do outro gera ainda maior resultado.

A linguagem não verbal refletida nos gestos, vocalização, expressões, micro expressões e postura corporal é muito importante na comunicação. Estudos realizados em 1950 por Albert Mehrabian, que ficou conhecido pelas suas pesquisas e publicações sobre a importância da linguagem verbal e não verbal, chegaram a uma escala de proporção da transferência de informação conhecida como 7/38/55.

Verbal = 7%: interpretação somente das palavras.
Vocal = 38%: interpretação do tom de voz, velocidade da fala, ritmo e entonação.
Não-Verbal = 55%: interpretação de gestos, expressões faciais, postura e demais informações expressas sem palavras.

Este assunto até virou seriado de televisão, mostrando que pode ser usado para desvendar casos policiais e detecção de mentiras, mas esta técnica é muito mais do que isso e não se engane acreditando que qualquer um pode ser um detector de mentiras.

Se observarmos apenas através de uma das possibilidades de aplicação da técnica, a forma mais conhecida e divulgada que é a observação da movimentação dos olhos, temos:

Movimento dos olhos: a neurociência e a PNL observam que a movimentação constante dos olhos está relacionada com atividades cerebrais. É possível encontrar na literatura orientações de como interpretar e utilizar estes movimentos para identificar temporalidade de memórias (se estamos criando ou lembrando), predominância de sentidos (visual, auditivo, digital ou cinestésico), entre outras formas de aplicação. Destros, canhotos e ambidestros podem apresentar padrões distintos e também por isso podemos perceber que é preciso saber mapear o indivíduo corretamente para bom entendimento desta técnica.

É preciso bastante estudo e entendimento das várias formas desta técnica ser aplicada (movimento dos olhos, gestos culturais, codificação específica de grupos, gestos de suporte, identificação de sentimentos) para entender que não adianta conhecê-la superficialmente. Acredito que um bom começo é se aprofundar em conhecimentos de programação neurolinguística (PNL).

Power Poses

Esta talvez seja a técnica de menor divulgação por ser resultado de uma pesquisa mais recente. Tive acesso antes mesmo de pensar em ser *coach*, mas somente passei a incorporá-la no atendimento meses depois de iniciar minha prática diária.

O estudo mostra a capacidade de transformação do comportamento através da observação e mudança da postura corporal. Normalmente encontramos publicações que nos orientam o contrário, que nossa postura será reflexo de nosso comportamento, ou seja: "Mude seus pensamentos, desenvolva competências comportamentais, seja positivo em relação aos seus objetivos e isso transparecerá em sua postura e apresentação pessoal".

Em um vídeo apresentado na plataforma de conteúdo TED sob o título: Sua linguagem corporal molda quem você é, a psicóloga social e pesquisadora em linguagem corporal Amy Cuddy apresenta o resultado de sua pesquisa relacionada a postura corporal. "Podemos mudar a percepção das outras pessoas, e até a nossa química corporal, simplesmente pela mudança de nossa postura", explica Amy demonstrando quais são as "Poses de Poder" motivadoras e depressoras.

São necessários apenas dois minutos de aplicação de posturas motivadoras momentos antes de enfrentar situações que exigem maior postura de liderança ou controle de stress, tais como: entrevistas de emprego, falar em público, negociações comerciais, entre outros. A química corporal, em especial os hormônios testosterona e cortisol, sofre alterações que provocam aumento significativo de desempenho pessoal e profissional. Dois minutos aplicando posturas depressoras e o efeito é inverso.

A aplicação desta técnica não anula ou contrapõe as outras. Ela complementa e maximiza o resultado desejado. Em um processo de *coaching* deve-se tomar cuidado para não ser aplicada erroneamente através de orientação ao cliente sobre sua postura.

Praticando a ponte de aceleração de resultados

Durante uma sessão de *coaching*, toda atenção do *coach* deve estar voltada ao progresso adequado do processo. É preciso conduzir o *coachee* em uma experiência de transformação positiva e impulsionadora, para realizar ações que vão fazer com que o cliente avance em direção à sua meta, evidenciando os recursos disponíveis para a transposição de qualquer barreira que possa aparecer.

Aproveitando que estou em estado profundo de *rapport* com o *coachee*, analiso cuidadosa e constantemente o desenvolvimento da comunicação verbal e não verbal através da comunicação GROW e análise da linguagem corporal. Ao perceber que o *coachee* se posiciona usando uma postura depressora, imediatamente me coloco em uma postura motivadora, promovendo novo direcionamento na comunicação. Toda sessão chega ao fim com o cliente motivado para seu sucesso.

Quando passei a aplicar as quatro técnicas em todas as sessões, percebi que meus *coachees* passaram a apresentar maior comprometimento com suas ações, maior velocidade na execução de tarefas, menor incidência de solicitações de alteração ou cancelamento de agenda, e muitos passaram a alcançar suas metas 2 a 3 sessões antes do previsto. Por este resultado foi batizada de Ponte de Aceleração de Resultados. Experimente!

44

Relacionamento multipessoal (inter + intra)

Convido você a experimentar, em uma leitura simples e direta, ferramentas via acionadores mentais que podem de fato mudar sua vida para muito melhor. A vida pode ter lhe ensinado muitas coisas, mas quero poder mostrar-lhe o melhor e mais rico olhar que pode direcionar: o olhar para o mais profundo do seu interior. Bem-vindo(a) ao reconhecimento do EU!

Rodrigo Marques

Rodrigo Marques

Agente de Transformação, *Coach*, Palestrante, Escritor, Articulista e Administrador. apaixonado pelo Desenvolvimento pessoal e humano que busca cada vez mais contribuir substancialmente na vida das pessoas, processos e projetos, através de sua dedicação à causa "Homem em constante Desenvolvimento". Desta forma, possui como missão "Viver e acreditar no Progresso do Homem". Presidente da Strategic Educational Academy (Academia de Formação Estratégica) e detentor da chancela dos Treinamentos de Impacto: Mudança de Hábito e Profundidade, voltados à transformação profunda do comportamento humano. É autor de artigos em Renomadas publicações de *Coaching* no Brasil e no mundo. Possui experiência de mais de 15 anos nos mais variados ambientes profissionais, que moldaram toda sua estratégia de trabalho e profissionalismo até então.

Contatos
acadefor@gmail.com
(92) 98159-4245

Onde quer que você pesquise, milhões de literaturas serão encontradas sobre os temas relacionamento e comportamento. Na era contemporânea, onde os conceitos de mercado são cada vez mais remodelados, presume-se que a máxima em que o cliente tem sempre razão é algo infinitamente correto e que deve ser fielmente seguida ou buscada por todos aqueles que têm negócios e clientes. Na verdade, trouxe este exemplo para ilustrar que a busca para o atendimento em excelência, muitas vezes, está relacionado ao treinamento comportamental. O conhecimento do eu com os outros e, principalmente, a primazia do eu, comigo.

As pessoas cada vez mais procuram novas técnicas, metodologias, terapias e *coaching* para aprender a se relacionar com o outro e muitas das que procuram isso, descobrem que a verdadeira e mais impressionante viagem se dá quando se percebe a necessidade do conhecimento daquele alguém chamado eu.

Autoconhecimento nunca gerou tanta demanda. Talvez, porque o mundo exterior estivesse voltado à estratégia do relacionamento com o externo. E, também, quem buscava autoconhecimento eram as pessoas necessitadas de tratamentos especiais. No bom sentido da colocação e palavra, talvez precisemos mesmos. Precisamos nos sentir especiais e, consequentemente, conseguiremos ter relacionamentos cada vez mais especiais. E é isso que gostaria de trazer para você, caro leitor.

Relacionamento interpessoal – Eu com os outros.

Relacionamento interpessoal é a forma como indivíduos ou elementos se comunicam. Quando há uma boa comunicação - e se gosta de manter esta boa comunicação - pode-se dizer que existe um bom relacionamento estre partes. Quando existe um mau tratamento entre partes - ou pelo menos um deles não gosta de entrar em contato com os restantes - pode-se dizer que há um mau relacionamento.

Independentemente das condições positivas ou negativas, relacionamentos possuem características infinitas.

Permita-me listar cinco das mais importantes características que nos ajudarão a entender melhor a base deste nosso 'diálogo':

a) **Bons relacionamentos são providos de ética:** segundo o site Wikipédia, ética significa bom costume ou portador de caráter. Caráter, por sua vez, pode ser descrito como sinônimo de personalidade ou desenho de personalidade. Forma constante e peculiar que cada pessoa interage. Espero que explicar até aqui seja o suficiente para você;

b) **Relacionamentos de qualidade são cordiais:** bons relacionamentos interpessoais são providos de bons costumes, bons tratos, bons modos. Uma harmonia de tratamento e bons costumes mantém o relacionamento;
c) **Relacionamentos especiais são assertivos:** ser assertivo é ser claro, enfático e convicto. A assertividade ajuda bons relacionamentos a manterem a nitidez dos atos, pensamentos e desejos entre as duas partes. É como ter metas bem definidas entre empregador e empregado;
d) **Relacionamentos ricos são empáticos:** também segundo a Wikipédia, ser empático é manter uma resposta afetiva apropriada à situação de outra pessoa, e não à própria situação. Para as ciências atuais, a empatia é uma espécie de inteligência emocional. Ou seja, trocando em miúdos, relacionamentos empáticos são relacionamentos contributivos. Há o cuidado com o outro;
e) **Relacionamentos interpessoais de qualidade são providos de autoconhecimento:** E conhecer-se, neste caso, traz a forte responsabilidade mútua de conhecer-se para conhecer. Relacionamentos bons, de qualidade, especiais e ricos são repletos de autoconhecimento, pois não há relacionamento perfeito e não há como buscar melhores relacionamentos com o outro, sem antes buscar o melhor relacionamento consigo.

E é justamente sobre o relacionamento com o eu, que gostaria de tratar com você agora.

Relacionamento intrapessoal – Eu, comigo.

Gostaria de propor um exercício.
Algumas perguntas serão colocadas em alguns momentos.
Pegue uma folha de papel e escreva as respostas.

Primeira pergunta:
Quem sou eu?

Para você, é simples responder a pergunta acima?
Após responder, vamos continuar.
É notória a necessidade do homem moderno buscar conhecer-se para reconhecer-se. Alguns mais do que outros, outros antes que uns.
Porém, todos os que reconhecem esta necessidade, reconhecem também que olhar no espelho (metaforicamente falando) vai além do olhar para um simples reflexo.

O que o indivíduo realmente é vai além das suas palavras. O seu comportamento reflete muito mais do que as sua língua professa. A desconexão entre o que é dito e o que é feito rouba a integridade da pessoa. Rouba a verdade, mostra uma mensagem misturada, distorce a realidade, sabota a clara comunicação e favorece a dúvida. E o mais curioso: Isso só pode ser observado quando verdadeiramente entende-se o que é o valor de liberdade pessoal.

A liberdade pessoal vai além do entendimento referente às prisões externas. Ela é diretamente ligada à capacidade do ser em buscar se autoconhecer, autodominar, autoafirmar e automotivar.

Vejamos um breve conceito.

a) **Autoconhecimento:** possui um alto nível de importância. Tão forte que é listado nos tópicos referentes aos relacionamentos externos e internos. É o primor da liberdade pessoal, pois é um passo importante para estar bem consigo, e estar bem com outros.

Perguntas que ajudam a esclarecer sobre o seu nível de autoconhecimento: (retome o papel e escreva as respostas para as perguntas a seguir, baseando-se no seu comportamento):

Como eu sou? O que faço? Qual a minha motivação?

b) **Autodomínio:** refere-se como é conservado o exercício do papel do indivíduo na sociedade, quando se refere ao controle das suas emoções.

Perguntas que ajudam a esclarecer sobre o seu nível de autodomínio: (retome o papel e escreva as respostas para as perguntas a seguir, baseando-se no seu comportamento):

O que me alegra? O que me traz paz? O que me anima? O que me tira a paz?

c) **Autoafirmação:** é a postura do indivíduo em relação a si mesmo. Há uma relação direta com a capacidade de se aceitar ou não. Guarde esta palavra no seu coração. Reforce na sua mente. Fale e busque escutá-la. Logo entraremos na riqueza que ela nos traz.

Perguntas que ajudam a esclarecer sobre o seu nível de autodomínio: (retome o papel e escreva as respostas para as perguntas a seguir, baseando-se no seu comportamento):

Manual completo de treinamentos comportamentais

Estimo-me ou me saboto? Quais minhas grandes qualidades? O que posso fazer para explorar cada vez mais, cada uma delas? O que, apenas eu, posso fazer para melhorar ainda mais o que já sou?

d) **Automotivação:** grande força de muitos homens e mulheres de sucesso. É a capacidade autoconstrução positiva. Ao invés de pensamentos e atitudes do tipo não sou nada, não sou ninguém, não vou conseguir, são nutridos fortes pensamentos e atitudes que potencializam a capacidade de desenvolvimento pessoal.

Perguntas que ajudam a esclarecer sobre o seu nível de autodomínio: (retome o papel e escreva as respostas para as perguntas a seguir, baseando-se no seu comportamento):

Meus pensamentos motivam ou retardam a minha ação?
Meus atos motivam ou retardam minha ação?
Como atuaria na mesma situação em que me encontro, uma pessoa que eu admiro muito? Quais as minhas melhores lembranças? Elas podem me trazer bons pensamentos e atitudes só de pensar nelas? (Se sim, liste-as com todos os detalhes necessários).

Sendo a mais rica jornada, o relacionamento intrapessoal é algo tão rico que produz, naturalmente, excelentes relacionamentos interpessoais.

Retomando uma das palavras listadas nos tópicos anteriores, há uma grande sacada na riqueza do ser. Esta força se chama autoaceitação.

Nada é mais valioso a um indivíduo do que se aceitar. É o primeiro grande passo do homem que busca um poderoso relacionamento interior. Isso porque sem a aceitação do que se é, existirá uma contínua busca de padrões e valores que tenderão a ser externos. Valores externos ou motivação extrínseca refletirão no indivíduo uma necessidade de se comparar ou equiparar a moldes de personalidade que não são os seus. Buscando o que está fora de si, inicia-se um afastamento contínuo da sua individualidade e liberdade interior. Prisões a imagens e padrões que de fato podem ser extremamente valiosos. Podemos citar a fábula do patinho feio. Enquanto não se descobriu como cisne, se comparava e se julgava muito mais feio do que seus 'irmãos'. Por que então se comparar com patos se você pode ser o mais belo dos cisnes? Que tal descobrirmos quais os valores que de fato regem as nossas vidas?

Valores são únicos. Eles nos diferenciam de todas as outras pessoas e, por isso, devem ser respeitados. A ausência de cuidado nos julgamentos de valor gera rupturas, mal entendidos, e discordâncias que tendem a se intensificar continuamente.

Prestar atenção aos valores

Valores pessoais são palavras ou estados emocionais que governam a missão da pessoa. Por isso, conhecer os valores pessoais e individuais pode e deve ser um dos primeiros passos para se autoconhecer e, consequentemente, ser mais feliz. Quero pedir para retomar àquela folha ou buscar mais uma. Escreva nesta folha as repostas para as perguntas a seguir:

Pense nos seus objetivos.
Por que este objetivo é importante para você?
O que sua realização lhe trará?
Pense nas coisas que são importantes para você.
O que essas coisas lhe proporcionam?
O que isto lhe proporciona?
Como você se motiva?
O que é importante para você?

Caso possível, identifique os valores que você conseguiu identificar ao responder estas perguntas. Porém, sendo ainda difícil, escreva todos os valores listados na tabela a seguir (em outra folha). Circule os dez valores que mais se aproximam do que você é. Ao eliminar os que não se encaixam com o seu perfil, risque-os ao invés de circulá-los. Finalizando, reduza essa lista para cinco valores. É extremamente importante sua visão no presente. Cuidado ao escolher valores que você gostaria de ter ao invés dos valores que você tem. Aceite-se como é. Seus valores neste momento não são bons ou ruins. Eles são apenas seus. Aproveite o momento. Seja o mais sincero possível. Para facilitar a sua escolha, faça comparações entre os valores da seguinte forma: se eu precisar ser livre contra manter a minha família, o que escolheria? Eu prefiro divertir-me a ser disciplinado, ou a disciplina é mais forte do que a diversão?

Valores

Realização	Aventura	Afeição
Autenticidade	Equilíbrio	Mudança
Proximidade	Comunidade	Conexão
Contribuição	Criatividade	Disciplina
Energia	Família	Liberdade
Amizade	Diversão	Crescimento
Harmonia	Assistência	Honestidade
Independência	Inovação	Integridade

Aprendizado	Amor	Lealdade
Ordem	Paz	Prazer
Poder	Propósito	Reconhecimento
Relacionamento	Respeito	Segurança
Assistência	Espiritualidade	Sucesso
Trabalho em equipe	Confiança	Riqueza
Sabedoria		

O reconhecimento de si, para si

Após este exercício, certamente eu poderia finalizar este artigo com o *to do* (a fazer) de uma rica sessão de *coaching*. Isso porque buscar os valores pessoais é algo extremante precioso em todo o processo de relacionamento intrapessoal.

Se você muito bem percebeu, eu apenas segui um curso contrário (de fora para dentro) para preparar você a mais rica viagem que qualquer ser humano deveria embarcar. A viagem do eu, comigo.

O comportamento humano jamais mentirá. Como já relatado, ele é mais forte do que a mais forte palavra proferida. É o testemunho que arrasta, enquanto a fala apenas convence.

O seu comportamento é o reflexo do que você acredita sobre si.

O seu comportamento conta para todos como pensa.

O seu comportamento conta sobre si, mesmo quando ninguém está por perto.

O seu comportamento reflete o que você é, mesmo que não veja isso. É o que chamamos de espelho social. Uma espécie de espelho que é voltado para fora, reflete a sua imagem para quem está fora. Qual imagem você está refletindo? O que você diz, ou o que você de fato faz?

A doação do eu e a recompensa

Sendo do jeito que é, mesmo achando que não merece o que a vida pode oferecer, busque uma postura de livre gratidão e se aceite como é. Seus valores são ricos. Pode ser que eles não estejam sendo corretamente aplicados.

Seus valores e propósitos refletem os seus sonhos, seu EU interior.

São base de um bom e fortificado relacionamento intrapessoal e sem dúvida, a resposta que você procurava acerca de como se relacionar bem com os outros.

Sucesso sempre.

Mesmo sem conhecê-lo, eu acredito em você.

45

Treinamentos comportamentais e a Cabala

A palestrante e escritora a prof[a] Sandra R. Rüdiger Ayyad é estudante de Cabala há muitos anos. De forma pioneira publicou seu primeiro trabalho sobre o assunto em 2001. Neste capítulo, ela explica brevemente como a Cabala nas empresas pode agir para o desenvolvimento das pessoas, assim como para a prosperidade das organizações

Sandra Regina Rüdiger Ayyad

Sandra Regina Rüdiger Ayyad

Bacharel em Psicologia e Psicóloga formada pela Faculdade de Ciências e Letras São Marcos. Pós-graduada em Administração de Recursos Humanos pela Univ. São Judas e Docência do Ensino Superior. Especialista em Metodologia em EAD e mestranda em Filosofia pela Faculdade São Bento. Foi também Coordenadora do curso Superior Tecnológico em Gestão de Recursos Humanos pela Anhanguera Educacional/ Uniban e professora de várias disciplinas na graduação e pós-graduação. Desenvolveu sua carreira na Gestão em Recursos Humanos. Atualmente é Sócia e Diretora da Rudiger & Ayyad T&D, ministra palestras e cursos em empresas, com sede no Bairro de Santana, onde ministra cursos, palestras e *workshops*. Autora dos livros: *Mente alquímica – Um processo de Integração dinâmico*, publicado pela editora STS, em 1987 e *A cabala e as empresas – A aplicação da tradição esotérica no dia a dia das organizações*; publicado pela editora Madras, em 2001. Escritora do livro *Manual das múltiplas inteligências* e *Damas de ouro* pela Editora Ser Mais.

Contatos
reatreinamento@gmail.com
Facebook: rudigerayyadrudiger
(11) 2283-1799 / (11) 99587-7661

Sandra Regina Rüdiger Ayyad

Acompanhando a situação econômica mundial devemos reconhecer que grandes mudanças são previstas para o cenário de T&D. A educação e o T&D coexistem em uma proporção direta. Os países que fazem parte do BRICS (Brasil, Rússia, Índia, China e África do Sul), estão crescendo largamente devido aos investimentos de empresas particulares. Existem oportunidades para todos, porém precisam ser aproveitadas dentro do panorama real que está se formando. Sabemos que os investimentos em T&D, principalmente os relacionados às questões comportamentais são os que surtem os melhores efeitos para as organizações.

Os treinamentos comportamentais que surgiram por volta da segunda metade do século XX, por meio das escolas da psicologia com as técnicas do behaviorismo, ainda impressionam muito pelos seus resultados imediatos no comportamento humano. Para que as equipes funcionem integradas e harmônicas, é necessário ter pessoas envolvidas, que busquem constantes atualizações educacionais e profissionais por reciclagens e aperfeiçoamentos que os adequem às responsabilidades. Especificamente, o Brasil que é um palco de diversidades culturais e de diversos estilos de gestão, precisa adequar essas multiplicidades todas de acordo com a preparação dos gestores e dos colaboradores moldando-os de acordo com os resultados que são necessários as organizações.

Reconhecemos que a soma das competências individuais influi diretamente no resultado das competências coletivas. Porém, nem sempre a reunião de pessoas competentes trará resultados positivos para as organizações. O primeiro fator que é atribuído a estes resultados é a confiança, o sentimento da segurança na sinceridade de alguém. O fator confiança - FC é também importante na questão da formação de líderes dentro das organizações, assim como para os relacionamentos. Nas organizações toda decisão é baseada em dados ou na confiança de competência das pessoas. Nas avaliações de desempenho ela está totalmente implícita.

Outro aspecto importante, é que o comportamento das pessoas baseia-se em sua percepção da realidade, não na realidade em si. Entendemos que percepção é o processo pelo qual as pessoas organizam e interpretam suas impressões sensoriais com a finalidade de dar sentido ao ambiente; se por algum motivo interno (psicológico, emocional, vivências passadas, expectativas, interesses), a percepção estiver distorcida, tudo o mais estará distorcido também de acordo com sua interpretação da realidade. Na imagem a seguir observamos que temos um coelho ou um pato ou um "patelho" de acordo com a percepção do observador.

É por isso que ao confiar totalmente no resultado imediato das avaliações realizadas nas organizações devemos entender alguns aspectos situacionais como: o momento pelo qual a organização passa, o ambiente de trabalho, os aspectos do ambiente social e cultural dos colaboradores. Senão estes resultados serão julgamentos errôneos sobre os comportamentos dos outros. O erro mais comum é subestimar ou superestimar atribuindo ao comportamento dos outros algum fator interno seu. Isto pode causar até a demissão do colaborador incorretamente. Outro aspecto importante é o mecanismo psicológico da projeção. Na psicanálise este conceito é utilizado para descrever o processo mediante em que o sujeito atribui a outro as atitudes ou os sentimentos de que tem vergonha ou que de qualquer modo acha difícil reconhecer em si mesmo. Outro processo é a estereotipagem, que é julgar uma pessoa com base no grupo que ela faz parte, também interfere na percepção e nos comportamentos dentro das organizações. Para isso, o profissional que atua em T&D é de um valor inestimável, detectando falhas e intercedendo no momento correto.

O que diferencia hoje um profissional de T&D de outro é além de sua habilidade e metodologia em aplicar as diversas técnicas, utilizar corretamente as diversas formas educacionais à sua disposição.

Sandra Regina Rüdiger Ayyad

Isso partindo de técnicas mais tradicionais como as dinâmicas, jogos, vivências o uso do teatro e da música em treinamento, até as aplicações da cabala, constelações familiares e sistêmicas, utilização das redes sociais para o desenvolvimento de pessoas. O profissional que vem atuar nesta área deve estar apto às transformações que acontecem constantemente. Buscar sua ampla autoestima, autoconsciência "consciência de si", autodesenvolvimento, inovar e ser criativo, ser ético e empático e ter uma visão sistêmica, estas são as principais atitudes. Além, é claro, da mente aberta por trás dos olhos.

Como estudante da cabala e do o "ensino" que na língua hebraica tem como termo a palavra Talmud, que se compilou ao longo de oitocentos anos (desde 300 a. c. até 500 d. c.) na Palestina e na Babilônia, há vários anos; dediquei minha compreensão a entender fundamentalmente como desenvolver pessoas e organizações pelos aspectos teóricos e filosóficos da cabala, retirando daí o aspecto religioso. Quando monto um treinamento, utilizo destes mecanismos no desenvolvimento das pessoas, muitas vezes sem dizer que é cabala, para não gerar erros de entendimento. Inovadoramente sobrepus o organograma organizacional a árvore da vida, Otz Chiim (I.U.T. ץ"יע em hebraico), e tive muitas surpresas. A partir daí fiz a correspondência sefirótica dos cargos. *A cabala e as empresas – A aplicação da tradição esotérica no dia a dia das organizações* foi o primeiro livro publicado sobre o assunto. Posteriormente, o que venho fazendo após a publicação é trabalhar a mim como pessoa e atuar diretamente nas pessoas que estão ao meu lado impulsionando-as também.

Entendo que, de acordo com os aspectos cabalísticos, o uno é igual ao todo e o todo é igual ao uno. Sozinhos não fazemos nada, e se conseguimos algo sozinhos, logo precisaremos dos outros. Entendi claramente que vivemos em mundo de diferenças e de diferentes e de acordo o aforismo cabalístico: "Existem entre os homens vários níveis de compreensão e vários níveis de evolução."; precisamos reconhecer nosso ponto e também desenvolver e entender nosso lugar no mundo hoje. A coexistência a e evolução são metas do universo. Todos estamos aqui para evoluir. Embaixo e em cima. As pessoas e as empresas. Este desenvolvimento deve ser sem preconceitos, com entendimento e voltado para o respeito sustentável e responsável de nosso planeta entendendo que aquele a quem chamamos por diversos nomes também é um. Certa vez me perguntaram se existe algum aspecto magístico em meu trabalho; e eu respondo a todos que sim. As pessoas é que fazem as magias, os relacionamentos são mágicos e envolvem tantos sentimentos, alguns que são incompreendidos por nós na limitada compreensão que temos. Além disso, aprendemos a melhorar os nossos pensamentos. Os pensamentos positivos ajudam a transformar nossos sentimentos para um patamar melhor. Todos nós sabemos que nossos pensamentos adquirem forma, tudo o que existe no mundo é fruto do pensamento de alguém; a não ser que faça parte da natureza, que pertence a outra ordem da criação pertence a uma esfera que ainda como seres humanos não atingimos.

Pensamento – palavra – ação, esta é a magia. Muitos seres humanos, pensam, pensam muito, mas não falam e nem agem. Assim como existem aqueles que falam sem pensar ou que é pura ação impensada. Não dá para separar somente o pensamento, somente as palavras ou as ações. É preciso agir dentro desta dimensão, pois o universo é mental. Com esta chave mestra da filosofia hermética estou abrindo caminho para a utilização de novas técnicas no desenvolvimento das empresas.

Para nós seres humanos tudo que se apresenta acontece da seguinte maneira: temos as ideias que foram geradas por signos e sinais, elas formam pensamentos, estes pensamentos se manifestam em palavras e as palavras se tornam ações. As mentalizações positivas na vida (trabalho alquímico do ser) o leva ao equilíbrio, equilíbrio entre as colunas do rigor e da misericórdia. A coluna feminina – que é da severidade tem como desenvolvimentos virtuosos os aspectos da fé da justiça e da força; já o aspecto masculino tem as virtudes da esperança, da temperança e da prudência. Portanto, para desenvolver uma empresa são necessárias as duas colunas. A maturidade e o desenvolvimento neste processo auxiliam a chegar ao centro o *self*.

T&D e cabala é uma nova linha de atuação para o desenvolvimento das empresas como das pessoas que nela atuam. Estamos em uma era propícia para expormos alguns conhecimentos que até então foram destinados a pequenas esferas. De acordo com *O caibalion*:

> *"A posse do conhecimento sem ser acompanhada de uma manifestação ou expressão em ação é como o amontoamento de metais preciosos, uma coisa vã e tola. O conhecimento é, como a riqueza, destinado ao uso. A lei do uso é universal, e aquele que viola esta lei sofre por causa do seu conflito com as forças naturais."*

(*O caibalion*, 1978, pg. 121)

Outra técnica que pode ser aplicada em T&D é a meditação - que é ação de pensar ou se concentrar em um assunto. Pela utilização correta deste método acessamos de forma direta a mente, que é o conjunto das funções superiores da alma (íntimo de cada ser), intelecto e vontade. Chegando a autoconsciência de si.

A autoconsciência, termo que hoje é amplamente utilizado começou dentro da filosofia com Immanuel Kant (1724-1804). De acordo com o filósofo, a consciência de si começa primeiramente com a consciência do intelecto, a segunda do sentido interno (senso interno). Desta forma se tem acesso à consciência puramente lógica que o eu tem em si como sujeito de pensamento, na reflexão filosófica de si. Desta maneira desenvolvemos duas capacidades em nós: nossa sensibilidade, que é a capacidade de sentir as coisas do mundo, e nosso entendimento, que é a capacidade de pensar sobre as coisas.

É obvio que para desenvolver outras pessoas, o profissional deve primeiramente desenvolver a si próprio. Trabalhar-se nos aspectos pessoal, profissional, psicológico e emocional. Porém, não é bem isso que vemos hoje nos cenários modernos. Vemos pessoas de diferentes áreas, que leem livros sobre *coaching*, fazem alguns cursos e acham que podem ser as transformadoras do planeta e dos outros de acordo com seu ponto de vista, sem antes reconhecerem que elas mesmas é que precisam primeiramente mudar. Este cuidado as organizações devem ter antes de contratar consultorias para realizarem mudanças profundas em suas equipes. A primeira base que se deve ter em qualquer área do desenvolvimento humano é ter uma equipe de profissionais que tenha um profissional da área da saúde mental, um psicólogo que conduza corretamente ao caminho necessário.

Para que as pessoas possam se realizar, necessariamente elas buscam o convívio com outras pessoas, isto também ocorre dentro das organizações. Além do desempenho de suas capacidades específicas, operacionais, de liderança, potencial etc, dependendo do nível hierárquico em que estão inseridas, é preciso entender que cada uma reagirá de acordo com seus interesses, aptidões, intenções, desejos, inibições, bloqueios mentais, entre outros. Há papéis que o ser humano pode desempenhar que podem ser construtivos ou destrutivos dentro deste contexto. Só que para isso cada um precisa saber quem é, e como poderá contribuir melhor para o crescimento feliz dentro da organização.

Por meio dos exercícios de desenvolvimento e autodescoberta proporcionados pela cabala, aos poucos entendemos o que o filósofo Heráclito que viveu por volta do século V a.c., dizia:

> *"O homem está mais próximo de si mesmo quando atinge a seriedade de uma criança brincando."*[1]

---

[1] *A cabala e as empresas* – A aplicação da tradição esotérica no dia a dia das organizações – foi publicado pela editora Madras, em 2001.

46

Treinamento
Dos primórdios
à prática

Entender como surgiu a necessidade de treinamento e sua evolução na história irá auxiliar o desenho do treinamento considerando as condições e necessidades atuais, levando-nos à prática. Bem como analisar qual tipo de treinamento é o mais adequado para atingir o objetivo desejado. Além de dedicar-se ao planejamento deste como parte essencial para obtenção do sucesso do treinamento

Tathiana Neder

Tathiana Neder

Executive e *Life Coach* pela Integrated Coaching Institute – ICI e *Personal* e *Professional Coach* pela Sociedade Brasileira de Coaching - SBC. Primeira NBI (Neethling Brain Instruments) *practitioner* do Brasil. Possui MBA Internacional em consultoria interna e desenvolvimento organizacional pela BI International. Mais de treze anos de experiência em Recursos Humanos atuando como consultora interna (*Human Resources Business Partner*) responsável por projetos relacionados a Recursos Humanos e pela área de treinamento, em empresas nacionais e multinacionais de grande porte. *Coach* e consultora de desenvolvimento humano e organizacional. Atua em projetos relacionados a desenvolvimento profissional e organizacional. Atuando em São Paulo/SP e extensa experiência na condução dos mesmos via *Skype* atendendo a qualquer região.

Contatos
tathi.ana@uol.com.br
Skype: tathiananeder
Redes sociais: Tathiana Neder
(11) 99787-3237

Tathiana Neder

Proponho fazermos um breve, mas essencial, retorno à história com o objetivo de, ao chegarmos à prática do treinamento, notarmos que para atingir o sucesso necessita de um escopo bem definido. Precisamos ter claro qual o objetivo a ser alcançado. Bem como é necessário haver planejamento antes de colocá-lo em ação. Além da análise dos tipos de treinamento mais utilizados e sugestões práticas para a sua implementação.

Se retornarmos no tempo, poderemos notar que, desde os primórdios da humanidade, o conhecimento e as técnicas empregadas eram transmitidas de geração para geração. No período da pré-história a transmissão era realizada por meio das pinturas rupestres, as quais representavam o dia a dia de um determinado povo, as atividades exercidas e como estavam divididas entre os integrantes daquele grupo. Portanto, ao se interpretar tais pinturas foi possível compreender qual tarefa deveria ser realizada, de que forma e por quem. Foi a partir de estudos desses vestígios e da identificação da capacidade de transmissão do conhecimento pela linguagem, que nossa espécie foi nomeada como *homo sapiens*, que significa "homem que sabe".

Sendo assim, desde os estudos relatados por historiadores sobre a evolução de nossa espécie, é possível observar a transmissão de conhecimento e técnicas, seja pela linguagem escrita ou não, como as pinturas, objetos utilizados na época por um determinado povo e outros vestígios. Independentemente da forma de transmissão utilizada, esta, sem dúvida, ocorria.

Neste período, a transmissão de conhecimento tinha por objetivo manter as tradições de um determinado povo, além da organização das tarefas a serem realizadas. Garantindo, assim, a sobrevivência daquele grupo e a manutenção de seus costumes, cultura e crenças.

Com o desenvolvimento de novas técnicas, tecnologia e o aprimoramento da linguagem, a transmissão de conhecimento foi, ao decorrer dos séculos, evoluindo e se tornando cada vez mais precisa e eficaz. Neste momento, a difusão de conhecimento era realizada com o objetivo de que um determinado grupo exercesse uma atividade laboral que gerasse uma maior produtividade à indústria. Este objetivo, de maior produtividade na indústria, é muito conhecido e estudado até os dias atuais, como parte importante da história da evolução do

Manual completo de treinamentos comportamentais

trabalho e da relação homem-trabalho. Esta necessidade surgiu no século XX e deu origem ao *taylorismo* e ao *fordismo*, novas formas de organização industrial que visavam melhorar produtividade.

Com a evolução de pesquisas sobre as questões comportamentais como, por exemplo, sobre como o adulto aprende e sobre competência entre outras questões, as técnicas e conceitos relacionados a treinamento também passaram por modificações.

Os treinamentos passaram a ser desenvolvidos com focos distintos. As empresas passaram a demandar treinamento além do técnico, comum até aquele momento. Com o objetivo de aprendizado através da reflexão e a possibilidade de gerar mudanças de comportamento e hábitos.

Importante ressaltar que a mudança de um hábito requer que o indivíduo reconheça esta mudança ou o novo hábito a ser adquirido como essencial, precisa fazer sentido para ele. Nenhum ser humano mudará um hábito sem que ele seja beneficiado de alguma forma. Por outro lado, é primordial que a empresa, a qual solicita uma determinada mudança de hábito, tenha consciência de que adquirir um novo hábito requer, também, tempo e treinamento, portanto, requer que aquele novo hábito seja utilizado muitas e muitas vezes.

Na prática, o primeiro passo para o desenvolvimento de um treinamento presencial é identificar junto ao solicitante qual o objetivo, qual o resultado final esperado.

Procure obter a maior quantidade de informação, como cultura da empresa, valores praticados, quais profissionais serão treinados, entre muitas outras informações pertinentes. Elabore perguntas possíveis e primordiais antes da reunião com o cliente, seja ele um cliente interno ou externo, esteja preparado para o momento em que poderá levantar informações junto ao cliente. E, principalmente, procure obter as respostas da maneira menos subjetiva possível, uma alternativa é solicitar ao contratante que dê exemplos de comportamentos esperados. Isso garante que o objetivo do treinamento esteja muito bem definido para o profissional que irá desenvolver o projeto, bem como para o cliente solicitante, para que tal valide o seu entendimento com o cliente sobre o que foi solicitado.

Uma vez que a necessidade do treinamento está definida, é o momento de planejar. Planejar com foco no objetivo a ser alcançado, que tipo de treinamento a ser desenvolvido, quais os temas a serem abordados e de que forma, carga horária, número mínimo e máximo de participantes, quais ferramentas serão necessárias, local e que mês do ano é mais apropriado, material didático, questionário de reação e retenção, divulgação, valor do investimento e forma de pagamento.

O planejamento é uma das partes essenciais para o sucesso de todo projeto. É fundamental fazer o levantamento do objetivo, definir as etapas do projeto com seus devidos prazos e ter claro o objetivo a ser atingido e como mensurá-lo. Para tanto, sugiro algumas análises e formas de organização.

Quanto aos tipos de treinamentos mais utilizados, atualmente encontramos: treinamento gerencial ou liderança, técnico, comportamental e motivacional.

O treinamento gerencial ou de liderança tem como foco o desenvolvimento dos profissionais que exercem essa função, de gerência ou liderança. Este visa o treinamento comportamental, por meio de reflexões e da disseminação de práticas de mercado, propõe aprimorar o conhecimento e prática da gestão ou liderança. Já o técnico busca o desenvolvimento de conhecimentos para exercer uma função laboral específica. Enquanto o comportamental objetiva a reflexão para uma mudança ou manutenção de um determinado comportamento. E, por sua vez, o treinamento motivacional pretende que os participantes se inspirem para tomar ações a curto prazo.

Definido o tipo de treinamento a ser desenvolvido, pode-se identificar os temas a serem abordados, questione o solicitante se há algum tema específico que deseja que seja abordado, e novamente peça exemplos para confirmar que todos os envolvidos no projeto, contratante e contratado, possuem o mesmo conceito sobre os resultados a serem obtidos perante aquele tema.

Com a identificação dos temas a serem abordados, procure definir de que forma cada um deles será apresentado, por meio de apresentação formal realizada pelo instrutor do treinamento, trechos de filmes previamente selecionados, discussões em grupo ou individuais, entre tantas outras possibilidades. Neste ponto é primordial obter a informação do grupo que será treinado, perfil profissional, como segmento em que atua, cargo hierárquico, grau de instrução (escolar) para adequação da linguagem, qual o idioma do grupo, se há estrangeiros e, neste caso, a necessidade de tradutor e ainda se algum profissional necessita de alguma condição diferenciada, pois, dessa forma, é possível buscar a maneira de apresentação dos temas de modo mais eficaz.

Neste momento será possível obter uma prévia de carga horária e verificar a necessidade de ajustes perante a carga horária disponibilizada pelo contratante. Trabalhe sempre para manter uma comunicação clara junto ao solicitante, mantenha-o informado e busque ainda trabalhar em parceria com este.

Identificar o número de participantes se faz necessário uma vez que pode interferir na forma de apresentação dos temas como, por exemplo, no planejamento de tempo para discussões, atividades em sala, e ainda na metragem necessária do espaço onde será realizado. Além de garantir a qualidade nas discussões.

Na sequência é possível definir as ferramentas e equipamentos que serão necessários para colocar em prática o planejamento, como computador e projetor, cabo adequado para conectar computador e projetor, equipamento para emissão de som, *software* para apresentação de vídeos, mesas e cadeiras, para um determinado número de pessoas e em uma certa disposição, como em formato de U por exemplo.

Em relação ao local, checar com o solicitante se há preferência para a realização do treinamento, se na própria empresa, se nas dependências da consultoria contratada quando for este o caso, ou em hotéis e salas de treinamento. Caso as instalações sejam da empresa contratante ou hotéis, procure visitar o local com antecedência e verificar se é adequado ao número de pessoas e se possui todas as ferramentas necessárias ou condições para utilizá-las.

Outra informação importante para o planejamento é verificar o melhor mês do ano a ser realizado, pois é necessário considerar feriados locais e nacionais, além de eventos na cidade em questão e ainda o fluxo de atividade destes profissionais na empresa. Levar estas questões em consideração significa se munir de possíveis imprevistos como falta de salas para reserva em hotéis, entre outros.

Em paralelo, é possível dar início ao desenvolvimento de itens como material didático, questionários de reação e retenção, caso este segundo seja solicitado, e planejar as informações a serem divulgadas e meios de comunicação. O material didático pode ser desenvolvido de diversas maneiras, a mais comum até os dias atuais é a apostila impressa, algumas empresas utilizam de papel reciclado e imprimem frente e verso, cabe ao profissional ou empresa que irá desenvolver o treinamento levantar a melhor forma de desenvolver o material didático, mas procure saber se a empresa cliente é sustentável, por exemplo, se portanto prefere impressões conforme citado ou se todos possuem computador ou *tablet* para utilizarem material informatizado. Desenvolver o material de acordo com a cultura e valores da empresa transmite o sentimento de respeito e pertença.

Outro material que normalmente é utilizado impresso e entregue aos treinados, imediatamente após o término do treinamento, é chamado de avaliação de reação, este questionário pretende identificar as impressões imediatas dos profissionais treinados e, ainda, identificar possíveis melhorias. Neste são realizadas perguntas de múltipla escolha, em sua maioria, visando as considerações sobre as instalações, ferramentas utilizadas, material didático, conhecimentos apresentados pelo instrutor, temas abordados, o quanto aqueles temas agregaram ao seu dia a dia, entre outros, e algumas perguntas abertas como sugestões de melhorias, críticas e elogios. O ponto mais relevante para a aplicação deste material é a análise dos resultados obtidos e sua efetiva melhoria se necessário, assim como a possibilidade de mensurar os resultados obtidos. Outra opção é que este questionário seja eletrônico e respondido da mesma forma, imediatamente após o término do treinamento, mas em sala, pois quando encaminhado eletronicamente aos treinados e solicitado que respondam e enviem posteriormente, este questionário não costuma retornar. Já o questionário de retenção, infelizmente, a sua utilização não é muito comum, mas tem por objetivo verificar após um determinado período do término do treinamento, seis meses por exemplo, se os conceitos administrados foram absorvidos e se estão sendo utilizados adequadamente, bem como se há necessidade de um reforço ou reciclagem dos temas abordados. Este deve conter perguntas relacionadas estritamente aos temas abordados podendo mesclar entre perguntas abertas e de múltipla escolha, quando bem desenvolvido, respondido com seriedade e realizadas as devidas análises é um material riquíssimo para todos os envolvidos no processo.

Manual completo de treinamentos comportamentais

Para a divulgação do treinamento alinhar com o cliente, quem fará o envio desta comunicação, normalmente o realizará por meio de um endereço de e-mail. É importante que nesta mensagem constem informações como nome da empresa responsável pelo desenvolvimento e condução do treinamento, se for o caso, e uma breve apresentação sobre esta, título do treinamento e objetivo. Interessante ainda constar o programa e estrutura do treinamento, mencionando dias, horários e local.

Em relação ao valor de investimento, sugiro determinar um valor hora a ser calculado e transportado ao projeto, considerando horas de desenvolvimento do material em sala de aula e se houver atividade extra, contabilizar o tempo que utilizará para a análise. Sobre a forma de pagamento, negociar a melhor maneira para ambos, considere que as empresas possuem regras específicas para efetuar o pagamento de serviços prestados, sugiro que verifique a possibilidade de um valor no aceite da proposta e uma cláusula visando cancelamento ou atraso na aplicação do treinamento.

Portanto, ao se desenhar um treinamento, tenha em mente que o planejamento desde o início é primordial, tal como a obtenção objetiva do resultado esperado como mencionado no início deste capítulo, entender qual a necessidade daquele grupo definirá o treinamento a ser desenvolvido e todas as demais etapas.

47

Coaching: a descoberta de seus talentos e pontos fortes

O *coaching* lhe proporciona a força necessária para traçar objetivos claros, direção para resultados extraordinários, através de muito trabalho, utilizando sua máxima excelência destacada pelos seus pontos fortes. O que lhe trará a superação jamais esperada!

Thiago Correia

Thiago Correia

Master Coach Trainer e *Master Coach* de Carreira (Especialista em Transições de Carreira e *Coaching* Vocacional) formado pelo Instituto Ms Coaching de Carreira. Formado em Administração de Empresas e Marketing, Pós Graduado pela Fundação Getulio Vargas - FGV RJ em Gestão Empresarial e Especialista em Negócios Internacionais pela University of Tampa - Flórida - EUA. Fundador da Intellect Coaching - Escola de Desenvolvimento Humano, realiza palestras pelo Brasil nas áreas Vendas, Liderança, Equipes de Performance, Motivação, Marketing, Gestão de Carreiras e Pessoas.

Contatos
www.intellectcoaching.com.br
thiago@intellectcoaching.com.br
(11) 2952-3480 / (11) 99584-9016

Thiago Correia

Neste capítulo vou mostrar quais são os benefícios que a ferramenta *coaching* poderá ajudá-lo na realização de um treinamento comportamental altamente assertivo.

Quero já deixar como premissa nesse capítulo algumas informações:

1) *Coaching* é foco no futuro, aumento de performance e autoconhecimento.
2) Talento é algo indiscutível, todas as pessoas possuem um.
3) Nossos talentos são eternos, não há como perdê-los.

A palavra talento tem origem no cristianismo, sendo uma referência da parábola dos talentos (Mt 25:15). Nessa parábola um homem entrega a três servos, respectivamente, 5 talentos, 2 talentos e 1 talento, de acordo com a capacidade de cada um.

Os dois primeiros servos, investiram o dinheiro e dobraram o capital, e o último enterrou o seu talento, com medo de não conseguir ter o rendimento.

Fato é que os dois primeiros que acabaram desenvolvendo e logo tirando lucro sobre os talentos foram elogiados, já aquele que enterrou o talento acabou sendo castigado e punido.

Esta parábola vem mostrar o quanto deixamos nossos talentos enterrados por crenças limitantes, medo, falta de atitude e direcionamento.

A pergunta é:

> *Estamos hoje investindo recursos e tempo em nossos talentos, para assim desenvolvê-los e melhorar ainda mais, ou estamos enterrando-os?*

Em pesquisa realizada para a conclusão desse capítulo, pude identificar que 57% dos entrevistados entendem que pessoas de sucesso possuem talentos indiscutíveis, e 42% acreditam que desenvolvem seus pontos fortes através de treinamentos comportamentais.

A pesquisa também deixa claro que talento é um fator preponderante para a escolha de sua profissão, com quase 89% das respostas sim e Parcialmente. Contudo, há algo que mostra como ainda somos frágeis na escolha e nas elaborações de Treinamentos Comportamentais. Nessa mesma pesquisa, foi perguntado:

Se você pudesse escolher um treinamento para desenvolvimento pessoal, você escolheria voltado para seus pontos fortes ou para seus pontos fracos?

> Resposta: 64% das pessoas escolhem desenvolvimento de pontos fracos.

Contrariando a preocupação da maioria das pessoas, queremos trabalhar mais os pontos fracos do que propriamente os pontos fortes. Muitos profissionais com medo de deixar claro aos seus gestores seus pontos fracos, fazem loucuras e acabam desperdiçando tempo e dinheiro em algo que não trará resultados efetivos. O ideal seria aperfeiçoar e melhorar incessantemente suas características fortes, ou seja, melhorar ainda mais os pontos fortes.

Também através de pesquisa realizada, 42% dos entrevistados informam que o maior potencial de crescimento de cada pessoa está nas áreas onde tem seu maior ponto forte, ou seja, elas entendem que se trabalhado efetivamente os pontos fortes, há maior chance de crescimento pessoal e profissional.

É nesse novo conceito que quero trabalhar aqui, quais os benefícios do *coaching* para desenvolvimento comportamental, quais as diferenças de focar seus pontos fortes em vez de treinar apenas algo em que você não é bom o suficiente.

Há algumas definições de *coaching* que considero relevantes e cito abaixo.

Segundo a *Association for Coaching*:

> "É um processo sistemático colaborativo, focado na solução, orientado para resultados, na qual o coach facilita o aumento do desempenho de trabalho, da experiência de vida, do aprendizado e do crescimento pessoal do cliente".

Já para Kete Burton o *coaching* é uma parceria criativa entre duas pessoas, que inspira o novo pensamento e conduz a mudanças.

Para Timothy Gallwey *coaching* é: "uma relação de parceria que revela e liberta o potencial das pessoas de forma maximizar o desempenho delas. É ajudá-las a aprender ao invés de ensinar algo a elas".

Thiago Correia

Essa definição é perfeita para o conceito que propomos no capítulo, *coaching* é a ferramenta que identificará os talentos e pontos fortes a serem trabalhados. Assim, de forma assertiva, conseguimos extrair o máximo em nossa vida pessoal e profissional.

Alguns *cases* de sucesso como Ayrton Senna, Steve Jobs, Bill Gates, fica claro que sempre batalharam para desenvolver seus pontos fortes. Ayrton Senna usava sua determinação e gana pela vitória como ponto forte, já Steve Jobs sua criatividade e genialidade para criação de produtos inovadores, Bill Gates com sua inteligência em desenvolvimento de *softwares* que ajudasse o usuário final.

Como então poderemos identificar nossos talentos? O *coaching*, por meio de suas perguntas poderosas, lhe proporcionará os seguintes questionamentos:

1. Em qual ou quais áreas você recebeu promoções ou prêmios públicos?
2. Quais são os seus talentos naturais?
3. O que você adora fazer profissionalmente, algo que saia de espontâneo e que consegue tirar de "letra"?
4. Qual *feedback* seus parceiros lhe dão sobre suas habilidades no trabalho?
5. O que você faz profissionalmente e lhe traz desconforto?
6. Hoje você faz algo que precise de uma habilidade especial?
7. Quais habilidades são necessárias para as soluções de seus problemas profissionais?
8. Seus amigos e familiares lhe admiram por algo ou atitude que faça extremamente bem?

A partir dos questionamentos, começa a ficar claro quais são os talentos mais visíveis em nossa vida. E caso ainda não consiga identificar, peça um *feedback* para a pessoa que você mais admira, aquela pessoa que lhe conhece profundamente e com quem tenha uma relação de integridade com seus princípios e valores. Discuta e questione, pois muito provavelmente essa pessoa também terá uma opinião de qual é o seu talento mais explícito.

A psicologia já comprovou que todas as pessoas possuem um ou mais talentos, e que até eles podem ser negativos, ou seja, você já pensou qual o talento mais explícito de *Serial Killer*? Pois é.... até ele tem um talento, pois se destaca em matar estrategicamente pessoas. Contudo lembramos que talento não é sinônimo de sucesso.

Para muitos de nós, nossos pontos fracos acabam ofuscando nossos pontos fortes, deixando de lado sonhos e possíveis resultados brilhantes. Fazendo uma analogia, se você é muito bom em vendas, possui números fantásticos, e é avassalador de metas, porém está se atrapalhando com a falta de organização, esse ponto fraco poderá ofuscar o que você tem de melhor, que é a venda. Nós estamos mais preocupados em melhorar nossos defeitos, do que realmente nos aperfeiçoarmos no que somos excelentes.

Está aí a grande "sacada" do *coaching*, com ele conseguimos entender que o segredo do sucesso reside na capacidade de descobrir nossos pontos fortes e de organizar nossas vidas para que esses talentos sejam aplicados. Treinamentos Comportamentais, que são baseados na ferramenta *coaching*, criam mudanças de longo prazo, ou seja, são mudanças que teremos para a vida toda. Não são treinamentos que geram mudanças motivacionais de curto prazo, onde depois de dias o indivíduo está novamente realizando as mesmas crenças e atitudes que não levam ao crescimento profissional ou pessoal.

Com o *coaching* fazemos um acompanhamento de perto em relação às tarefas propostas, mantendo uma supervisão sobre possíveis baixas de atitudes, crenças limitantes, dúvidas quanto a capacidade de superação, enfim, mantemos a chama acesa do indivíduo sempre. *Coaching* é a chama da mudança de comportamento.

Deixo claro que os treinamentos técnicos nunca serão substituídos pelos comportamentais, e sim, trabalhados juntos. Mas é evidente que o mundo globalizado, a busca incessante pela excelência, mudanças de perfis de clientes, fazem com que as dificuldades dos indivíduos sejam muito mais comportamentais do que técnicas.

Principais benefícios de usar o *coaching* como ferramenta para elaboração de treinamentos comportamentais:

- Aceleração do tempo de aprendizado.
- Criação de cultura de desenvolvimento.
- Inovação no treinamento.
- Superação de limites e obstáculos.

- Desenvolvimento das competências necessárias para alcançar metas e ultrapassar limites.
- Melhoria significativa em aprender e criar.
- Melhoria na qualidade de vida pessoal e profissional.
- Melhoria no tempo e uso qualitativo dele.
- Melhoria no modo de resolução de conflitos pessoais e profissionais.
- Desenvolvimento de competências.
- Estímulo intelectual.
- Expansão do potencial criativo.
- Diminuição nos níveis de estresse.
- Redução de resistência à mudança.
- Satisfação pessoal e aumento no nível de determinação e vitalidade.
- Maior clareza para definir metas e traçar objetivos.

Um estudo publicado pela P*ublic Personal Management Journal* concluiu que treinamentos convencionais aumentam 22,4% a produtividade, já os treinamentos baseados na ferramenta *coaching* o aumento da produtividade chega aos 88%.

Não esqueça, *coaching* é o maçarico que incendiará seus pontos fortes. Com o *coaching* em sua vida você viverá intensamente resultados extraordinários.

Deixo aqui um acróstico sobre seus pontos fortes:

Força

Objetivos

Resultados

Trabalho

Excelência

Superação

Manual completo de treinamentos comportamentais

O *coaching* lhe proporciona a força necessária para traçar objetivos claros, direção para resultados extraordinários, através de muito trabalho, utilizando sua máxima excelência destacada pelos seus pontos fortes. O que lhe trará a superação jamais esperada!

48

Cuidando do Cuidador
Re-unir, re-criar, re-novar

Neste artigo, descrevo sobre minha prática de anos, em reuniões de equipe, como ferramenta de capacitação para profissionais da área do corpo. Encontros como esses permitem ampliar a potencialidade de cada um envolvido, como resultado da convergência dos múltiplos olhares sobre sua atuação. Espero estimulá-lo à leitura das próximas páginas, sugerindo que a adapte a sua realidade, certa de que esta é uma preciosa forma de criar um espaço de cuidado para quem cuida

Vania Maciel

Vania Maciel

Terapeuta Corporal e *Health Coach* (1979-2014), atuando em atendimentos individuais e de grupos. Coordena equipes multidisciplinares de profissionais da Saúde Corpo Mente. Pioneira na difusão do trabalho francês de Antiginástica no Brasil. Trabalhou no Setor Público com saúde da mulher e do servidor (1982–2012). Fundadora da 1ª Casa do Parto do Brasil/ Rede pela Humanização do Nascimento. Coautora do livro: Nove Luas, Lua Nova. Editora responsável pelo jornal O Ventre. Coordenou, na Rede Pública de Saúde do Município de Niterói/RJ, Encontros sobre Saúde da Mulher. Implantou um Ambulatório de Reike na Rede Pública de Saúde do Município de Niterói/RJ (Policlínica de Santa Rosa). Implantou o núcleo da Saúde do Servidor na gerencia da Previdência (INSS). Grupo Integrado de Reabilitação (1979 – 1995). Casa do Parto Nove Luas Lua Nova (1993 – 1999). Corpo Vital (2000 – 2008). Espaço Corporal (desde 2009).

Contatos
vaniafmaciel@gmail.com
(21) 99531-6032

Vania Maciel

Faz um bom tempo que saí da Faculdade...

> "E aprendi que se depende sempre
> De tanta, muita, diferente gente
> Toda pessoa sempre é as marcas
> Das lições diárias de outras tantas pessoas
>
> E é tão bonito quando a gente entende
> Que a gente é tanta gente onde quer que a gente vá
> E é tão bonito quando a gente sente
> Que nunca está sozinho por mais que pense estar"
>
> Gonzaguinha

E, continuo aprendendo...
A cada novo Encontro.

A Reunião de Equipe como instrumento de cuidado e refinamento de profissionais que trabalham com o corpo

Escolhi escrever sobre a importância de trabalhar com "Quem Cuida dos Outros" porque fiz isso a vida inteira. Sempre trabalho em equipe e, pelo menos, há mais de 30 anos me reúno às terças, depois do almoço com minha equipe para falarmos da vida profissional e tudo que diz respeito à relação terapeuta-cliente. Nestas reuniões, sentados em círculo, desenvolvemos um trabalho terapêutico-pedagógico.

O círculo é considerado uma forma arquetípica, primordial. É conferido ao trabalho realizado com círculos de pessoas a propriedade de intensificar a cooperação por aproximá-las e proporcionar uma relação menos hierárquica.

A vivência de trabalhar, relacionar, compartilhar, trocar experiências em círculos de pessoas, pode ter um grande efeito positivo sobre as formas de interação, pois o círculo inspira uma comunicação honesta e duradoura, o que acaba por repercutir em todas as relações pessoais. O efeito do círculo de pessoas sobre os que dele participam e, os efeitos que cada um por sua vez causa ao círculo, formam anéis concêntricos de influência.

Manual completo de treinamentos comportamentais

Muitas vezes, a conexão com o centro é intuitiva e ajuda cada um a se conectar com seu próprio centro, ao mesmo tempo em que se conecta com o centro do círculo tornando-o um espaço sagrado. Convida cada participante a sair do foco externo e mergulhar no foco interno.

Nas trocas que acontecem nos círculos, todos têm a oportunidade de viver a experiência de estar diante de um espelho multifacetado, no qual cada um se vê refletido, onde cada um pode se perceber na fala e nos gestos dos demais. O que é trazido ao consciente tem a chance de ser trabalhado e transformado.

Numa época em que temos uma variedade enorme de cursos técnicos expressos e de trabalhos motivacionais de marketing, com foco no mercado, eu estou apostando numa preparação continuada, voltada não só para a reflexão do atendimento ao cliente, mas também para o autotrabalho do cuidador.

É um trabalho terapêutico-pedagógico com um quê de supervisão, mas com uma vocação de ir reforçando a função de grupo e o aprofundamento do autoconhecimento de cada um. Este é um trabalho sempre novo, imprevisto, criativo, construído com os múltiplos saberes. O que faz sempre deles, momentos de autorreflexão e aperfeiçoamento. Porque, nesse eterno paralelo com os clientes que atraímos, de como nos sentimos com as reações deles, vamos nos reconhecendo e nos refinando nessas inter-relações dentro da própria equipe. A partir dessa "Fricção no Grupo" vai acontecendo a gestação e parto do profissional que vai como uma lagarta/borboleta passando individualmente, ao seu tempo, pelo refinamento necessário para o exercício de uma prática continuamente renovada.

É preciso também que pratiquemos em nós mesmos este "estado de abertura" que não encontra eco na nossa formação tradicional voltada para o foco, a objetividade, a técnica e de preferência, distante e muito especializada. Precisamos repensar este formato ou, se não, poderemos acabar utilizando toda nossa bagagem para simplesmente reforçarmos as nossas defesas ao invés de nos tornarmos profissionais competentes, amorosos e disponíveis.

Quando corajosamente desmascaramos nossa falsa semelhança com os deuses, permitimos um desabrochar da Alma, uma expansão da consciência e passamos a acreditar no nosso mestre interno e no do cliente. Assim como Quiron, o curador ferido que representa o arquétipo do grande sábio com poder de cura, mas impotente para curar a si próprio. Admitir nosso sofrimento ajuda na compaixão para com os outros. Trata-se mais de emanar nossa verdadeira natureza, estimulando que o outro também o faça do que as múltiplas técnicas utilizadas.

Para quem foi (de)Formado" para ser competente, distanciado, especializado, salvador e "solucionador", ter seguidores apaixonados por suas mãos hábeis ou por suas aulas fantásticas, é difícil passar de protagonista a coadjuvante, sem um grupo de apoio. A formação básica do profissional não importa, sejam eles T.O, Psicólogo ou Fonoaudiólogo. Para este grupo, quanto mais diversificada a formação, maior será a sua riqueza. Falamos aqui neste trabalho, de profissionais que cuidam do corpo e da mente, podem ser Fisioterapeutas, Terapeutas Ocupacionais, Acupunturistas, Massoterapeutas, Terapeutas Corporais, Terapeutas Holísticos, Instrutores de Yoga, de Pilates ou de Dança, enfim todos os profissionais, de todas as áreas se beneficiariam com esse espaço de encontro. Uma pausa para refinamento de sua prática.

Brincadeiras à parte. Colocar-se num grupo de trabalho de supervisão, trazer suas dificuldades como terapeuta na relação com o cliente, trabalhar operativamente, trocando de papéis, observando de fora, respondendo a reflexões, enxergando as próprias dificuldades, é uma escolha de coragem, que pretende certo refinamento do próprio instrumento que somos nós e nosso corpo. Investimos dessa forma, em aprofundamos nossa capacidade de acolhimento através do aguçar dos sentidos. Refinamos nossas percepções treinando uma qualidade de presença, uma escuta afetiva, um olhar que sustenta sem invadir, um toque sensível e alguns silêncios produtivos.

Essa gestação se dá na reflexão da própria experiência de atendimento, enriquecida pela pluralidade de olhares possíveis na discussão em grupo, que amplia a percepção de cada profissional. Quando o profissional é capaz de observar e incluir a própria busca de si, no momento do atendimento do seu cliente, ele dá ao trabalho um tom transpessoal. Ao trazer este atendimento para a reflexão em grupo, permite a todos que dela participem, saírem da dualidade certo e errado, curado e doente, dentro e fora, cliente e profissional, respeitando a sabedoria inata de cada um e procurando ao mesmo tempo, atingir os condicionantes por trás das máscaras pessoais. Esse processo nos oferece um tipo de nutrição frequente, que nos permite manter um tal estado de consciência, quanto as nossas questões e que possibilita a soltura da nossa armadura, viabilizando "O Encontro".

Nessa proposta, a meta seria nos tornarmos cada vez mais cuidadores afetivos, atualizado, habilitados, e capazes de suportar a possibilidade de que o outro supere suas próprias dores e desenvolva um potencial criativo maior do que aquele que demonstrava possuir.

Nas atividades em grupo, precisamos estar conscientes do campo energético que vai sendo criado. Todos precisam sentir que pertencem, que são respeitados nas suas singularidades e que estão protegidos por uma ética amorosa de respeito e sigilo. Existe ali uma guiança superior, fruto da soma das intenções positivas de todos os participantes. Os grupos precisam ter uma abertura e um fechamento, para que haja um tempo de Corpo/ Alma / Coração, se alinharem, se entrelaçarem e juntos mergulharem neste fluxo que facilita o autoconhecimento e o auto aperfeiçoamento. Assim desenvolvemos o "eu" observador que pode nos dar muitas informações quando o treinamos a ver de fora a nossa relação com cliente.

Será que nós, cuidadores, usamos esses momentos em que estamos próximos da dor do outro para nos distanciarmos, ou para nos aproximarmos das nossas próprias dores? Será que estamos oferecendo só o melhor do nosso diploma e de nossas especializações? Ou podemos oferecer também a versão mais profunda de nossa sabedoria, fruto de toda nossa busca?

Podemos e devemos honrar e respeitar todas as especializações e cursos que fizemos, com todos os sacrifícios demandados, compreendendo o lugar de tudo isso. Eles são a base na qual nos apoiamos para podermos nos esvaziar, aguardando respeitosamente o surgir do que nos for permitido fazer, em cada encontro com o cliente. São atitudes de respeito: o silêncio, o acolhimento, o não julgamento, o não ter respostas rápidas e prontas. Às vezes, basta dizer "eu vou estar junto de você" ou "nós vamos encontrar juntos uma saída".

É importante que nesse encontro de equipe, o profissional não se sinta exposto, nem criticado por estar em evidência. As falas trazidas do set de consultório devem ser tratadas sempre como se o cliente fosse de todos, da equipe. Repartimos as responsabilidades e aprendemos juntos.

Acho tão precioso re-unir! Ao Facilitador cabe cuidar desse ambiente do grupo de profissionais, pois nessa conversão de olhares o cuidado precisa ser redobrado. Todos nós temos muitas memórias sofridas de experiência escolares, da infância, de competições em família que podem ser acionadas, especialmente neste espaço. Também por isso é necessário a criação de uma atmosfera de cooperação, confiança, sigilo e ética. No grupo somos todos um, apesar de um sentimento solitário de "ser somente eu". Às vezes, quando um verbaliza com emoção, toca na emoção do outro que estava quieto e protegido. Este sai para consolar aquele se sentindo ao mesmo tempo consolado. Quando o facilitador está preparado, ele acolhe com tranquilidade essa manifestação e ainda faz um paralelo com o atendimento do cliente. Esta é a visão sistêmica da cura no campo de potencialidades.

É também papel do facilitador dos encontros em grupo, incluir a todos, ouvir os silêncios, marcar as posturas, pulverizar e redistribuir as raivas e/ou os choros. Esses elementos dificilmente pertencem a um só. Se um dos componentes do grupo traz um assunto, ele se torna assunto de todos. A forma como cada um se sente e vai se capacitando no movimento do grupo, ajuda aos outros, seja por semelhanças ou diferenças, a irem se reconhecendo.

Por que defendo que as pessoas deveriam se re-unir para falar dos clientes e de suas relações com eles?

Primeiro porque acredito que falando e sendo ouvidos, nos reorganizamos, ampliamos a visão e oportunizamos a ocorrência de novos *insights*, de modo a irmos cuidando de nossas angústias, nesse que se torna um espaço de cuidar de si e do outro.

Esse encontro permite que o profissional vá se libertando de crenças limitantes, compreendendo melhor as projeções dos clientes, não precisando usar de reatividades de contratransferência porque ele tem o lugar para se trabalhar. Quanto mais eu reconheço minhas questões, mais eu consigo ajudar, porque eu não me engancho tanto no que me é inconsciente.

Por tudo isso, percebo que as pérolas nessa minha linha de vida profissional, (e lá se vão quase 40 anos!) são as Reuniões.

Manual completo de treinamentos comportamentais

Mesmo com as agendas e os compromissos massacrantes, não abram mão de se re-unir. Descubram seu ritmo ideal: semanal, quinzenal, mensal. Certamente esse é um excelente remédio para não se cair no automático, mas não se permita que a reunião aconteça apenas por formalismo. Abra-a e feche-a com cuidado e se pergunte sempre: O que levo daqui? Deixei algo de meu? O que essa reunião traz de valor para meu trabalho?

Encerrando, deixo a imagem de uma orquestra, bem afinada, que respeita a singularidade de cada um com seus instrumentos, elevando o padrão da qualidade da música ao máximo. O momento do solo de cada músico tem sua beleza aumentada no silêncio de todos os outros instrumentos. A força do grupo é bem maior do que a soma de suas partes.

Experimente e Persista!

49

Donos e danos

Todo dono quer o melhor para sua empresa, entretanto, nem sempre sabe como fazer isso por melhor que sejam suas intenções. Não sabe ele que o problema pode estar simplesmente no desequilíbrio do seu temperamento. Quando isso é resolvido tudo segue um novo rumo

Vânia Portela

Vânia Portela

Natural de Recife-Pe, é Psicóloga clínica e Organizacional, *Coach*, Palestrante e Escritora com ampla e reconhecida experiência em programas de crescimento pessoal e mudança comportamental nas Empresas. Especialista em Dinâmica de Grupos, Análise Transacional, Neurolinguística, Bioenergética, Gestalt Terapia, Medicina Antroposófica, Arteterapia e Pós-Graduação em Psicoterapia da Família, tem como proposta de trabalho desenvolver a Competência Emocional das pessoas utilizando uma abordagem lúdica. Transformou em instrumento de seu trabalho atividades artísticas como a dança a dois, o desenho, o canto e jogos, mesclando psicologia e arte. Foi entrevistada pelo Jô Soares em dezembro de 1996. Publicou artigos em jornais de vários estados e é autora do livro *Talento para a vida* com Jorge Matos editado em 2001, hoje na 5ª. edição.

Contatos
www.vaniaportela.com.br
vania@vaniaportela.com.br
(81) 3326-1766
(81) 99115-9019

Vânia Portela

O que todo ser humano mais procura na vida é ser dono. Desde pequenos queremos ser donos de alguma coisa. Dono da bola, dono do brinquedo, dono da mãe da gente e fazemos birra, disputamos às tapas, a posse do que nos interessa.

Na adolescência queremos ser o dono do carro, do quarto, do namorado(a), decidir para onde ir e com quem e até o que os outros devem fazer. Ser o líder do grupo é o máximo que o adolescente pode querer conseguir.

Na idade adulta queremos ser o dono do nosso trabalho, ter a própria empresa. "Não quero trabalhar para ninguém. Quero fazer as coisas do meu jeito".

Nesse arcabouço de poder que vai se configurando alimentado pela família e sociedade, ser dono é o maior grau de ascensão ao poder que alguém pode alcançar.

Essa busca incessante aguça sentimentos de individualismo, vaidade, independência, ambição, competitividade, consumismo, imediatismo, entre outros que, induzem a querer ser dono de cada vez mais porque ser dono passou a significar não depender.

Em contrapartida a solidariedade, interdependência, empatia, cooperatividade, paciência, parcimônia, reflexão, partilha, não tem nada a ver com pessoas poderosas e passaram a simbolizar fraquezas que não são condizentes com o sucesso que se espera que cada um venha a ter na vida atual.

A sabedoria diz que é preciso ser servo antes de ser senhor para aprender que somos interdependentes. Isso gera maturidade e equilíbrio emocional. O ganho é poder ser dono de si mesmo, de suas emoções, de sua capacidade de julgar para fazer escolhas e tomar decisões acertadas.

Ressignificando a palavra, nos aventuramos a dizer que ser dono é assumir a responsabilidade pelos resultados. Ser dono é um estado de espírito e não apenas uma formalização judicial. Ser dono é um direito adquirido pela competência e sabedoria e não apenas pela jurisprudência.

Essa nova perspectiva de "dono" implica muitas vezes em abrir mão do lucro individual para manter a harmonia do todo. Deixar de lado a postura do "manda quem pode e obedece quem tem juízo" pela capacidade de ouvir, ponderar e analisar. Significa o reconhecimento do talento do outro para dar soluções mais adequadas à situação.

O dono ama o que é seu e faz de tudo para evitar todo e qualquer dano àquilo que lhe pertence. Não é por acaso que as empresas buscam colaboradores que se comportem como se a empresa fosse sua como uma garantia de que ele só faria o que fosse melhor para o negócio.

Esse tipo de raciocínio envolve nuances que nos ajudam a entender as razões pelas quais a maioria dos donos de empresas e funcionários não se comportam dessa maneira.

A primeira delas tem a ver com o impacto dos temperamentos de cada um no meio.

A segunda é a forma como a estrutura das empresas está montada que favorece ou dificulta o sentimento das pessoas de pertencer ou de querer agregar algum valor ao meio.

Todo ser humano possui características peculiares que definem o seu temperamento e que ditam sua visão do mundo e determinam o seu comportamento. Todo temperamento é bom, porém quando o tempero está no seu exagero, em vez de realçar o sabor, estraga. Os danos são visíveis e muitas vezes irreparáveis.

Muitos são os tipos de donos de empresa e de líderes que pelo exagero do seu temperamento, pela falta de equilíbrio, causam danos às suas Organizações.

Aurélio, por exemplo. Como a pimenta, ele agita por onde passa. Dinâmico, empreendedor, corre atrás do que quer sem perguntar a opinião de ninguém. Para ele o mundo é um campo de batalha e deve trazer nada menos que a vitória. O tempo não espera. Deve estar à frente dele. Quando chega à empresa não admite ver nenhum funcionário parado. Quer resultados imediatos, rápidos e não interessa se as pessoas podem ou não fazer o que está pedindo. Sua referência é ele mesmo. Se pode ser tão eficiente e rápido, por que os outros não?

O temperamento de Aurélio definirá como trata seus funcionários e como gerencia as demandas da sua empresa. Quer sempre o melhor. Contrata as pessoas mais capacitadas. Centralizador se mete e se envolve nas decisões, muda, reformula ao seu bel prazer. Acha que sabe o que é melhor para a sua empresa e conhece do negócio. Tem que ter a última palavra porque é o dono.

André é seu gerente. Capacitado, de posse dos dados e informações necessárias à tomada de decisões esbarra na ansiedade e impaciência de Aurélio que não ouve porque quer que se faça o que ele diz. Se não der certo, quem vai perder com isso? Ele.

André gostaria de expor opiniões, argumentar e definir as ações conjuntamente. Para Aurélio, isso é perda de tempo. Na maioria das vezes não pergunta, manda. André sente-se descartado, desconsiderado e ineficiente. Se a empresa fosse dele certamente faria de outra forma. Aurélio não assume suas falhas e culpa a quem puder pelo insucesso. Se o resultado for o desejado assume os louros da vitória. Esse tipo de temperamento precisa que alguém lhe mostre as consequências e implicações das suas decisões de forma racional e fria para que ele pare e reflita.

Outro tipo de temperamento é o tipo açúcar. Muito doce, quer todo mundo junto e manter a harmonia é o mais importante para ele.

Reginaldo é organizado, gosta de servir e está sempre disponível para ouvir as pessoas. Sua sala é aberta para todos que quiserem falar com ele. Se orgulha de dizer "minha porta está sempre aberta". Sua maior dificuldade é priorizar atitudes que farão bem ao negócio quando elas podem prejudicar alguém ou se não estiver muito seguro da atitude que irá tomar. Detesta confrontos. Não entende que confronto não é atrito, é posicionamento e foge deles. Posterga suas decisões pelo medo de perder e de desagradar. Tem facilidade de entrar na fantasia e deixa de ver a realidade da situação. Demora a decidir para não correr riscos prejudicando o andamento da empresa.

Quem trabalha com Reginaldo sente-se atado. Ele não faz nem deixa fazer. Sua paciência é ilimitada. É preciso que alguém lhe mostre dados e fatos que lhe tire da fantasia, lhe proporcione a segurança necessária para agir e lhe apoie nesses momentos difíceis dividindo com ele a responsabilidade.

Outros são como Jonas. Expandem seu entusiasmo, tornam tudo leve e simples. São práticos e carismáticos. Jonas comunica-se muito bem e sabe persuadir as pessoas. Estar com ele é como ter tomado um banho de mar. Ele é o tipo sal. As pessoas saem relaxadas, leves. Está sempre interessado nas pessoas, no que sentem e no que o mundo oferece de novo. Passa de uma ideia para outra com rapidez porque se empolga com facilidade e não se dedica muito a aprofundar o conhecimento. Motivado, mobiliza o início das ações e não dá continuidade a elas.

Precisa ter ao seu lado pessoas que valorizem a rotina, a organização e o planejamento senão a empresa cuidará muito bem dos funcionários e não cuidará da lucratividade nem da competitividade no mercado. É importante para ele um clima organizacional saudável

Manual completo de treinamentos comportamentais

e sabe valorizar o talento das pessoas, elogiar, delegar e manter tão sem rédeas a organização que gera um clima de acomodação e não de busca de resultados.

Está sempre cercado por pessoas que gostam dele, porém não entregam e vivem às suas custas. Tem prazer em ajudá-las e vê-las felizes. Valoriza ser popular. Precisaria cercar-se de pessoas competentes, organizadas, planejadoras, que buscam resultados práticos e que façam acontecer. Do contrário, sua empresa não terá sustentabilidade e vai chegar o dia em que ele perderá em qualidade sem nem saber o que está acontecendo porque todo mundo está feliz. Menos o cliente.

Por fim, os donos como Felipe, que cortam os excessos. Como o limão que, corta a gripe, limpa, esteriliza, Felipe limita, regra, enxuga. Excessivamente racional, pé no chão, azedo nas palavras ele não dá espaço para ouvir os sentimentos e as necessidades das pessoas. O que importa é o orçamento. Cada um que se vire.

Normas têm que ser cumpridas ao pé da letra e a disciplina mantida, doa a quem doer. Não fala sobre si e quando explica exagera nos detalhes porque não admite pular etapas e não quer dúvidas sobre a compreensão do que falou. É crítico apesar de ser diplomático porque não gosta de confrontos. Sai de cena quando não se agrada das coisas sem dar maiores explicações. Os funcionários acham-no um muro de cimento armado. Não conseguem ter acesso a ele nem se sentem à vontade em sua presença. Dizem que seu olhar é como um balde de gelo que acaba com a disposição de qualquer um de aproximar-se.

Só diz o que sabe quando é perguntado. Isso gera erros e retrabalho. Na sua cabeça todos deveriam saber das coisas. Precisa de pessoas junto dele muito competentes e que não tenham medo de perguntar, nem da sua cara feia. Pessoas que lhe digam o que precisa ouvir para que saia da sua concha. Pode prejudicar a empresa pelo medo de arriscar e pela dificuldade de comunicação. Segura os investimentos e deixa passar as oportunidades. Tira a motivação das pessoas por não dar a elas o devido valor.

O dono às vezes causa mais dano do que seus funcionários e não pode exigir que pensem na empresa com se fosse sua, se não permite que participem das decisões e nem respeita as suas opiniões e atitudes, deixando-os de fora.

Para que alguém desenvolva o senso de "pertencer a" e daí mobilize o sentimento de amor à causa é preciso sentir-se envolvido, participando, entendendo, acompanhando cada etapa até o final e comemorando junto porque fez parte e deu sua contribuição ao processo.

A segunda dificuldade para que as pessoas atuem como se fossem "donas" do negócio é a forma de estrutura da empresa. Uma estrutura empresarial bem montada, tem um organograma bem definido onde as hierarquias são respeitadas. Hierarquia é necessária. Ela define o grau de poder de decisão, de responsabilidade com a empresa e com as pessoas às quais o gestor está diretamente ligado. Elas dão o tom e o ritmo do trabalho como o maestro à sua orquestra.

O líder precisa ser respeitado, ouvido e considerado. Ele é o dono por direito de capacitação e competência, do seu pedaço. Isso deve ser valorizado e tem um preço. Deve ser reconhecido e estimulado. A recompensa tem que ser proporcional ao esforço e o apoio proporcional à pressão. Todo dono deveria saber disso.

Estamos habituados a ver hierarquia como imposição de poder, por conta dos maus líderes e de maus donos.

A necessidade de liderança sempre existirá. Precisamos de donos de projetos, responsáveis pelos resultados de suas áreas que se reportem aos donos da missão e dos valores da empresa e interajam de forma a conduzir a empresa sempre para frente e para cima. Que entendam da interdependência que limita o poder e faz funcionar a engrenagem e deixa bem definidos direitos e deveres.

O nivelamento das pessoas deve existir na forma de tratar, nas boas maneiras, na oportunidade de educação, no reconhecimento do talento, nas possibilidades de contratação, premiação e promoção. O poder da liderança em mãos de pessoas amadurecidas e emocionalmente equilibradas é que faz o nivelamento acontecer de forma justa promovendo o crescimento individual.

Bons líderes começam a se formar em casa numa família bem estruturada onde o pai exerce o seu papel dando suporte e limites e a mãe cuidando, mantendo e dando afeto. Onde os avós passam a tradição e os irmãos são considerados a partir de sua individualidade aprendendo a dividir e cooperar com a família. Onde o amor circula entre todos os papéis num clima de reciprocidade, gratidão e perdão.

Bons líderes desenvolvem-se a partir da convivência com outros líderes experientes e bem formados. O exemplo é sempre quem traz o maior aprendizado e quem forma o caráter.

Manual completo de treinamentos comportamentais

Bons líderes se aperfeiçoam através da maturidade individual e da experiência de vida que é cumulativa e alimenta a sabedoria.

A estrutura ideal de uma empresa, portanto, é feita pela distribuição de poder nas mãos de bons líderes. Esses são os verdadeiros donos da empresa e do seu destino.

Nem todo dono de empresa tem talento para administrar ou capacitação para orquestrar seu negocio de forma a deixá-lo afinado para o mercado. Maturidade é reconhecer suas potencialidades e limitações. Contratar pessoas especializadas e exercer a função que tem a ver com seu talento.

Aquele que quer ser um dono respeitado e eficaz reconhece os desmandos do seu temperamento e busca um processo de *coaching* para identificar seu talento e encontrar a melhor forma de conduzir sua organização.

Reavaliar o conceito de dono pode fazer uma grande diferença na família, na vida pessoal e na empresa.

Os donos que causam danos podem chegar ao pódio, porém, deixando atrás de si uma trilha de mortos e feridos.

Os donos que evitam o dano chegam igualmente ao pódio, erguidos por aqueles que o seguiram com admiração e prazer e cheios de energia para comemorar.

Aventuramo-nos, portanto, a ressignificar o dito popular:

Manda quem tem o poder que lhe foi instituído pela sabedoria e maturidade e obedece quem tem capacidade de julgar sabiamente a quem deve obedecer para não seguir caminhos dos quais poderá vir a se arrepender.

50

Feedforward e *coaching*: uma abordagem para o treinamento comportamental

Feedforward e *coaching* têm foco no futuro, em objetivos e resultados. Um é importante na visualização de onde se quer chegar, o outro possui técnicas e ferramentas para traçar corretamente planos e executá-los. O treinamento comportamental é o pano de fundo que dá o suporte necessário para habilitar o profissional a, não apenas fazer certo as coisas, mas, sobretudo, fazer as coisas certas!

William Silva

William Silva

Coach, palestrante, consultor em desenvolvimento humano, analista comportamental e treinador, especialista em motivação, comunicação, liderança, e desenvolvimento humano. Atuou como diretor acadêmico de instituição de ensino superior. Professor universitário. Experiência em gestão de pessoas de mais de 20 anos, sendo responsável pela concepção, desenvolvimento e implantação de diversos projetos em empresas de médio e grande porte. Empresário, diretor da empresa Arquétipo *Coaching* e Desenvolvimento Humano. Pós-graduado em gestão hoteleira e turismo, ECA/USP, graduação em administração de empresas, UFU. Formação em *coach* pelo instituto Brasileiro De Coaching (IBC), com certificação internacional pela Global Coaching Community (GCC), European Coaching Association (ECA), International Association Of Coaching Institutes (ICI), Metaforum Internacional, Behavioral Coaching Institute (BCI), International Coaching Council (ICC), International Association Of Coaching (IAC).

Contatos
www.arquetipocoaching.com
arquetipocoaching.eplaces.com.br
Instagram: @arquetipocoaching
adm-william@hotmail.com
(64) 9225-7932

William Silva

Conceito

O treinamento comportamental visa desenvolver competências essenciais à pessoa, tornando-a eficaz ao lidar com suas crenças, valores e emoções e contribui para que este conjunto gere resultados satisfatórios em sua vida pessoal e profissional.

Estas competências estão muito além das habilidades técnicas, que focam o *know-how*, o como fazer ou fazer certo as coisas.

As competências do treinamento comportamental estão relacionadas ao ser humano, à identidade da pessoa, como ela se vê e se percebe, bem como a capacidade que passa a desenvolver a fim de se relacionar de forma eficaz com os outros, no ambiente familiar, profissional, nos diversos grupos, desempenhando em cada um deles, papeis distintos.

Essas competências habilitam a pessoa e o profissional para atuar de forma competente, não apenas fazer certo as coisas (eficiência), mas, sobretudo, fazer as coisas certas (eficácia), por meio dos melhores comportamentos e atitudes.

Falando um pouco de *coaching*

O *coaching* é um processo em que o profissional – *coach* – apoia o cliente (pessoa ou empresa) a alcançar resultados de forma rápida e acelerada, dando o suporte necessário para a superação de crenças limitadoras e auxiliando-o, a afim de que possa traçar as estratégias e o melhor caminho para alcançar seus objetivos e resultados. Para isso o *coach* utiliza técnicas e ferramentas, além de uma metodologia apropriada.

O processo de *coaching* promove a mudança no âmbito pessoal, profissional, ou em qualquer área da vida de uma pessoa ou organização, desde que seja possível:
- Estabelecer objetivamente o que se pretende mudar – é necessário ter uma visão muito clara da situação atual (momento presente) e da situação desejada (momento futuro);
- O objeto ou objetivo da mudança deve ser factível e estar ao alcance da pessoa ou organização.

O processo de *coaching* é possível quando há necessidade de mudança! Se a pessoa interessada, ou as pessoas envolvidas percebem a real necessidade de mudar. Há que se considerar que, não se realiza *coaching* se os resultados dependem, por exemplo, de fatores econômicos, políticos, ou outros quaisquer, que são variáveis externas e independentes, ou seja, estão completamente fora do controle de quem busca os resultados.

As técnicas e ferramentas do *coaching* podem ser utilizadas em treinamentos comportamentais para:
- Melhorar a comunicação;
- Otimizar o nível de motivação da equipe;
- Desenvolver o relacionamento intra e interpessoal;
- Potencializar o trabalho em equipe;
- Alavancar equipes de vendas;
- Desenvolver chefias e gerências;
- Formação de líderes e potenciais sucessores;
- *Feedback* e *feedforward*

Dilts e os níveis neurológicos de aprendizagem

Robert Dilts, estudioso da Programação Neurolinguística (PNL), contribuiu de maneira significativa para o desenvolvimento dessa área do conhecimento humano. Seus estudos sobre os níveis neurológicos de aprendizagem são utilizados no processo de *coaching*.

A PNL em suma significa: como as palavras (linguística) podem atingir a mente (neuro) e produzir uma ação (programação). Baseia-se em um conjunto de mapas, ou modelos, estratégias e crenças que seus praticantes utilizam visando uma comunicação positiva e eficiente entre as pessoas e consigo mesmo com o objetivo de conquistar a excelência e o desenvolvimento pessoal e profissional.

Os níveis neurológicos de aprendizagem, propostos por Dilts são uma valiosa ferramenta para organizar a mente e verificar, instantaneamente, porque alguém manifesta tal comportamento, sob que condições e o que o motiva a fazê-lo. De igual modo, podem ser usado para conduzir o colaborador a um processo de mudança, de amadurecimento pessoal e profissional.

Os níveis neurológicos de aprendizagem estão representados por:

I. O ambiente do colaborador, representa o contexto e o meio no qual está inserido, e onde as coisas acontecem e o envolvem; os aspectos do ambiente representam limites ou oportunidades. Os questionamentos aqui são: Onde? Quando? Qual o melhor lugar para estar ou não estar quando acontecer determinadas situações neste ambiente?

II. O comportamento do colaborador representa a maneira como ele age e reage em determinadas circunstâncias ou contextos específicos, ou pode mostrar se o comportamento que manifesta ou deixa de manifestar está contribuindo para que ele alcance ou não seus objetivos e metas. Os questionamentos que envolvem este tópico são: O que fazer, como agir? De que maneira o colaborador se comporta? Como ele age/reage diante de determinada situação?

III. As <u>capacidades e habilidades</u>, referem-se aos aspectos relacionados a como o colaborador coloca em prática o conhecimento, as capacidades e habilidades que possui ou deve possuir: Ele faz isso de maneira estratégica? Como faz? Quais habilidades e competências o colaborador deve possuir ou desenvolver?

IV. As <u>crenças e valores</u> afetam todos os itens anteriores, de maneira positiva ou limitadora. Estão relacionadas ao porquê das ações. É importante identificar como o colaborador percebe o mundo e as pessoas baseado em experiências passadas. O que é realmente importante, verdadeiro e fundamenta os valores desta pessoa? Em que o colaborador acredita? O que é importante para ele? O *coaching* tem a possibilidade de apoiar colaboradores para que transformem e ressignifiquem as suas crenças limitantes a fim de que se tornem instrumentos para alavancagem dos resultados.

V. A <u>identidade</u>, ou senso do eu – neste ponto é que se exploram questões mais profundas, relacionadas à evolução da pessoa e ao significado da vida. Para tanto, o primeiro aspecto a ser abordado, caso seja necessário, é a definição da missão de vida do colaborador, e saber qual é, realmente, o seu papel no mundo: Qual é o meu verdadeiro valor? O quanto honro e respeito a minha história? Neste ponto a identidade do colaborador pode ser, de alguma maneira, confrontada, à identidade da empresa, para que se criem planos de ação para adesão e otimização da identidade do colaborador aos princípios, valores, crenças e à cultura organizacional da empresa.

VI. A <u>afiliação</u>, ou senso de pertencimento, diz respeito ao quanto este, conhecedor da sua missão, percebe os grupos aos quais pertence, com quantas pessoas se relaciona nas diferentes áreas da vida, o quanto e como pertence e se relaciona em cada lugar ou grupo. É o senso do: quem mais? Quais outras pessoas do meu círculo pessoal e profissional são afetadas/impactadas por minhas ações? As minhas ações contribuem para que as pessoas se aproximem de mim ou se afastem cada vez mais?

VII. O <u>legado</u> está relacionado à visão, ao propósito maior e à espiritualidade do colaborador e seu desenvolvimento nesta área, não sendo, necessariamente religiosidade, mas a relação que mantém com o Universo e com o que existe fora dele. A integração corpo, emoção, alma e espírito. O quanto, como e de que forma o cliente pretende e está disposto a contribuir com algo além de si mesmo e deixar um legado: Quais contribuições quero deixar? De que forma quero ser lembrado nesta organização? Quando as pessoas falarem de mim, o que poderão dizer?

Comportamento – em que você realmente acredita?

Neste ponto, podemos fazer uma análise interessante, a partir da seguinte afirmação (bastante comum no meio organizacional):

EU	NÃO POSSO	FAZER ESTE QUESTIONAMENTO	NA REUNIÃO GERENCIAL
identidade	crença	capacidade / comportamento	ambiente

Ora, as crenças estão relacionadas àquilo que acreditamos. É a nossa verdade individual, o que é possível ou impossível, necessário ou desnecessário, motivador ou não. Perceba que esses valores, crenças, critérios e verdades sobre o mundo e as pessoas nos permitem ou não conquistar resultados!

Em que você acredita? Quais são suas expectativas sobre determinada situação?

As crenças que temos a respeito das pessoas ou de situações influenciam positiva ou negativamente: o ambiente, o comportamento, as capacidades e habilidades, e refletem-se para os níveis superiores (identidade, afiliação e legado).

***Feedback* e as consequências negativas**

O *feedback* é uma técnica bastante utilizada nas organizações. Em umas com um excelente grau de eficiência no processo, em outras, de maneira desastrosa, com prejuízos irreparáveis para os envolvidos, devido à falta de preparo e competência do líder ou gestor.

Por mais que os adeptos do *feedback*, mesmo aquele utilizado e aplicado com foco no positivo, apresentem motivos para sua perpetuação, há alguns aspectos a serem considerados:

I. A subjetividade do processo, expondo o colaborador às bênçãos ou maldições do validador (seu chefe);
II. O *feedback* tem foco no passado. Lembre-se de que: não se muda o que passou;

III. O *feedback* tem um caráter avaliativo e cria-se um cenário real ou imaginário onde alguém julga e o outro é julgado (portanto réu, que deve carregar o peso da culpa pelo erro, cujo registro será mantido no seu dossiê);
IV. Que ações efetivamente se podem traçar ao olhar para trás?

Feedforward e coaching: os novos desafios do treinamento comportamental

O *feedforward*, diferente do *feedback* é uma técnica gerencial, mais conhecida como uma conversa inspiradora, em que o líder faz sugestões, propõe mudanças, traz novos desafios, para o crescimento e desenvolvimento do colaborador ou equipe, proporcionando maior motivação e melhoria dos resultados.

Quando realizado com o apoio de um *coach* profissional ou um líder *coach*, o *feedfoward* pode ser bastante proveitoso, pois o processo de *coaching* utiliza técnicas e ferramentas que estimulam as pessoas a ousar e ir além.

Veja algumas características do *feedforward* e como ele se distancia do *feedback*:

I. O *feedforward* é uma ferramenta dá suporte ao processo de avaliação de desempenho e ajuda a formatar o Plano de Desenvolvimento Individual (PDI) do colaborador, para que alcance as competências que ainda não possui, para o cargo atual ou futuro;
II. O *feedforward* é uma ferramenta que possibilita ao colaborador visualizar e se concentrar apenas no futuro. O objetivo é levá-lo a responder à pergunta: de que forma posso melhor contribuir para os meus resultados? E da minha equipe? E da minha empresa?
III. O *feedforward*, bem conduzido, estende-se à equipe, que, em conjunto passa a se questionar: Como contribuir melhor? Como melhorar a performance? Como atuar na construção de um futuro e mundo melhor? O papel do líder assemelha-se ao do eficiente e eficaz arqueiro, que lança, à sua frente, para o alto e o mais longe possível, as suas flechas, afim que atinjam o objetivo, o alvo certeiro;
IV. O *feedforward* tem como premissa o que pode e vai ser ainda realizado (no futuro), e não naquilo que foi feito (passado). Isso ajuda as pessoas (líder e colaborador) a realizarem um processo de devolutiva com tranquilidade e segurança;

V. O *feedforward* é uma excelente ferramenta, por meio da qual se pode trabalhar todos com todos os níveis neurológicos de aprendizagem (Dilts), propondo mudanças no ambiente, no comportamento, nas capacidades e habilidades, crenças e valores, no senso de identidade, afiliação, e legado. Olhando-se para o futuro não há limites, e não há limitação;

VI. Ao contrário do *feedback*, que sofre interferência pelo aspecto pessoal de quem o aplica, ainda que realizado por pessoas preparadas para conduzi-lo, o *feedforward* está direcionado para o futuro, minimizando a influência dos aspectos pessoais;

VII. O *feedforward* tem foco nas soluções, em novos desafios, naquilo que está por vir, nos novos desafios. É um processo que proporciona o amadurecimento psicológico e profissional, por isso, costuma ter receptividade muito boa;

Como tornar isto possível?

No início deste tema falamos que as competências do treinamento comportamental estão relacionadas ao ser humano, à identidade da pessoa, como ela se vê e se percebe e percebe os outros. O desenvolvimento de competências neste campo habilita a pessoa e o profissional para, não apenas fazer certo as coisas, mas, fazer as coisas certas.

A ferramenta *feedforward* quando aplicada com as técnicas e ferramentas de *coaching* possibilita identificar as necessidades de treinamento do colaborar e da equipe e desenvolver, a partir de uma análise criteriosa, alinhada às estratégias da empresa, um Plano de Desenvolvimento Individual (PDI), que será colocado em prática com: treinamento técnico e treinamento comportamental – aquele que é capaz de se inserir nos níveis neurológicos de aprendizagem, envolvendo a realidade do colaborador, com suas crenças, valores, motivações, sua própria identidade, senso de pertencimento e legado.

Feedforward + *coaching* + **treinamentos comportamentais**
Melhorar a comunicação.
Otimizar o nível de motivação da equipe;
Desenvolver o relacionamento intra e interpessoal;
Potencializar o trabalho em equipe;
Alavancar equipes de vendas;
Desenvolver chefias e gerências;
Formação de líderes e potenciais sucessores;
Outras necessidades e possibilidades.